ménopause

santé • forme • sexualité

ménopause

santé · forme · sexualité

SOUS LA DIRECTION DU
Dr Robin N. Phillips

· MARABOUT ·

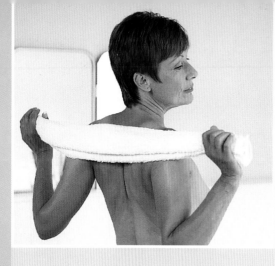

Publié pour la première fois en Grande-Bretagne par

Carroll & Brown Publishers Limited
20 Lonsdale Road
Londres NW6 6RD

Direction éditoriale : Emily Cook

Traduction :
Virginie de Bermond-Gettle
Catherine Sobecki

Relecture scientifique :
Dr Marianne Buhler, avec la collaboration
de Marine Cygler

Adaptation française :
Decoudun-Le Dosseur, Paris

N° dépôt légal 56132 - mars 2006
ISBN 2501044894
40.9432.2 / 01
Imprimé en Chine

SOMMAIRE

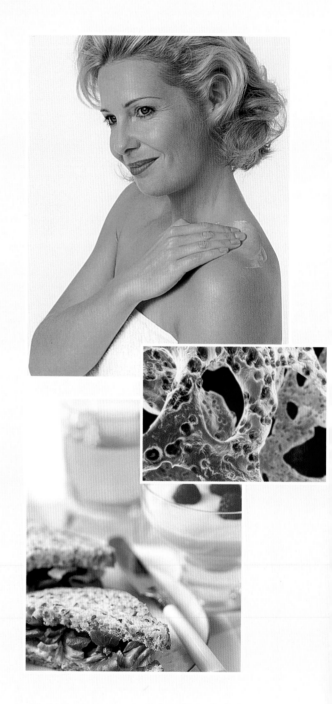

ONT COLLABORÉ À CET OUVRAGE :

Robin N. Phillips, M.D.
Assistant professeur clinicien en obstétrique,
gynécologie et médecine de la reproduction,
et assistant professeur clinicien en gériatrie
et en développement de l'adulte au centre
médical Mount Sinai de New York

Dr. Penny Preston
Auteur et journaliste
sur les questions de santé féminine

Carlos A. Widgerowitz, M.D.
Maître de conférences clinicien, directeur
de recherches, consultant en chirurgie
orthopédique à l'université de Dundee

Dr. Amanda Roberts
Spécialiste en médecine de l'appareil
génito-urinaire et sexologue

Fiona Hunter
Nutritionniste, auteur et journaliste

Anne Hooper
Thérapeute agréée en sexologie et problèmes
de couple, auteur et journaliste

Anji Jackson-Main
Phytothérapeute agréée

Alison Mackonochie
Rédactrice sur les questions de santé

INTRODUCTION

Si la ménopause touche toutes les femmes à une certaine période de leur vie, elle peut les affecter profondément ou, au contraire, se limiter à l'interruption inéluctable des cycles menstruels. Il est donc utile de savoir à quoi elle correspond exactement et quand elle peut survenir, ainsi que de connaître les risques éventuels qu'elle induit et les options qui se présentent pour lui faire face.

En quoi consiste-t-elle ?

Lorsque la ménopause est imminente, la sécrétion des hormones ovariennes (estrogènes et progestérone) décline, ce qui entraîne l'interruption des règles et, assez souvent, des troubles. Certains sont généralement de courte durée (bouffées de chaleur, sueurs nocturnes, perte de la libido, maux de tête), tandis que d'autres risquent de perdurer, tels des problèmes urinaires et vaginaux. Dans ce cas, il n'existe aucun risque grave et l'on peut y remédier — ou, du moins, apporter un soulagement en ayant recours à diverses thérapies.

La ménopause s'accompagne parfois d'autres perturbations liées à la chute des hormones sexuelles, plus préoccupantes et qui passent souvent inaperçues jusqu'au moment où elles provoquent des problèmes sérieux. Un des risques principaux est l'ostéoporose, une perte de masse osseuse parfois invalidante, voire funeste. Parmi les pathologies survenant plus facilement après le déclin de la production estrogénique, il faut citer la maladie coronarienne et le risque associé d'infarctus, les accidents vasculaires cérébraux et certains cancers.

L'aspect positif, c'est que nous disposons de nombreux remèdes adaptés à ces troubles : traitement hormonal substitutif (THS), compléments nutritionnels, modification de l'alimentation, et exercices bénéfiques pour le corps et l'esprit. Le THS a fait ses preuves sur des millions de femmes dans le monde entier, mais une polémique actuelle, ainsi que la parution d'études récentes, en modifie la prescription.

Les différentes options

Le THS existe sous forme de crèmes, de patchs, de comprimés, de capsules vaginales et de sprays nasaux. Ce traitement hormonal s'est avéré efficace pour soulager les troubles liés à la ménopause et apporter une protection à long terme contre certaines pathologies.

Toutefois, il est devenu difficile de s'y retrouver, car les avis contradictoires abondent. Une femme qui souhaite opter pour le THS doit donc disposer de toutes les informations disponibles. Son gynécologue lui expliquera les indications et contre-indications du traitement pour qu'elle puisse juger si les bienfaits potentiels sont supérieurs aux risques.

Par ailleurs, la ménopause est une étape marquée par d'autres changements — en famille, dans le travail et dans la vie en général. Pour les femmes ayant élevé des enfants, c'est généralement le moment où ils partent pour voler de leurs propres ailes. Quant au conjoint, il traverse souvent, lui aussi, une période de transition. Ces deux facteurs peuvent être source d'anxiété. En matière professionnelle, la situation change là aussi, les femmes désirant s'investir davantage dans leur carrière ou, à l'opposé, profiter de la vie. Alors que les jeunes adultes qui découvrent le monde du travail sont animés par une ambition personnelle, les quinquagénaires recherchent des centres d'intérêt et des objectifs intellectuels plus conformes à leur nature profonde. Dans un tel contexte de remise en question, il n'est pas étonnant que la ménopause soit qualifiée de « plus grand chamboulement de la vie » !

Votre vie comme vous l'entendez

Ce livre vous apporte de nombreuses informations sur les diverses thérapies existantes qui vous aideront à surmonter les aspects négatifs de la ménopause. Il a, du reste, été conçu pour mettre en avant les changements positifs pouvant survenir à cette période. En effet, la ménopause a trop longtemps été considérée sous un mauvais jour : la fin de quelque chose et non le début d'une nouvelle étape. N'oublions pas qu'il y a un siècle l'espérance de vie des femmes était, en France, inférieure à cinquante ans. Par conséquent, la plupart ne « risquaient » pas de connaître les symptômes de la ménopause. En 2004, elle est passée à plus de quatre-vingt-trois ans (83,8, exactement), ce qui signifie qu'un grand nombre seront ménopausées pendant près de la moitié de leur vie — une excellente raison pour tout faire afin que la ménopause soit une expérience enrichissante !

En outre, les femmes n'hésitent plus à parler et à poser des questions. À l'époque de nos grands-mères et même de nos mères, la ménopause n'était jamais un sujet de discussion ou de comparaison entre femmes. Les informations étaient rares et il fallait souvent affronter cette expérience sans aide extérieure. Heureusement, les découvertes de la science et de la médecine, ainsi qu'un nouveau regard porté sur les thérapies alternatives ont radicalement changé la donne. D'autant que les femmes sont de plus en plus désireuses d'être informées et comptent bien mettre ces connaissances en pratique. L'époque où elles avaient une confiance aveugle en leur médecin, qui « savait ce qui était le mieux », est révolue. Désormais, elles n'hésitent plus à faire valoir leur point de vue et à recourir, si elles en sentent le besoin, à des thérapies complémentaires.

L'objectif de cet ouvrage

Ménopause a vu le jour afin de satisfaire plusieurs objectifs. Nous voulions apporter les informations les plus récentes sur les problèmes de santé féminine et, plus particulièrement, gynécologique. Les ouvrages de ce type ont souvent l'inconvénient de présenter le point de vue d'un auteur. C'est généralement suffisant lorsqu'on cherche des informations fiables émanant d'un spécialiste. Toutefois, en raison des spécificités de la ménopause, et de la complexité des aspects physiques, psychologiques et intellectuels, il est bien difficile qu'un seul auteur parvienne à balayer toutes les questions. *Ménopause* repose sur le travail d'une équipe composée de médecins, psychologues, sexologues, phytothérapeutes et nutritionnistes, qui tous ont traité du domaine dans lequel ils excellent. Leur but commun est de donner des informations en matière de médecine préventive, de thérapies variées et de remèdes simples qui peuvent vous aider durant cette période. Ainsi, vous savez parfaitement à quoi vous attendre, quand ces changements peuvent survenir et comment réagir face aux troubles. Notre objectif premier était de vous apporter des informations rassurantes, qui vous aident à traverser cette importante période de votre vie en pleine possession de vos facultés physiques et psychiques.

Robin N. Phillips, docteur en médecine

QUESTIONNAIRE

Répondez à ces questions pour faire le point sur vos connaissances et lacunes concernant la ménopause, et ainsi trouver plus facilement dans ce livre les informations utiles.

Partie 1 Les troubles

OUI NON

1 Souffrez-vous de bouffées de chaleur ou de sueurs nocturnes ?
2 Avez-vous l'impression d'avoir moins d'énergie qu'avant ?
3 Souffrez-vous de troubles du sommeil (insomnie, réveil nocturne, etc.) ?
4 Vous sentez-vous déprimée ou sujette à des troubles de l'humeur ?
5 La mémoire vous fait-elle plus souvent défaut qu'avant ?
6 Les maux de tête sont-ils plus fréquents qu'avant ?
7 Souffrez-vous d'irritation ou de sécheresse vaginale ?
8 Avez-vous des problèmes d'incontinence urinaire ?

Il existe bien des solutions pour pallier ces troubles, fréquents lors de la ménopause. Le chapitre II vous indique les divers traitements médicaux possibles, ainsi que les méthodes naturelles et les techniques susceptibles de vous apporter un soulagement immédiat. Le chapitre V vous propose de modifier votre alimentation de manière simple, mais très efficace. Le chapitre VIII vous informe sur les différentes hormonothérapies et le chapitre IX traite des traitements alternatifs.

Partie 2 La sexualité

OUI NON

1 Votre libido est-elle en berne ?
2 Votre désir est-il émoussé ou vos rapports manquent-ils de fantaisie ?
3 L'acte sexuel est-il parfois physiquement désagréable ?
4 Avez-vous remarqué des modifications au niveau de la sphère génitale ?
5 Avez-vous l'impression que votre partenaire vous trouve moins attirante ?
6 Vos sensations sont-elles différentes lors des rapports sexuels ?
7 Prenez-vous moins de plaisir qu'avant à faire l'amour ?
8 Si vous avez toujours vos règles, connaissez-vous les méthodes contraceptives récentes ?

Ce sujet est particulièrement sensible, mais l'apparition de difficultés sexuelles risque de nuire à l'image que vous avez de vous-même et votre vie sexuelle aller ainsi de mal en pis. Ce n'est pas une fatalité. Reportez-vous au chapitre IV pour en comprendre les raisons physiques et psychologiques, et choisir quelles solutions y apporter. Le chapitre VII vous explique comment combattre les pensées négatives et le chapitre X vous propose des stratégies simples pour vous sentir épanouie.

Partie 3 Le moral

1 Vous sentez-vous moins motivée et confiante qu'avant ?
2 Pleurez-vous plus facilement ?
3 Êtes-vous plus anxieuse ou irritable ?
4 Faites-vous plus souvent preuve d'agressivité ou d'irritabilité ?
5 Avez-vous plus souvent des « coups de blues » ?
6 Vous arrive-t-il d'avoir peur ou d'être angoissée sans raison particulière ?
7 Votre mémoire vous joue-t-elle des tours ?
8 Êtes-vous en permanence plus fatiguée ?

Certaines de ces questions sont en lien direct avec les troubles de la ménopause présentés au chapitre II, tandis que d'autres sont d'ordre psychologique, comme le stress ou les contraintes de la vie quotidienne, et sont traitées au chapitre VII. Dans tous les cas, il existe des solutions qui engendrent un soulagement immédiat (comme de passer en revue les causes de stress) et d'autres qui agissent sur le long terme (arrêt du tabac, etc.). Reconnaître l'existence de ces problèmes constitue la première étape pour aller mieux.

Partie 4 La forme I

1 Votre peau vous semble-t-elle plus marquée et ridée autour de la bouche et des yeux ?
2 Votre peau est-elle plus sujette aux boutons et aux taches brunes ?
3 La peau de vos mains, bras et jambes est-elle moins élastique ?
4 Vos cheveux sont-ils plus cassants et ternes ? Tombent-ils ?
5 Vos ongles ont-ils tendance à être plus fragiles et cassants ?
6 Vos dents sont-elles plus sensibles ?
7 Avez-vous remarqué une augmentation de la pilosité faciale ?
8 Vos yeux sont-ils plus souvent secs et irrités ?

L'arrêt de la production hormonale et le vieillissement naturel peuvent entraîner des modifications désagréables de l'apparence. Ne désespérez pas ; lisez le chapitre II pour trouver des solutions à la plupart des problèmes liés à la ménopause, et le chapitre X pour y puiser des idées pratiques et efficaces, pour prendre soin de votre corps et de vous-même.

Partie 5 Les activités physiques

OUI   NON

1   Avez-vous quelques kilos à perdre ? □ □

2   Pratiquez-vous régulièrement une activité physique pendant un minimum de 20 minutes, au
    moins trois fois par semaine ? □ □

3   Avez-vous l'impression que vos muscles ont perdu de leur tonicité ? □ □

4   Vos articulations sont-elles douloureuses lorsque vous pratiquez une activité physique ? □ □

5   Êtes-vous épuisée ou essoufflée en cas de sport non intensif, comme la marche ? □ □

6   Tombez-vous facilement ? □ □

7   Êtes-vous moins souple lorsque vous pratiquez une activité physique ? □ □

8   Commencez-vous par des échauffements et finissez-vous par des étirements ? □ □

À la ménopause, l'exercice est excellent pour le corps et l'esprit. Il serait dommage de s'en passer. N'oubliez pas qu'il vaut mieux pratiquer un peu que pas du tout. Le simple fait de modifier légèrement vos habitudes et d'introduire un programme doux de remise en forme vous fera le plus grand bien. Le chapitre III, par ses informations sur la santé des os et des articulations, vous donne la motivation nécessaire, tandis que le chapitre VI vous fournit tous les conseils nécessaires pour vous y mettre. Les notions de diététique du chapitre V permettent de perdre les kilos en trop.

Partie 6 La forme II

OUI   NON

1   Ressentez-vous plus souvent des douleurs ? □ □

2   Avez-vous l'impression de manquer de force ? □ □

3   Le cas échéant, vos crises d'allergie sont-elles plus graves qu'avant ? □ □

4   Avez-vous l'impression d'avoir moins d'énergie ? □ □

5   Vous a-t-on dit que vous étiez anémiée, ou le pensez-vous ? □ □

6   Souffrez-vous plus souvent de spasmes ou de crampes musculaires ? □ □

7   Avez-vous plus souvent des inflammations ou des œdèmes ? □ □

8   Vous arrive-t-il d'avoir entre les règles des saignements légers ou importants ? □ □

Les informations contenues dans ce livre vous aideront à dialoguer avec votre gynécologue afin de trouver les remèdes appropriés. Certains des troubles mentionnés seront soulagés en suivant les conseils du chapitre II, d'autres grâce aux règles de diététique du chapitre V ou à la pratique d'une activité physique (chapitre VI). Certains nécessiteront un traitement hormonal substitutif ou THS (chapitre VIII), des médicaments ou une intervention chirurgicale (chapitre IX). L'essentiel est de « garder le moral » et de ne pas s'inquiéter outre mesure. Les symptômes de la ménopause varient beaucoup d'une femme à une autre, et votre connaissance de vous-même vous permet de sentir ce qui est normal ou pas dans vos réactions physiques.

1

QUE SE PASSE-T-IL LORS DE LA MÉNOPAUSE ?

*La ménopause est, d'après la définition médicale,
la fin de la fonction menstruelle depuis une année complète.
On y inclut également la période préliminaire,
variable d'une femme à une autre et durant parfois
quinze ans, ainsi que ces douze mois d'aménorrhée.
Ce chapitre traite des changements physiques
pouvant advenir ainsi que des bouleversements
psychologiques, notamment les troubles de l'humeur,
ou des pertes de mémoire susceptibles de se manifester
en tant que conséquence directe d'une diminution
de la production d'estrogènes.*

MODIFICATIONS DU CYCLE MENSTRUEL

On a pris l'habitude de parler de « ménopause » à propos de tout changement survenant à la fin de la période de fécondité d'une femme. En réalité, ce terme signifie uniquement la « fin de la fonction menstruelle » et personne ne peut affirmer que cela s'est produit tant qu'une année complète ne s'est pas écoulée depuis les dernières règles. Ce n'est qu'au bout de cette durée qu'une femme peut dire quand a débuté sa ménopause. Tout saignement ultérieur ne doit pas être considéré comme normal et il est vivement conseillé de consulter un gynécologue (voir p. 26-27).

Le terme exact pour parler des cinq années environ correspondant aux dernières menstruations est « le climatère ». Les taux hormonaux fluctuent alors et de nombreuses femmes souffrent de troubles auxquels doit s'adapter leur organisme.

OVAIRES ET RÈGLES

Pendant les années où une femme est féconde, les ovaires libèrent en règle générale un à deux ovocytes par mois. Ces ovulations régulières ont lieu sous le contrôle du cycle menstruel.

Lorsque la ménopause est proche, celui-ci subit le plus souvent des modifications. Peu de femmes cessent d'avoir leurs règles sans que cela s'accompagne préalablement d'un quelconque changement dans la durée du cycle. Le plus souvent, il devient irrégulier. Les menstruations seront alors plus abondantes ou, au contraire, moins, voire nulles pendant plusieurs mois. Les règles sont variables, mais elles sont considérées comme normales tant qu'elles adviennent de manière relativement régulière et que les saignements

LE SAVIEZ-VOUS ?
Formation de follicules
•
À l'âge de six mois, les ovaires d'un bébé de sexe féminin contiennent 400 000 à 500 000 follicules primordiaux. Chacun renferme un œuf immature appelé ovocyte (de *ovum* [œuf]). Plus aucun follicule ne se formera par la suite et seul un faible pourcentage de ces follicules primordiaux évoluera en follicule ovarien mûr pouvant ovuler.

durent entre deux et huit jours (généralement quatre à six jours). Si la durée moyenne d'un cycle est de 28 jours, on admet parfaitement une durée comprise entre 21 et 36 jours.

Les cycles évoluent au fil du temps et sont sujets à de nombreux facteurs extérieurs (maladie, contraception, prise ou perte de poids, stress, grossesse, etc.).

Afin de bien comprendre pourquoi le corps subit des modifications dans cette période qui mène à la ménopause, il est important de connaître les mécanismes qui régissent le cycle ainsi que le rôle précis des ovaires.

Le cycle menstruel

Chaque mois, au début des règles, la région du cerveau appelée hypothalamus détecte un faible taux d'estrogènes et envoie un signal, par le biais de l'hormone LR-RH (ou gonadostimuline), à une autre partie du cerveau, l'hypophyse. À son tour,

La fréquence des règles

Les femmes n'ont jamais eu leurs règles aussi longtemps qu'aujourd'hui (en moyenne, 400 à 500 menstruations dans la vie d'une femme). Trois raisons expliquent cela : une durée de vie plus longue, due à l'amélioration de la qualité des soins et de l'alimentation ; des règles survenant plus tôt ; un nombre de grossesses par femme moins important qu'autrefois.

celle-ci adresse des signaux aux ovaires en sécrétant de l'hormone folliculo-stimulante (ou FSH) et de l'hormone lutéinisante (ou LH). Environ 10 à 20 follicules ovariens commencent leur maturation sous l'effet de la FSH. Le plus souvent, un ou deux ovocytes parviennent à maturité, prêts à être fécondés. Les autres vont dégénérer ou être réabsorbés. En se développant, les follicules libèrent des estrogènes qui, à leur tour, agissent sur la muqueuse de l'utérus (endomètre). Celle-ci s'épaissit. Cette première partie du cycle s'appelle « phase folliculaire ».

Lorsqu'un des follicules est suffisamment mûr, le taux d'estrogènes atteint un pic. C'est le signal qu'attend l'hypophyse pour libérer la LH, ce qui provoque l'ovulation du follicule mûr, à savoir la libération d'un ovocyte apte à être fécondé ainsi que la production de progestérone. L'ovocyte est expulsé du follicule ovarien et capté par les franges d'une des deux trompes de Fallope. Il se dirige alors vers l'utérus.

La plupart des femmes n'ont pas conscience de l'ovulation, mais un petit nombre éprouve de faibles élancements ou crampes, appelés « douleur ovulatoire » ou « douleurs pelviennes intermenstruelles ». Parfois, l'envie de faire l'amour est plus forte à ce moment-là. L'étape qui suit est nommée phase lutéale. En

LE SAVIEZ-VOUS ?

Durée du cycle menstruel

La durée de la phase folliculaire d'un cycle menstruel est variable. Si votre cycle dure 28 jours, vous ovulez au 14e jour. S'il dure 34 jours, l'ovulation a lieu au 20e jour. La phase folliculaire est alors de 20 jours, car la phase lutéale est toujours de 14 jours.

▶ SYNDROME PRÉMENSTRUEL (SPM)

Certains symptômes de la périménopause ressemblent à ceux du syndrome prémenstruel. Durant la première phase de la périménopause, les taux de progestérone diminuent et ceux des estrogènes sont inchangés. Cela correspond à la phase lutéale du cycle menstruel, une période pendant laquelle certaines femmes souffrent de SPM. Lors de la périménopause, divers symptômes peuvent survenir : troubles de l'humeur, gonflements, crampes, tension des seins, irritabilité, état dépressif, nervosité, anxiété, émotivité, voire une pathologie rare, le trouble dysphorique prémenstruel (TDP), caractérisé par une dépression anxieuse si sévère qu'elle empêche de travailler et de mener une vie normale. Toutefois, contrairement au SPM, ces symptômes ne disparaissent pas avec la survenue des règles. Les femmes sujettes au SPM présentent généralement des symptômes plus intenses, à la ménopause, que les autres femmes.

La prise de calcium atténuerait les symptômes prémenstruels (le remède de grand-mère consistant à boire un verre de lait au coucher pour soulager les douleurs menstruelles et les crampes, lors des règles, aurait ainsi une explication scientifique). Bien des femmes éprouvent un besoin impératif de chocolat dans la semaine qui précède leurs règles. Cela est dû à la présence du magnésium, un sel minéral qui soulage l'anxiété et agit en synergie avec le calcium pour atténuer les symptômes du SPM.

L'huile d'onagre est riche en acides gras oméga 6 ainsi qu'en vitamine B 6, qui favorise la formation d'un « produit de la bonne humeur », la sérotonine (également recommandée en cas de SPM).

Si les troubles de l'humeur sont suffisamment importants pour empêcher une vie normale, il faut envisager de prescrire un antidépresseur inhibiteur sélectif de la recapture de la sérotonine.

Les 3 phases de la ménopause

Une grande confusion règne au sujet des termes utilisés pour décrire cette période de la vie d'une femme. « Ménopause » s'emploie trop souvent pour décrire la totalité du temps durant lequel se manifestent des symptômes dus à la modification de l'équilibre hormonal. En fait, ce terme ne désigne que la dernière période menstruelle, tout comme « ménarche », qui signifie l'apparition des premières règles, s'applique à la première.

Préménopause qualifie parfois la période durant laquelle les règles sont régulières, lorsque les taux hormonaux n'ont pas encore commencé à diminuer. Ce terme sert à définir la phase, au sein de la périménopause, qui précède la dernière période.

Périménopause s'emploie pour parler de la totalité de la période qui précède et qui suit la dernière menstruation, lorsque les taux hormonaux ont commencé à fluctuer, et avant qu'ils se stabilisent et qu'il n'y ait plus le moindre symptôme dû à ce déséquilibre hormonal. Cela recouvre la période appelée « climatérique » (climatère est donc synonyme de périménopause). Les femmes tendent de plus en plus à la qualifier de ménopause.

Postménopause débute le lendemain du dernier jour des règles et décrit la période qui suit. Ce terme inclut en partie la périménopause. Une femme qui n'a plus ses règles n'est à proprement parler postménopausée lorsqu'une année entière s'est écoulée depuis la dernière menstruation. Lors de la périménopause, 90 % des femmes qui ne sont plus réglées depuis six mois n'auront plus aucun cycle menstruel.

règle générale, sa durée est de 14 jours. Les ovaires sécrètent à la fois des estrogènes et de la progestérone. Dans la période qui précède la ménopause, cette phase devient irrégulière, car la qualité et la quantité des ovocytes sont moins bonnes, et l'ovulation n'a parfois pas lieu. Durant la phase lutéale, le follicule ayant expulsé un ovocyte évolue en corps jaune qui sécrète de la progestérone. Cette hormone empêche d'autres follicules de mûrir et veille à ce que l'endomètre demeure prêt pour une éventuelle nidation en cas de fécondation. L'ovocyte met quelques jours pour arriver du pavillon de la trompe de Fallope à l'utérus. L'œuf peut alors être fécondé par un spermatozoïde.

Si la fécondation n'a pas lieu, le corps jaune dégénère et disparaît, entraînant une chute des taux de progestérone et d'estrogènes. L'endomètre desquame, ce qui provoque les règles. L'hypothalamus reçoit un signal indiquant le faible taux hormonal et un nouveau cycle débute.

AVEC L'ÂGE

Dès l'âge de trente-cinq ans, les follicules ovariens cessent parfois de mûrir sans raison apparente et, même si les règles sont régulières, tous les cycles ne s'accompagnent pas d'une ovulation. Certains d'entre eux connaissent par conséquent une augmentation d'estrogènes, mais non de progestérone. Le taux d'estrogènes diminue en raison du nombre plus faible de follicules qui se développent et mûrissent. Si aucun n'est assez mûr pour donner lieu à une ovulation, il n'y a pas de formation de corps jaune qui, rappelons-le, produit de la progestérone. L'endomètre s'épaissit effectivement sous l'action des estrogènes, mais ensuite il n'y a aucune sécrétion de progestérone. L'endomètre s'épaissit alors de plus en plus et, lorsque les règles finissent par arriver, les saignements sont importants.

Le cycle est généralement plus long ou plus court qu'auparavant. Du reste, le tout premier signe de périménopause est souvent une modification de cette durée. Le déclin de la fonction ovarienne débute par un raccourcissement de la durée du cycle. La plupart des femmes ont des cycles plus courts à quarante ans

Taux hormonaux

Avant la ménopause, les estrogènes et la progestérone sont produits et sécrétés selon des cycles d'approximativement 28 jours. Avec le déclin du nombre et de la qualité des ovocytes, vers le milieu de la vie, la production hormonale des ovaires devient irrégulière. Au fur et à mesure que la ménopause se rapproche, les taux en estrogènes et en progestérone diminuent progressivement.

Préménopausiques Le pic d'estrogènes atteint son niveau maximum dans la première moitié du cycle avant de chuter après l'ovulation, lorsque le taux de progestérone commence à grimper. Les deux taux diminuent si l'ovocyte n'est pas fécondé, ce qui déclenche les saignements menstruels.

Périménopausiques Les ovaires produisent toujours des estrogènes, mais l'ovulation est sporadique. C'est pourquoi la progestérone n'est pas forcément sécrétée à chaque cycle. Une absence d'ovulation (anovulation) peut donner un mois sans règles.

Postménopausiques La faible quantité d'estrogènes produite l'est essentiellement par les adipocytes, qui dégradent et transforment une hormone mâle, la testostérone, en estrogène.

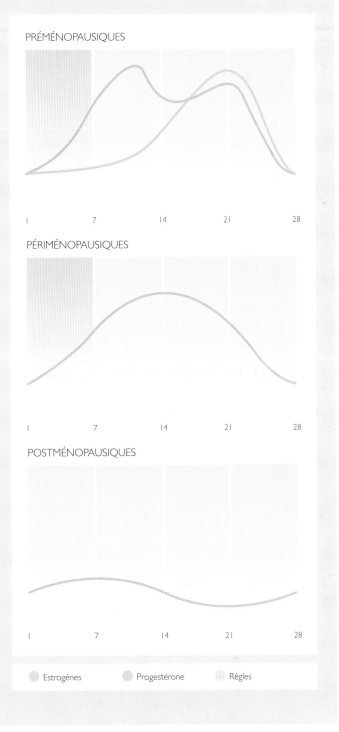

PRÉMÉNOPAUSIQUES

PÉRIMÉNOPAUSIQUES

POSTMÉNOPAUSIQUES

● Estrogènes   ● Progestérone   ● Règles

Modifications ovariennes

Sur ces clichés pris au microscope, un ovaire préménopausique (en haut) et postménopausique (en bas). Après la ménopause, il n'y a plus de follicules primaires (au sein desquels se trouve un ovocyte). Il ne reste plus que du tissu cicatriciel qui, avec le temps, rétrécit, provoquant une diminution de la taille des ovaires. Le cliché du haut montre qu'avant la ménopause l'ovaire renferme de nombreux follicules, de forme régulière.

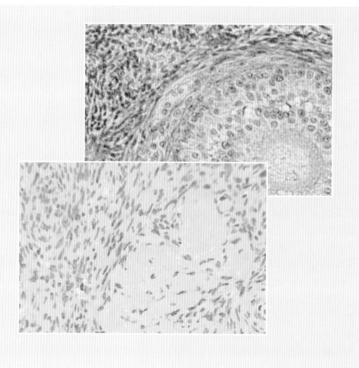

qu'à vingt. Par la suite, à l'approche de la périménopause, ils sont souvent plus longs et les saignements moins importants. Certaines en ont de plus longs, avec des saignements très abondants, tandis que d'autres continuent d'en avoir de plus courts, accompagnés de saignements très légers — les moins chanceuses ont des cycles courts avec des saignements très importants. Tout cela est parfaitement normal, mais il ne faut jamais parler de périménopause avant d'avoir exclu d'autres problèmes éventuels (voir p. 26-27).

À la fin, il devient rare qu'un follicule parvienne à maturité et les ovaires ne sécrètent pratiquement plus d'estrogènes ni de progestérone. Par conséquent, l'hypophyse couplée à l'hypothalamus libère beaucoup d'hormones folliculo-stimulantes (ou FSH) et d'hormones lutéinisantes (ou LH) dans une tentative pour stimuler les ovaires, qui ne réagissent plus. Ce sont ces deux hormones que l'on dose dans le sang pour établir un diagnostic de périménopause. Étant donné qu'une ovulation peut modifier les taux de FSH et de LH, un unique dosage ne suffit pas pour affirmer qu'il s'agit bien d'une périménopause.

Vers un déséquilibre hormonal

Le faible taux d'estrogènes dans le sang affecte peu à peu tous les organes, donnant parfois lieu à des symptômes annonciateurs de troubles.

Des taux élevés de FSH et de LH aboutissent aux mêmes conséquences en perturbant notamment le métabolisme des lipides et des glucides, et la chimie du cerveau. Les ovaires ne cessent pas de fonctionner et continuent de produire un peu d'estrogènes après la ménopause, ainsi que des androgènes (hormones mâles).

Le type d'estrogènes concerné est, dans ce cas, de l'estrone, beaucoup moins actif qu'un autre type, l'estriol, produit par les follicules ovariens qui mûrissent. L'estrone est également sécrété par les adipocytes du corps.

Cette diminution des estrogènes par rapport aux hormones mâles provoque un déséquilibre qui entraîne une masculinisation hormonale et, de ce fait, des symptômes tels que la chute des cheveux, comme chez les hommes, l'épaississement du tour de taille et le risque accru de pathologie cardiaque.

MODIFICATIONS PHYSIOLOGIQUES

La périménopause fait référence aux années qui précèdent et suivent les dernières règles, et qui sont accompagnées de symptômes et de modifications physiques et psychologiques. Cette période peut durer entre deux et quinze ans.

PEAU

La diminution des estrogènes a un effet important sur la peau de toutes les parties du corps. Elle perd son élasticité, s'affaisse et se ride en raison d'une moins bonne texture et hydratation naturelle. C'est une conséquence directe de la baisse des estrogènes : les capillaires, le tissu conjonctif, les glandes et les follicules pileux sont tous affectés par cette variation hormonale. La peau devient plus fine et la couche d'adipocytes juste sous la peau (hypoderme) s'amenuise.

Le collagène est détruit par les rayons UV, si bien qu'avec l'âge la peau devient plus sensible au soleil. Les mélanocytes disparaissent et, de ce fait, la capacité de synthétiser le pigment (mélanine) à l'origine du bronzage diminue. Par conséquent, la peau brûle plus facilement et le risque de cancer augmente.

L'hydratation étant moins bonne, les femmes atteintes de psoriasis ou d'eczéma voient leur état s'aggraver. Quelques-unes, en périménopause, connaissent des problèmes d'acné ou de boutons, car les estrogènes

chutent et la testostérone provoque une hypersécrétion des glandes sébacées (voir également p. 52-54).

CHEVEUX ET PILOSITÉ

Vers la ménopause, les cheveux ont tendance à tomber et la pilosité se modifie. La diminution des estrogènes implique, comme pour les glandes cutanées, une production moindre de sébum au niveau du cuir chevelu. Les cheveux deviennent parfois secs et fragiles. Étant plus facilement cassants, ils tombent. Au bout d'un certain temps, des follicules pileux cessent de fonctionner, si bien que des cheveux tombés ne repoussent pas. Cela résulte de l'action de la testostérone non contrebalancée par des estrogènes (voir également p. 57-58). Chez certaines femmes, les cheveux deviennent plus rares et ne couvrent plus le cuir chevelu. La cause est

Préserver la santé des cheveux

Évitez les shampooings au lauryl sulphate de sodium, trop agressif, et préférez des agents lavant à base d'huile d'amande douce ou de coco, de miel, de plantes traitantes ou d'extraits marins (voir également p. 57-58).

souvent héréditaire (alopécie andro-génique). Plus rarement, la testostérone provoque une augmentation inesthétique de la pilosité. C'est ce qu'on appelle l'hirsutisme : des poils apparaissent sur le visage, la poitrine et l'abdomen (voir également p. 57-58 et 212-213).

SILHOUETTE

Presque toutes les femmes remarquent, à cette période, une modification de leur silhouette. Jusqu'à la ménopause, les estrogènes et la progestérone sécrétés chez les fillettes à partir de la puberté donnent au corps des formes féminines. La graisse se concentre sur les hanches et les fesses, créant une silhouette gracieuse, avec une taille fine et des hanches évasées. À la ménopause, la distribution des graisses évolue. Les hanches perdent leur galbe et la taille s'élargit, car la graisse tend à s'accumuler sur le ventre. Cet « embonpoint de la cinquantaine » donne au corps une apparence plus masculine, en forme de « pomme » et non plus de « poire ».

Les estrogènes agissent sur les enzymes responsables de la fonte ainsi que du dépôt des graisses dans les différentes parties du corps. Avec le déclin de ces hormones, le corps se modifie de manière plus visible.

Le risque de pathologie cardiaque est proportionnel à l'augmentation de la taille par rapport aux hanches. Il existe donc un lien direct entre le rapport taille-hanches et la santé du cœur. Il devrait au moins être inférieur à un et, dans l'idéal, le plus faible possible. Pour connaître ce chiffre, mesurez votre tour de taille et celui de vos hanches à l'endroit le plus large. Divisez ensuite le résultat obtenu pour la taille par celui correspondant aux hanches. Selon des études récentes, la seule indication du tour de taille donnerait une idée du risque pour la santé. En règle générale, un tour de taille supérieur à 89 cm devrait alerter une femme.

À la périménopause, la plupart des femmes constatent qu'elles grossissent malgré une alimentation et une

LE SAVIEZ-VOUS ?

Peau et os

•

Comme la peau et les os comportent tous deux le même type de collagène sensible aux estrogènes, un parallèle peut être établi entre l'épaisseur de la peau et la densité de l'os. Cette connaissance devrait permettre de mettre au point un nouveau test, plus simple, pour évaluer le risque d'ostéoporose.

pratique du sport inchangées. Cela est dû aux modifications du métabolisme, qui se ralentit — en particulier celui des glucides, directement affecté par la baisse de la progestérone. La périménopause s'accompagne d'un risque accru de diabète non insulino-dépendant (de type 2). Toutes ces perturbations sur le corps, à commencer par la prise de poids, favorisent une résistance à l'insuline (insulino-résistance). Les sucres et les féculents ne sont plus correctement assimilés (voir également p. 122-125).

CŒUR ET VAISSEAUX SANGUINS

Il a beaucoup été question, depuis 2002, des avantages et des inconvénients du traitement hormonal substitutif (THS), en particulier des risques cardio-vasculaires chez les femmes ménopausées. Avant la ménopause, la majorité des femmes ont un risque d'accident cardiaque moindre que les hommes du même âge. Mais en cas d'infarctus chez la femme de moins de cinquante ans, la mortalité est deux fois plus importante que chez un homme, pour des raisons encore inconnues. Une chose est sûre : chez une femme dont les ovaires continuent de sécréter des estrogènes, le risque de maladie coronarienne, et donc d'infarctus, est inférieur par rapport à celui d'une femme du même âge dont les ovaires n'en produisent plus (pour des raisons physiologiques ou à la suite d'une ablation). Les estrogènes auraient un effet protecteur et presque tous les décès de femmes du fait d'un accident cardiaque touchent des sujets ménopausés.

Les estrogènes agiraient sur les muscles du cœur. Ils amélioreraient son fonctionnement en augmentant sa capacité à battre de manière efficace. Ils ont également une action directe sur les vaisseaux sanguins, car des récepteurs estrogéniques sont présents dans le tissu musculaire qui tapisse la paroi des vaisseaux. Les estrogènes favorisent la plasticité du tissu musculaire. Les vaisseaux restent ainsi souples et bien dilatés, ce qui empêche la tension artérielle d'augmenter. Lorsque les estrogènes présents dans le sang diminuent, l'élasticité des vaisseaux en pâtit, la tension croît et le sang circule moins bien. L'hypertension artérielle provoque, à son tour, des dégâts sur la surface interne des vaisseaux, en particulier sur celle des artères qui amènent le sang oxygéné au cœur, au cerveau et aux autres organes vitaux. Les surfaces atteintes se couvrent de dépôts graisseux (athérome), qui rétrécissent un peu plus le calibre des artères, favorisant la formation de caillots. Une artère finit par se boucher, ce qui provoque une crise cardiaque (voir p. 247).

Les mécanismes expliquant l'action des hormones féminines sur le système vasculaire sont encore mal connus et des chercheurs étudient activement le sujet.

Le cholestérol

Deux types de cholestérol circulent dans le sang : le cholestérol HDL (pour High Density Lipoprotein [lipoprotéines de haute densité]), ou « bon » cholestérol, et le cholestérol LDL (pour Low Density Lipoprotein [lipoprotéines de basse densité]), ou « mauvais » cholestérol. Après la ménopause, la quantité dans le sang du second augmente, tandis que celle du premier diminue. Or on associe le cholestérol LDL à l'athérosclérose et au durcissement de la paroi des artères. À l'inverse, le cholestérol HDL protégerait des pathologies cardiaques en favorisant l'élimination du mauvais cholestérol dans le sang. Les estrogènes contribuent à

Cerveau
Troubles de l'humeur et de la mémoire, irritabilité, dépression et anxiété.

Tête
Migraines et autres types de maux de tête.

Peau
Augmentation de la sensibilité à la chaleur, rougissement, bouffées de chaleur, acné et boutons.

Seins
Sensibilité et lourdeur.

Articulations
Perte de mobilité, raideur.

Poumons
Asthme.

Système digestif
Ralentissement du transit intestinal, gaz et constipation.

Muscles
Fatigue, dorsalgies, perte de la force et de la coordination musculaire.

Un corps en pleine mutation
Certains de ces changements peuvent advenir aussi bien aux hommes qu'aux femmes. La plupart sont davantage une conséquence du vieillissement que de la ménopause. L'essentiel est d'être bien informé des moyens qui permettent d'y faire face.

Os
Perte de densité.

Liquides
Rétention hydrique et prise de poids, augmentation de la tension artérielle, gonflement des chevilles et du visage.

Appareil génito-urinaire
Le vagin se rétrécit, et sa paroi devient plus fine et sèche ; la paroi de la vessie devient plus fine et le tonus du sphincter se relâche, les muscles de soutien du rectum, de la vessie et des autres organes du bassin perdent de leur tonicité.

maintenir un taux de cholestérol total bas et un rapport équilibré entre cholestérol LDL et HDL. Après la ménopause, la cholestérolémie tend à augmenter, tout comme l'insuline, une hormone qui fait baisser la glycémie (taux de sucre dans le sang) et facilite le métabolisme des lipides. L'un des effets directs des estrogènes est de diminuer la quantité d'insuline circulant dans le sang. Dès que le taux d'estrogènes chute, celui d'insuline augmente — par conséquent, le risque de diabète et, à terme, de pathologie cardiaque. Les femmes prenant des estrogènes après la ménopause risquent moins que les autres de développer du diabète.

OS

La trame osseuse se forme et se détruit tout au long de la vie. Le squelette serait entièrement renouvelé tous les dix ans environ et certains os montrent plus de signes d'usure que d'autres. Durant l'enfance, leur croissance est plus importante que leur résorption (destruction). Les os deviennent plus grands, longs et solides. Tout choc, fissure ou fracture, est rapidement réparé par de l'os nouveau, dont la résorption permet de préserver la forme adéquate. Les cellules qui forment de l'os nouveau sont les ostéoblastes et celles qui détruisent l'os ancien ou mal formé, les ostéoclastes. La diminution des estrogènes, vers la ménopause, nuit à la densité des os, qui deviennent par conséquent plus fragiles. Les fractures sont alors plus probables. Cet amenuisement de la trame osseuse provoque l'ostéoporose, un des problèmes majeurs pouvant survenir chez une femme ménopausée (voir également p. 68-72).

Les hommes ont généralement des os plus solides que les femmes. Les garçons, dès un âge précoce, et les hommes sont souvent un peu plus lourds, si bien que leurs os se font plus solides et denses pour supporter ce poids. Les hommes âgés sont eux aussi atteints d'ostéoporose, mais les fractures ou problèmes sérieux sont plus rares que chez les femmes car leurs os, plus solides au départ, mettent plus de temps à se fragiliser. L'ostéoporose est moins grave chez les femmes fortes que minces pour la même raison que les hommes, et aussi parce que les adipocytes libèrent des estrogènes.

MUSCLES ET ARTICULATIONS

Le collagène est présent dans les tissus conjonctifs denses et toutes les parties du corps qui renferment cette importante protéine de structure subissent des modifications lorsque le taux d'estrogènes chute (en raison de la présence de récepteurs estrogéniques dans les cellules fabriquant du collagène). Ainsi, la masse musculaire s'amenuise en cas de diminution du collagène de soutien, ce qui met souvent les articulations à rude épreuve. Des muscles affaiblis soutiennent moins efficacement le squelette et, en outre, cette sensation de fragilité nuit à la mobilité. Or moins le corps bouge, plus les muscles et les os s'atrophient.

À la ménopause, certaines femmes souffrent de crampes nocturnes. Une des causes possibles est un manque de calcium dans le sang. En effet, comme les

---

Fragilité des os et ostéoporose

Dans les pays occidentaux, on constate chez environ 50 % des femmes de soixante-dix ans une forme avancée d'ostéoporose et, vers l'âge de soixante ans (dix ans à peine après l'âge moyen de la ménopause), près d'un quart des femmes ont déjà les os fragiles. Un faible taux d'estrogènes sanguins est directement responsable de ce problème.

Le métabolisme du calcium, un sel minéral impliqué dans la construction osseuse, dépend en partie des estrogènes (en raison de la présence de récepteurs estrogéniques dans les ostéoclastes et les ostéoblastes). L'importance du calcium disponible circulant dans le sang (calcémie) est en partie contrôlée par deux hormones, la calcitonine et la parathormone, sécrétées respectivement par la thyroïde et les glandes parathyroïdes. L'essentiel du calcium est stocké dans les os et, si la calcémie chute, la parathormone, en agissant sur les os, libère ce calcium pour le relâcher dans la circulation sanguine. Lorsque le taux d'estrogènes est bas, les os deviennent plus sensibles à la parathormone. Ils risquent donc plus facilement de casser après la ménopause (voir également p. 68-72).

estrogènes favorisent l'absorption du calcium alimentaire, toute baisse hormonale peut entraîner une diminution du calcium disponible pour le bon fonctionnement musculaire.

CERVEAU, MÉMOIRE ET HUMEUR

Souvent, les femmes ménopausées ont du mal à se concentrer et souffrent de troubles de la mémoire, notamment à court terme (événements récents). Elles disent qu'elles ne parviennent pas à se souvenir d'un nom ou sont étourdies : elles ne se rappellent plus si le four est éteint ou elles oublient facilement, une fois arrivées dans une pièce, ce qu'elles sont venues chercher. Ce problème concerne, à plus ou moins grande échelle, toute personne qui vieillit. Il s'agit alors d'« oubli bénin ». Lorsque ce type d'incident se reproduit tout à coup à une fréquence accrue, bien des femmes redoutent de perdre la tête. Une telle crainte a généralement des retentissements psychologiques. Il existe pourtant divers moyens pour améliorer et entretenir le bon fonctionnement du cerveau. Plus il est stimulé par une gymnastique mentale, plus sa régénération et ses capacités de mémorisation sont favorisées. Outre le vieillissement naturel, une diminution des estrogènes peut émousser la mémoire. Le cerveau est parcouru de récepteurs estrogéniques particulièrement nombreux dans l'hypothalamus, cette région du cerveau qui contribue au processus de mémorisation. Les estrogènes influencent l'activité du cerveau de plusieurs manières. Ils agissent sur les vaisseaux sanguins pour améliorer la vascularisation du cerveau et, de ce fait, assurent une bonne oxygénation des neurones, qui peuvent ainsi fonctionner efficacement (voir également p. 39-40).

Les messagers chimiques du cerveau

Les estrogènes ont un effet direct sur les neuromédiateurs du cerveau, des médiateurs chimiques qui permettent la communication entre les neurones. Cette fonction est essentielle pour la mémoire. Un des neuromédiateurs essentiels est l'acétylcholine, dont l'importance est proportionnelle à celle des estrogènes. L'acétylcholine participe également à la régénération, à la croissance et au remplacement des neurones.

L'hypothalamus est la région du cerveau la plus impliquée dans l'humeur. C'est le lieu où les estrogènes agissent pour influencer la production de deux neuromédiateurs, la sérotonine et la dopamine, dont un taux trop faible provoque souvent des signes de dépression. De nombreux antidépresseurs agissent sur ces neuromédiateurs. Les estrogènes prescrits dans le cadre d'un traitement hormonal substitutif n'auront donc que peu d'effet, car bien d'autres facteurs concourent à la production de ces neuromédiateurs et la plupart des femmes périménopausées ne sont pas dépressives. À n'importe quel âge, mais tout particulièrement vers la ménopause, il est important de trouver la cause d'une éventuelle dépression et d'y remédier, en sachant que les médicaments représentent plus une aide qu'une solution (voir p. 41-42).

Nombre de symptômes liés au fonctionnement du cerveau résultent de fluctuations du taux d'estrogènes et pas uniquement de leur diminution dans le sang. Lorsque ce taux finit par se stabiliser, même s'il est inférieur à ce qu'il était auparavant, les troubles de l'humeur s'améliorent. Quand la femme sait qu'elle a subi les effets de la périménopause, elle est en mesure de comprendre ce qu'elle ressent et de reprendre le contrôle de la situation.

MÉNOPAUSE PRÉMATURÉE
OU PRÉCOCE

Parfois, la ménopause survient relativement tôt, pour des raisons naturelles ou provoquées, à la suite d'un traitement médical, d'une radiothérapie ou d'une intervention chirurgicale.

Environ 10 % des femmes sont ménopausées avant quarante-cinq ans. Dans moins de 2 % de ces cas, le phénomène est véritablement prématuré, c'est-à-dire que les règles ont cessé vers quarante ans.

C'est généralement la conséquence d'une ménopause induite, après une intervention médicale ou chirurgicale, qui peut advenir à n'importe quel âge — cependant, plus la femme concernée est jeune, et plus cela est difficile à accepter ou vécu de manière traumatisante.

MÉNOPAUSE CHIRURGICALE

La ménopause chirurgicale a lieu en cas d'ablation complète des ovaires. Ses effets se font immédiatement sentir. La chute soudaine des estrogènes et des androgènes nécessite une rapide adaptation de l'organisme. Elle s'accompagne parfois de troubles sévères et pénibles.

La plupart des ménopauses prématurées sont le résultat de ce type d'intervention, pratiquée pour de multiples raisons : des tumeurs ou des kystes, cancéreux ou non, qui détruisent les ovaires ; une inflammation pelvienne aiguë ou chronique qui provoque une infection ; une endométriose très importante.

Hystérectomie

Jusqu'à une période récente, de nombreux chirurgiens gynécologues préconisaient l'ablation des ovaires lors d'une hystérectomie (ablation de l'utérus). Les arguments qu'ils invoquaient étaient que les ovaires étaient devenus inutiles après la disparition de l'utérus, qui empêchait toute grossesse ultérieure, et qu'il valait mieux les retirer pour prévenir tout risque de pathologie ovarienne, notamment de cancer.

Désormais, la plupart des praticiens estiment qu'aucune raison ne justifie de retirer un organe sain dont la fonction est, par ailleurs, essentielle pour assurer la production d'hormones indispensable jusqu'à la survenue de la ménopause naturelle. Si vous devez subir une hystérectomie, interrogez le chirurgien pour savoir s'il envisage l'ablation des ovaires et, si c'est le cas, assurez-vous du bien-fondé de sa décision.

En cas d'hystérectomie, la ménopause survient généralement cinq ans plus tôt que prévu — probablement du fait d'une diminution d'un afflux de sang aux ovaires, après l'intervention, mais cela n'a pas encore été démontré avec certitude.

Problèmes liés à une ménopause précoce induite ou naturelle

Les symptômes qui accompagnent la ménopause comme les bouffées de chaleur (voir p. 30-33) et la baisse de la libido (voir p. 84-85) sont généralement plus intenses lorsque la ménopause est provoquée.

La perte de la fécondité, notamment lorsque la femme n'a pas eu d'enfant, peut être traumatisante et entraîner une dépression ainsi que des inquiétudes sur la sexualité.

Plus la ménopause est précoce et plus le risque d'ostéoporose est grand. Par ailleurs, lorsque la suppression des effets protecteurs des estrogènes sur le système cardio-vasculaire survient à un âge jeune, les problèmes cardio-vasculaires (pathologie cardiaque et accident vasculaire cérébral [AVC]) deviennent plus fréquents.

AUTRES CAUSES DE MÉNOPAUSE PRÉMATURÉE

Les effets d'une chimiothérapie ou d'une radiothérapie pour traiter un cancer dans la région pelvienne constituent l'autre raison principale justifiant une ménopause induite. Ces deux types de traitements lèsent les ovaires, de manière parfois réversible mais, plus souvent, définitive. Dans ce cas, la ménopause survient immédiatement ou quelques mois après. Peut-être pourra-t-on proposer, à l'avenir, aux femmes jeunes de prélever, avant le traitement, du tissu ovarien que l'on congèlera en vue d'une ultérieure fécondation in vitro (FIV). Les femmes ménopausées jeunes ont un besoin accru de suivi et d'aide pour accepter leur nouvel état, ainsi que d'un traitement plus intensif pour venir à bout de leurs troubles.

Parfois, une ménopause prématurée survient sans raison apparente. La seule exception connue est celle, très rare, de maladie auto-immune. Le système immunitaire produit alors des anticorps qui détruisent les tissus de l'organisme, par exemple en cas de polyarthrite rhumatoïde ou de lupus érythémateux systémique. Il arrive que ces auto-anticorps s'attaquent aux ovaires, ce qui provoque une défaillance ovarienne, puis la ménopause.

Les estrogènes et la progestérone prescrits sous forme de patch remplacent avec succès les hormones naturelles. Si la femme désire un enfant, son utérus est alors capable de recevoir, par implantation, un ou plusieurs ovocytes (soit prélevés au préalable, soit venant d'un don).

MÉNOPAUSE RÉVERSIBLE

Certains traitements provoquent parfois une ménopause temporaire réversible. Cette « fausse » ménopause est un effet secondaire de médicaments prescrits ou une conséquence intentionnelle destinée à soigner, par exemple, une endométriose ou un fibrome.

LE SAVIEZ-VOUS ?

Préserver la fécondité

•

La ménopause est la conséquence inévitable de l'ablation complète des ovaires ou de leur destruction. Une partie d'ovaire suffit toutefois pour préserver la production hormonale à l'origine du cycle menstruel et, de ce fait, permettre à la femme d'avoir un enfant si elle le souhaite.

Autrefois, les femmes atteintes de cancer du sein prenaient des médicaments qui provoquaient une ménopause prématurée. Elle est désormais réversible et préserve la fonction ovarienne, mais cela n'empêche pas certaines patientes de souffrir de troubles de la ménopause pendant la durée du traitement.

TABAC, ALCOOL ET RÉGIMES

Ces trois facteurs auraient une influence sur la survenue de la ménopause. En règle générale, plus une femme fume, boit et a une masse graisseuse restreinte, plus la ménopause est précoce. Aucun de ces facteurs n'est susceptible de provoquer une véritable ménopause prématurée, mais ils s'accompagnent d'un arrêt des règles en moyenne une à deux années plus tôt que la majorité des femmes (voir également p. 165-169).

▶ LE VIRUS DES OREILLONS

Le virus responsable des oreillons peut léser et détruire les ovaires à n'importe quel âge. Il provoque parfois une inflammation des ovaires et une atteinte irréversible des follicules ovariens. Une fillette non encore réglée risque, alors, de perdre tout ou partie du fonctionnement de ses ovaires avant l'apparition des menstruations. C'est heureusement rare, d'autant qu'il existe un vaccin efficace contre ce virus.

SAIGNEMENTS ANORMAUX

Pour la plupart des femmes, la modification du cycle menstruel à cette période de la vie s'explique par les fluctuations hormonales. Il est normal d'avoir des cycles irréguliers quatre à huit ans avant la toute dernière menstruation. Il est également normal que l'intensité des pertes de sang et la durée du cycle soient variables.

Lorsque vous constatez de tels changements, consultez un gynécologue. Il vérifiera qu'il s'agit bien d'une périménopause. Par ailleurs, tout saignement survenant plus d'un an après vos dernières règles, voire six mois plus tard, est anormal. Dans ce cas, demandez là aussi conseil à un gynécologue, qui en cherchera la cause.

RECHERCHE DE LA CAUSE D'UN SAIGNEMENT ANORMAL

Si vous consultez pour l'une des raisons mentionnées ci-dessus et approchez de cinquante ans, le gynécologue fera un bilan complet pour exclure toute cause grave.

Examens

Les examens usuels sont le toucher vaginal, le frottis et la prise de sang pour un dosage hormonal et thyroïdien et la recherche d'une éventuelle anémie, voire une échographie par voie vaginale. Une biopsie de l'endomètre s'avère parfois nécessaire. Elle est le plus souvent effectuée en consultation et dure moins de 2 minutes. On introduit dans l'utérus une fine canule en plastique. Parfois, un curetage est nécessaire (voir p. 230). Ces deux méthodes permettent de diagnostiquer une anomalie de l'endomètre (polype, inflammation, hyperplasie endométriale, cancer).

Dans le cas d'un curetage, le col est dilaté sous anesthésie puis est effectué un prélèvement de l'endomètre, analysé par la suite en laboratoire. Cette technique est utilisée à des fins diagnostiques et thérapeutiques pour traiter, souvent de manière définitive, un saignement important.

Pour un examen de l'intérieur de l'utérus, vous pouvez aussi subir une hystéroscopie — on introduit alors une fibre optique par le col (voir p. 230) — ou une hystérosonographie, c'est-à-dire une échographie endovaginale durant laquelle est injectée dans la cavité utérine une solution saline pour visualiser les contours d'éventuels fibromes ou polypes.

Le frottis cervical contribue à diagnostiquer la cause de tout saignement intempestif (spotting) ou survenant après un rapport sexuel. Quelques cellules du col ainsi prélevées sont ensuite analysées, à la recherche de cellules cancéreuses ou précancéreuses. Des frottis réguliers, dès l'âge de vingt ans, permettent de déceler rapidement une anomalie qui peut ainsi être traitée à un stade précoce.

Consultez un gynécologue en cas de

Saignement très intenses, avec des caillots ou lorsqu'il faut changer de protection toutes les demi-heures.

Règles très longues avec des saignements durant plus de cinq jours à plusieurs reprises ou, inversement, lorsque la période entre les règles se raccourcit (généralement moins de 21 jours). Des fibromes, des polypes, une hyperplasie endométriale et, plus rarement, un cancer de l'endomètre peuvent expliquer de tels problèmes.

Spotting (saignements légers) continus ou, de manière plus épisodique, entre les règles, ou saignements plus ou moins importants après un rapport sexuel. Ce phénomène est particulièrement préoccupant en cas de port d'un stérilet ou de prise d'un contraceptif oral, ou encore en cas de grossesse. La cause peut être une infection de l'utérus

En cas de frottis anormal, le col est examiné à l'aide d'un colposcope (un appareil optique grossissant) pour repérer la moindre lésion. Les résultats de la biopsie de ces anomalies sont soumis à un anatomo-pathologiste.

La prise de sang indique si le saignement anormal résulte d'un déséquilibre hormonal. Si les saignements importants sont dus à une hyper-estrogénie, le risque de certains cancers hormono-sensibles est accru. Par ailleurs, un dosage sanguin des hormones thyroïdiennes permet de vérifier le bon fonctionnement de la thyroïde. Une pathologie de cette glande provoque parfois des symptômes similaires à ceux de la périménopause et une absence de traitement risque de s'avérer néfaste pour la santé.

TRAITEMENT D'UN SAIGNEMENT ANORMAL

Le traitement est fonction de la cause du saignement anormal et de son origine, utérine ou cervicale.

Saignement utérin

Le plus souvent, la cause d'un saignement utérin est hormonale et, même si les contraceptifs oraux ne sont pas habituellement préconisés, il est possible de prescrire à une femme en bonne santé et périménopausée une pilule estroprogestative ou seulement progestative à faible dosage (voir également p. 94-95).

Un progestatif peut également être utilisé dans un stérilet. La progestérone est libérée peu à peu pendant cinq ans. Cette méthode a pour avantages de servir de moyen contraceptif et de délivrer de faibles doses de progestérone directement sur la paroi de l'utérus, ce qui prévient l'épaississement excessif de l'endomètre. Les règles sont alors moins abondantes, voire nulles.

Polypes et fibromes

Si la cause des saignements résulte d'un problème de l'endomètre ou de polypes endométriaux, il est facile d'y remédier, en général par curetage.

La taille des fibromes diminue après la ménopause, ce qui résout généralement le problème. Si les troubles s'intensifient lors de la périménopause, la chirurgie est parfois l'unique solution. L'opération consistant à retirer les fibromes est appelée myomectomie.

Lorsque les fibromes ne sont pas trop importants, ils peuvent être retirés sous cœlioscopie ou, plus rarement, hystéroscopie.

Saignement cervical

Après une évaluation sous colposcopie et une biopsie, les saignements du col sont traités en utilisant l'électrocautérisation par laser, la cryoscopie et/ou l'ablation du tissu anormal.

Lorsque la cause du saignement a été diagnostiquée et qu'une maladie grave a été exclue, de nombreux traitements complémentaires, dont des remèdes simples, traiteront les divers types de saignement (voir p. 59).

---

ou des trompes de Fallope, une grossesse extra-utérine, un pré-cancer ou un cancer du col de l'utérus.

Saignements accompagnés de douleurs intenses, même s'il ne s'agit que de spotting. Il faut rapidement en chercher la cause, qui peut être une infection, une grossesse extra-utérine ou un fibrome.

Saignements accompagnés de fièvre, qui se produisent généralement lors d'une infection. Il faut s'assurer que le siège de celle-ci n'est pas l'utérus ou les trompes de Fallope.

Arrêt soudain des règles, si vous n'utilisez pas de contraception. Vous êtes peut-être enceinte.

Saignement, même léger, survenant alors que vous n'êtes plus réglée depuis six mois. Il faut impérativement demander conseil à un médecin.

2

DES REMÈDES SIMPLES AUX TROUBLES DE LA MÉNOPAUSE

*L'expérience de la ménopause est propre à chaque femme.
Nombreuses sont celles qui vivent mal un ou plusieurs troubles
(bouffées de chaleur, modifications de la peau, diminution
de la concentration et de la mémoire, troubles
neuro-psychiques), tandis que d'autres ne sont pas perturbées
outre mesure par les changements mineurs qu'elles constatent.
Certaines traversent même cette période sans remarquer
la moindre différence. Toutefois, la connaissance
de ce qui pourrait arriver aide à en reconnaître
les signes annonciateurs pour surmonter
ces problèmes, voire les prévenir.*

BOUFFÉES DE CHALEUR

Les bouffées de chaleur sont le lot d'environ 75 % des femmes périménopausées. Elles éprouvent des sensations qui vont de l'impression d'être toute rouge à une chaleur brûlante, accompagnée le plus souvent d'accès de sueurs particulièrement gênants la nuit (sueurs nocturnes). La fréquence de ces troubles est également très variable. Certaines femmes ont une légère bouffée de chaleur par semaine pendant une courte période, tandis que d'autres en subissent jusqu'à 50 par jour durant plusieurs années (six à sept fois par heure dans les cas extrêmes). De nombreuses femmes souffrent de bouffées bien avant leur dernière menstruation. Au début, ces manifestations sont espacées et ne concernent que le visage, le cou et la poitrine. Avec le temps, elles deviennent parfois plus fréquentes, plus longues et cela peut se prolonger durant cinq ans, avec de brèves périodes de rémission.

RÉACTION DE LA PEAU À LA BOUFFÉE DE CHALEUR

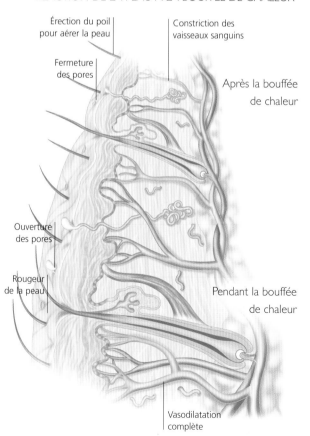

Érection du poil pour aérer la peau

Constriction des vaisseaux sanguins

Fermeture des pores

Après la bouffée de chaleur

Ouverture des pores

Rougeur de la peau

Pendant la bouffée de chaleur

Vasodilatation complète

Cause des bouffées de chaleur

Le mécanisme physiologique est complexe, mais l'apparition d'une bouffée de chaleur peut correspondre à une augmentation de la sécrétion d'une hormone hypophysaire, la FSH ou hormone folliculo-stimulante. À l'approche de la ménopause, les ovaires sécrètent de moins en moins d'estrogènes et répondent mal aux ordres de l'hypophyse, qui réagit en produisant plus de FSH. Par ailleurs, la baisse des estrogènes nuit à la contraction des vaisseaux sanguins. C'est pourquoi les bouffées de chaleur sont parfois qualifiées de « troubles vasomoteurs ». D'autres sécrétions internes accompagnent ce phénomène, comme certaines hormones surrénaliennes, nettement plus importantes dans le sang à ce moment-là.

Concrètement, une bouffée de chaleur se produit parce que, d'après le cerveau, la chaleur du corps est excessive. Pendant la ménopause, le système qui régule la température se modifie. Les glandes sudoripares deviennent moins efficaces en raison du manque d'estrogènes, qui influe sur la manière dont elles sont programmées. Ces glandes refroidissent moins bien le corps et, en outre, une modification de la chimie du cerveau agit sur le centre de contrôle de la température dans l'hypothalamus. Le niveau auquel s'effectue la régulation thermique étant plus bas, cela déclenche une dilatation des vaisseaux cutanés et des sueurs (le corps s'efforce de rétablir son thermostat). Ces réglages ne se font pas toujours en douceur et le corps réagit souvent de manière excessive, ce qui explique les bouffées de chaleur.

Vous pouvez atténuer ces réactions désagréables, parfois violentes, à l'aide de remèdes simples, comme une modification de l'alimentation et du mode de vie, une activité physique régulière, la méditation et des thérapies complémentaires.

ALIMENTATION

Certains aliments auraient un effet déclencheur : les plats sucrés, salés et épicés ; les aliments acides comme les cornichons et les tomates ; les acides gras trans (hydrogénés) ou saturés ; le chocolat ; toutes les boissons très chaudes ; l'alcool et les boissons à base de caféine — soda au cola, par exemple. D'autres aliments améliorent la capacité de l'organisme à faire face à ces modifications. Les agrumes (oranges, pamplemousse, etc.) renferment des flavonoïdes, qui possèdent un léger effet estrogénique sur l'organisme. Les produits à base de soja comme le tofu sont riches en isoflavones bénéfiques (à raison de 45-60 mg/j). Les graines de lin sont également efficaces.

La vitamine E améliorerait le bon fonctionnement du système vasculaire et favoriserait la production d'hormones sexuelles. Les huiles végétales, les légumes verts à feuilles, les céréales complètes et les légumineuses sont de bonnes sources. Si vous prenez une supplémentation, ne dépassez pas 1 000 UI (unités internationales) par jour. En cas d'hypertension, de pathologie cardiaque ou de diabète, demandez d'abord conseil à un médecin.

Les bouffées de chaleur épuisent les ressources en vitamines du groupe B, en vitamine C, en magnésium et en potassium. Consommez des aliments riches en ces nutriments ou prenez une supplémentation. Vous trouverez p. 106-121 des conseils pour adopter une alimentation qui aide à bien vivre la ménopause.

Privilégiez les repas légers pour éviter une dilatation des vaisseaux et, par conséquent, une élévation de la température corporelle. Buvez beaucoup d'eau, en particulier si vous souffrez de sueurs nocturnes. Si vos urines sont foncées, c'est probablement un signe de déshydratation.

Enfin, si vous êtes mince, envisagez de prendre quelques kilos, car les adipocytes produisent de l'estrogène. Une personne légèrement enrobée souffre donc moins de bouffées de chaleur.

ACTIVITÉ PHYSIQUE

Une activité physique régulière contribue à prévenir efficacement les bouffées de chaleur, car elle améliore la circulation sanguine et rend souvent le corps plus tolérant à de grands écarts de température. Elle lui apprend, en outre, à se refroidir rapidement. Tous les sports augmentent la quantité d'endorphines qui circulent dans le sang. Essayez de pratiquer à raison de

moyens pour se rafraîchir rapidement

▶ Prenez une douche.
▶ Faites couler de l'eau fraîche sur vos poignets.
▶ Prenez une boisson rafraîchissante.
▶ Vaporisez de l'eau sur votre visage ou appliquez-y un gant humide.
▶ Utilisez un mini-ventilateur à piles.
▶ Appliquez un pack de gel rafraîchissant autour du cou.
▶ Ouvrez le réfrigérateur quelques instants et placez votre visage le plus près possible de l'ouverture.

Évitez l'eau froide ou glacée, qui risque de donner encore plus chaud après coup. L'eau tiède s'évapore sur la peau, ce qui supprime l'impression de chaleur.

20 minutes au moins trois fois par semaine. D'après une étude, faire de l'exercice diminuerait l'intensité des bouffées de chaleur de 55 % chez les femmes ménopausées. Soulever des poids et haltères ou toute autre activité qui tonifie les muscles s'avère également efficace. En outre, cela améliore la densité osseuse (voir p. 130-152 pour des programmes d'entraînement). Toutefois, un exercice trop intense risque de provoquer une bouffée de chaleur.

MODE DE VIE

Fumer intensifie les bouffées de chaleur en affectant la circulation sanguine. Le cas échant, c'est une excellente occasion pour arrêter.

Le stress contribuerait à l'apparition de bouffées de chaleur. Efforcez-vous d'en limiter les causes et de trouver du temps pour vous détendre, car la relaxation prévient leur apparition et limite leur intensité. Lors d'une bouffée de chaleur, asseyez-vous ou allongez-vous dans un endroit paisible et frais. Respirez lentement et profondément, et faites le vide dans votre tête en recourant à la visualisation (voir p. suivante). Essayez, quand vous inspirez, d'imaginer que de l'air frais remplit votre corps et, quand vous expirez, de visualiser de l'air chaud qui sortirait par vos mains et vos pieds.

Portez des vêtements amples en fibres naturelles comme le coton ou le lin. Les tissus synthétiques (polyester, nylon, etc.) piègent la transpiration. Des manches longues ou des cols étroits donnent facilement l'impression d'étouffer. Optez si possible pour des manches courtes, des encolures en V ou arrondies, ou encore des habits faciles à déboutonner. Évitez tout ce qui peut serrer au niveau du cou : pull à col roulé, collier ou autre.

Le maintien d'une activité sexuelle est également bénéfique. D'après une étude menée à l'université de Stanford (États-Unis), les femmes qui font l'amour régulièrement, au moins une fois par semaine, ont des bouffées de chaleur moins fréquentes et intenses.

Évitez les bains chauds et les saunas. Soyez vigilante lorsqu'il fait chaud et ayez éventuellement, comme certaines femmes, toujours un éventail à portée de main.

PHYTOTHÉRAPIE

Le traitement à long terme des bouffées de chaleur, comme de tout autre effet secondaire de la ménopause, consiste à équilibrer et à tonifier le système hormonal. Des plantes comme *Vitex agnus-castus* (poivre de moine) ou *dong quai* (angélique chinoise) équilibrent l'hypophyse tandis que *Cimicifuga racemosa* (cimicaire) et les fleurs de *Trifolium pratense* (trèfle des prés) renferment des phytoestrogènes, dont l'action phytothérapeutique, bien utile, s'apparente à celle d'une hormonothérapie. Vous pouvez les mélanger à parts égales et demander au phytothérapeute d'y

Importance de la respiration

Une respiration lente et profonde diminue la fréquence des bouffées de chaleur. Pour pratiquer, choisissez un endroit tranquille, où vous pouvez rester assise sans être distraite au moins 15 minutes le matin et le soir.

Vous devez maîtriser le diaphragme lors de la respiration, ce qui implique de laisser la cage thoracique au repos et d'inspirer puis d'expirer à l'aide des muscles abdominaux. Ainsi, votre diaphragme peut se soulever et descendre au gré de la respiration. Sans bouger la cage thoracique, mais en relâchant puis en contractant les abdominaux, inspirez pendant 5 secondes puis expirez pendant 5 secondes.

Avec un peu de pratique, vous maîtrisez cette respiration. Ainsi, dès que vous sentez arriver une bouffée, appliquez cette technique jusqu'à sentir disparaître le trouble.

ajouter d'autres plantes correspondant à votre état. (*Trifolium pratense* est contre-indiqué si vous êtes traitée pour un cancer du sein.) Reportez-vous p. 184-195 pour de plus amples informations sur l'hormonothérapie à base de plantes.

En cas de bouffée de chaleur, prenez de la teinture-mère de sauge associée à d'autres plantes ou seule, en cas de bouffée intense, à raison de 15 à 20 gouttes trois fois par jour (ou en fonction de la survenue des troubles).

Pour les phytothérapeutes, un foie fatigué serait un facteur aggravant des troubles de la ménopause. Ils préconisent une cure dépurative pour drainer le foie. Au lever, avant le petit-déjeuner, buvez une boisson préparée avec le jus d'un citron entier, 25 cl de jus de pomme, une gousse d'ail écrasée, un petit morceau de gingembre frais râpé et une cuillerée à soupe d'huile d'olive. Faites ensuite infuser dans l'équivalent de deux tasses d'eau chaude du pissenlit, des orties ou de la menthe. Sirotez cette tisane durant les deux heures suivantes, sans manger.

Vous pouvez également ajouter une plante dépurative comme le pissenlit ou le chardon Marie. Faites cette cure cinq jours. Arrêtez deux jours et reprenez cinq jours. Pour la médecine traditionnelle chinoise, la ménopause résulterait d'une déficience ou d'une stagnation de l'énergie du sang, du foie ou des reins. Un praticien vous prescrira des plantes spécifiques en fonction des troubles. Les adeptes de cette médecine traditionnelle affirment que ces plantes, dépourvues d'effets secondaires, sont très efficaces contre les bouffées de chaleur.

HOMÉOPATHIE

Pour les naturopathes, l'homéopathie serait idéale contre les troubles de la ménopause. Ils recommandent toutes sortes de traitements en fonction du type de sueurs, de ses modalités d'apparition et des symptômes concomitants. *Lachesis, Pulsatilla, Sepia* et *Belladona* sont parmi les remèdes les plus prescrits : *Lachesis* pour les bouffées de chaleur qui se manifestent au niveau de la tête et du visage, *Pulsatilla* si cela s'accompagne de sueurs au visage, *Sepia* en cas de crise d'angoisse et *Belladona*, si la figure est rouge et trempée de sueur.

DIGITOPUNCTURE ET ACUPUNCTURE

De fines aiguilles sont plantées sur des points précis de méridiens (acupuncture) ou sont stimulées manuellement (digitopuncture). Chaque méridien correspond à un organe, dont celui du foie (F). En cas de bouffée de chaleur, stimulez le point 2 F qui se trouve à la jonction du gros orteil et du deuxième orteil (photographie du haut). Cette stimulation devrait vous rafraîchir en éliminant la chaleur du haut du corps.

Pour prévenir les bouffées de chaleur, stimulez le point 3 F qui se trouve à deux doigts de la jonction entre le gros orteil et le deuxième orteil (photographie du bas).

L'acupuncture est également efficace contre l'insomnie qui accompagne souvent les sueurs nocturnes (voir p. 34). Dans ce cas, elle rééquilibre le système hormonal.

ALLOPATHIE

Le traitement hormonal substitutif (THS) serait le moyen le plus efficace pour traiter les bouffées de chaleur, en utilisant le dosage le plus faible possible. L'arrêt du traitement, progressif, peut s'étaler sur plusieurs années.

Selon certaines études, l'association antidépresseur-THS diminuerait de manière significative l'intensité et la durée des bouffées de chaleur. Les inhibiteurs sélectifs de la recapture de la sérotonine, telles la fluoxétine et la venlafaxine, seraient indiqués à faible dose. Leur action résulterait du rôle de la sérotonine dans la régulation de la température corporelle.

La clonidine, habituellement prescrite contre l'hypertension artérielle, est parfois préconisée, mais son efficacité n'a pas été démontrée.

SUEURS NOCTURNES

Conseils pratiques

Vérifiez que la température de la chambre n'excède pas 18 °C, ce qui suffit pour un sommeil de qualité. Si vous avez un ventilateur ou l'air conditionné, utilisez-le de temps à autre. Préférez plusieurs couvertures légères pour en retirer une si vous avez trop chaud.

Buvez beaucoup d'eau. Il faut boire chaque jour au moins 12 verres d'eau à température ambiante pour refroidir en douceur la température interne. Prenez-en un avant le coucher. Les phytothérapeutes conseillent de poser près du lit un verre d'eau contenant 30 gouttes de teinture-mère de sauge. Buvez-en une gorgée ou deux en cas de besoin.

Préférez, pour dormir, les fibres naturelles et vérifiez que la literie est également en coton ou en lin. Retirez, si besoin, la ou les couvertures, le drap du dessus et votre vêtement de nuit.

Prenez une douche ou rafraîchissez-vous avec de l'eau juste avant le coucher.

Évitez les douches et les bains chauds.

Évitez toute activité physique intense avant le coucher.

Ne mangez rien avant de dormir. Plusieurs heures doivent séparer le moment du repas du coucher.

Ne buvez pas de café ou d'alcool et ne fumez pas tard dans la soirée.

Les sueurs nocturnes qualifient les bouffées de chaleur survenant la nuit. Les vêtements et la literie sont trempés, et cela s'accompagne parfois de crises d'angoisse. Toutes les femmes souffrant de bouffées de chaleur n'ont pas forcément des sueurs nocturnes, mais c'est le cas pour un grand nombre. Les frissons qui suivent souvent les sueurs constituent l'un des désagréments, mais il en existe un autre très courant, l'insomnie. En fait, au début, la plupart des femmes se réveillent avant d'être trempées, ce qui révèle l'implication du système nerveux. Reportez-vous p. 37-38 pour de plus amples informations sur les troubles du sommeil.

Les sueurs nocturnes pouvant être symptomatiques d'autres troubles, plus sérieux, assurez-vous que ces derniers ont bien été diagnostiqués. En cas de doute, consultez un médecin.

Atténuer l'intensité des sueurs nocturnes

S'il vous arrive de vous réveiller en nage, passez une éponge ou un linge imbibé d'eau tiède sur votre visage et votre poitrine, ou tamponnez-en votre corps. Évitez l'eau froide, car les capillaires juste sous la peau se contracteraient, ce qui empêcherait la chaleur de s'éliminer.

Certains naturopathes conseillent un traitement d'hydrothérapie, qui consiste à alterner des jets d'eau chaude et froide le long de la colonne vertébrale, vers le haut et vers le bas. Cela stimule la circulation sanguine et rafraîchit le sang à la surface de la peau. Vous vous sentez revigorée.

Outre les remèdes naturels et médicamenteux proposés aux pages précédentes pour les bouffées de chaleur, il existe des méthodes qui contribuent à prévenir les bouffées nocturnes ou à diminuer leur intensité (voir l'encadré ci-contre).

FATIGUE

C'est un des troubles les plus fréquents. Il n'est pas étonnant que la cause soit, bien souvent, un manque de sommeil (voir p. 37) qui résulte pour une grande partie de la fluctuation hormonale. Vers la ménopause, les androgènes commencent à diminuer, or ces hormones mâles que nous produisons vont de pair avec une impression de bien-être et une bonne vitalité. La chute des estrogènes peut également provoquer des troubles du sommeil. L'alimentation est un autre facteur. Un excès de glucides et un manque de lipides font des ravages sur l'organisme qui sécrète trop d'insuline, ce qui entraîne une hypoglycémie (manque de sucre dans le sang). Si vous buvez du soda au cola, du thé ou du café, la caféine stimule la libération d'adrénaline, qui dérègle un peu plus l'équilibre entre l'insuline et le sucre.

Heureusement, les solutions ne manquent pas pour retrouver votre dynamisme.

FRICTION DE LA PEAU

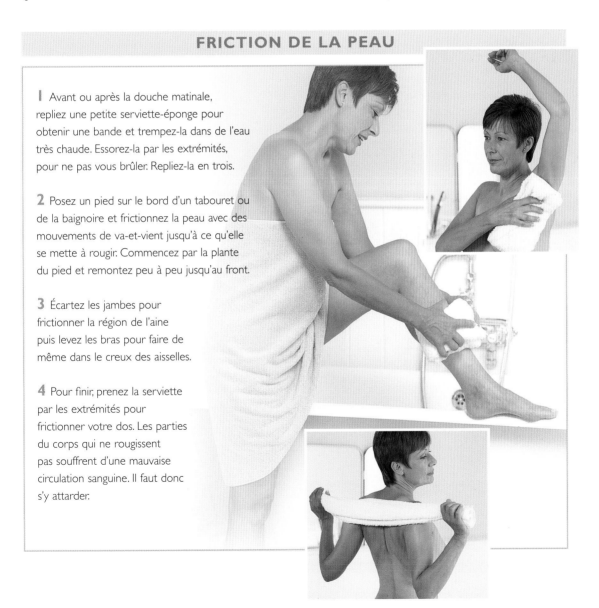

1 Avant ou après la douche matinale, repliez une petite serviette-éponge pour obtenir une bande et trempez-la dans de l'eau très chaude. Essorez-la par les extrémités, pour ne pas vous brûler. Repliez-la en trois.

2 Posez un pied sur le bord d'un tabouret ou de la baignoire et frictionnez la peau avec des mouvements de va-et-vient jusqu'à ce qu'elle se mette à rougir. Commencez par la plante du pied et remontez peu à peu jusqu'au front.

3 Écartez les jambes pour frictionner la région de l'aine puis levez les bras pour faire de même dans le creux des aisselles.

4 Pour finir, prenez la serviette par les extrémités pour frictionner votre dos. Les parties du corps qui ne rougissent pas souffrent d'une mauvaise circulation sanguine. Il faut donc s'y attarder.

ALIMENTATION

Pour augmenter la teneur de sucre dans le sang, mangez des glucides dont l'index glycémique est bas ou modéré (voir p. 124-125). Ainsi, la libération d'énergie est progressive et durable. Vérifiez également que vous bénéficiez d'assez de vitamines du groupe B, en particulier si votre alimentation est riche en glucides. Vous avez également besoin d'apports suffisants en lipides et en protéines pour assurer le bon fonctionnement des cellules. Préférez les graisses de bonne qualité comme l'huile d'olive ou d'avocat et les protéines issues de viandes maigres, de volaille ou de produits à base de soja.

Les algues de toutes sortes sont excellentes pour les systèmes nerveux, immunitaire et hormonal. Pensez à en consommer une portion (en plat d'accompagnement) au moins une fois par semaine, et prenez l'habitude d'en mettre dans les soupes et les salades.

Plusieurs collations légères ou en-cas sont plus efficaces que quelques gros repas pour éviter les « coups de pompe » par manque de sucre dans le sang. Pour la même raison, évitez les boissons caféinées et l'alcool.

PHYTOTHÉRAPIE

Le ginseng de Sibérie est connu pour redonner de l'énergie et stimuler le système immunitaire. La médecine traditionnelle chinoise soigne l'épuisement par des toniques énergisants qui renferment du ginseng.

ACTIVITÉ PHYSIQUE

Rien de pire que le manque d'activité ! En revanche, si vous bougez et surveillez votre ligne, vous rechargez vos batteries. Une courte marche de 10 minutes, à vive allure, suffit pour voir la vie en rose et accroître sa vitalité.

De nombreuses techniques orientales comme la méditation, le yoga, le taï chi, le qigong et le shiatsu améliorent la circulation de l'énergie dans le corps. La friction de la peau (voir p. précédente) est une autre technique efficace.

Si vous avez un problème dermatologique, frottez la peau en évitant la région affectée. Le jus d'une cuillerée à café de gingembre frais râpé stimule les effets bénéfiques de la friction.

LIMITER LE STRESS

Tout excès, même d'une occupation aussi stimulante que le sport, peut épuiser. Allez-y à votre rythme. Faites souvent des pauses et, si besoin, limitez certaines activités. Faites-vous plaisir, ne négligez pas votre vie sociale, cela contribue à réduire le stress d'un emploi du temps surchargé.

De nombreux thérapeutes conseillent de faire le vide, qu'il s'agisse de mettre de l'ordre dans votre bureau ou d'accepter de lâcher prise lorsqu'une situation vous dépasse, pour éviter de miner vos réserves d'énergie. De même, le tabac serait un facteur d'épuisement. Si vous fumez, voilà une autre raison pour arrêter.

ALLOPATHIE

Le problème de la fatigue doit être exposé à un médecin, qui s'assurera qu'il ne relève pas d'une anémie ou d'un problème thyroïdien.

La posture du fœtus
Si vous êtes très fatiguée, agenouillez-vous sur un tapis et posez la tête contre le sol, appuyée sur une joue. Laissez reposer les bras le long du corps, paumes face au ciel, et respirez profondément.

INSOMNIE

Avec l'âge, les troubles du sommeil deviennent de plus en plus courants. À la ménopause, bien des femmes connaissent des difficultés pour dormir ou, si c'était déjà le cas auparavant, voient cet état empirer. L'insomnie, qui est une difficulté à trouver le sommeil ou à se rendormir en cas de réveil nocturne, est un effet secondaire fréquent de la ménopause.

Le syndrome des jambes sans repos (impatiences) est un autre trouble habituel. Il se manifeste dans les moments d'immobilité par des sensations désagréables, dans les jambes, de fourmillements, de picotements responsables de secousses involontaires. Des apports suffisants en magnésium, en vitamines du groupe B, en vitamine E et en fer permettent de lutter contre ce problème.

La chute d'estrogènes à l'origine des sueurs nocturnes (voir p. 34) est également responsable de réveils fréquents. Cette incapacité à trouver le sommeil ou à se rendormir est souvent aggravée par une alimentation déséquilibrée, l'alcool, certains médicaments, une anxiété chronique, le stress ou la dépression.

LE SAVIEZ-VOUS ?
Les somnifères

Les somnifères créent une dépendance, ce qui signifie que vous devez peu à peu augmenter le dosage pour obtenir le même effet. Si vous cessez d'en prendre, vous risquez de souffrir de troubles dus à un syndrome de manque.

soja et tomates. La tyrosine est un acide aminé précurseur d'un neuromédiateur, la noradrénaline, propice à l'état de veille.

La caféine est un stimulant qui agit sur des organes spécifiques et sur tout le métabolisme. C'est un facteur majeur de troubles du sommeil. Si vous dormez mal, diminuez votre consommation de thé et de café, surtout en soirée — évitez ainsi de remplir votre vessie, ce qui risquerait de causer un réveil nocturne.

Évitez les repas copieux en soirée. L'idéal serait de dîner à 20 heures au plus tard, ce qui ne signifie pas qu'il faille pour autant se coucher l'estomac vide.

PHYTOTHÉRAPIE

La passiflore a des vertus calmantes et tranquillisantes. Prenez-la en tisane (2 à 5 g de plante séchée trois fois par jour), en extrait fluide (10 à 30 gouttes trois fois par jour) ou en teinture-mère (1/5 dans de l'alcool à 45 %). Vous pouvez également essayer la valériane en gélules. Prenez-en 150 à 300 mg une heure avant le coucher.

ALIMENTATION

Ne vous privez pas du traditionnel verre de lait chaud au coucher, car cet aliment est riche en tryptophane, un acide aminé précurseur de la sérotonine, qui aide à bien dormir. Les autres sources de tryptophane sont la banane et le beurre de cacahuètes. À l'opposé, évitez en fin de soirée les aliments riches en tyrosine : viande, fromages à pâte molle, chocolat, œufs, pain,

Boisson ou aliment	Caféine (milligrammes)
1 tasse d'expresso	100–150
1 tasse de café instantané	85–100
1 tasse de thé	60–75
1 verre (30 cl) de soda au cola	40–60
1 tasse de cacao	40–55
1 barre chocolatée	25
1 tasse de café décaféiné	2–4

7 moyens pour mieux dormir

- ▸ Votre chambre doit être silencieuse et fraîche.
- ▸ N'utilisez votre lit que pour dormir, pas pour regarder la télévision ou écouter de la musique.
- ▸ Couchez-vous et levez-vous le plus possible à des heures régulières.
- ▸ Évitez le sport 5 à 6 heures avant le coucher, la caféine après 12 heures et l'alcool en soirée.
- ▸ Prenez un en-cas riche en tryptophane avant le coucher (yaourt, fromage blanc, lait ou banane).
- ▸ Avant de dormir, détendez-vous, par exemple avec une lecture facile.
- ▸ Une fois couchée ou si vous vous levez dans la nuit, ne regardez pas le réveil.

ALLOPATHIE

Considérée comme un complément alimentaire aux États-Unis, la mélatonine n'a jamais fait l'objet d'une demande d'autorisation de mise sur le marché (AMM) en France. Cette molécule, qui imite l'action d'une hormone synthétisée dans le cerveau et provoque la somnolence, n'est donc pas autorisée.

La molécule 5 HTP est le précurseur de la mélatonine et aide également à l'endormissement. Elle se prend généralement à raison de 100 mg trois fois par jour au début, puis la dose augmente progressivement sur plusieurs mois pour atteindre 200 mg trois fois par jour.

Les somnifères à action brève, les antihistaminiques et certains antalgiques peuvent eux aussi atténuer les troubles du sommeil. Dans ce cas, un médecin vous prescrira le médicament le plus apte à résoudre votre insomnie.

MASSAGE DU CUIR CHEVELU ET DES PLANTES DE PIED

Le massage du cuir chevelu et des plantes de pied avec de l'huile de coprah est un remède ayurvédique qui facilite l'endormissement. Frottez l'huile entre vos paumes et vos doigts pour la réchauffer, puis frictionnez la plante des pieds et les cheveux.

PROBLÈMES DE CONCENTRATION ET DE MÉMOIRE

Avec l'âge, on a tendance à imputer les « trous de mémoire » à la périménopause et à la ménopause, mais la science n'a pas démontré la responsabilité des modifications hormonales. D'après certaines études, les estrogènes stimuleraient la mémoire et la capacité à résoudre des problèmes mais, pour d'autres, cela ne serait pas confirmé.

La plupart des médecins pensent que l'impression de ne pas avoir les idées très claires, dont se plaignent de nombreuses femmes, résulterait plutôt d'un surmenage temporaire dû au stress ou à la dégénérescence cellulaire qui accompagne inéluctablement le vieillissement. Vers la périménopause et la ménopause, les femmes souffrent souvent de stress physique (par exemple des sueurs nocturnes qui perturbent le sommeil, voir p. 34) ou psychologique (difficultés relationnelles, problèmes avec les enfants ou les parents âgés et mauvaise image de soi).

Vers l'âge de vingt ans, la mémoire commence à décliner chez tout le monde. Faire travailler le cerveau et limiter le stress permet de pallier les problèmes de concentration et de mémoire.

ACTIVITÉ PHYSIQUE

L'activité physique améliore la circulation sanguine (l'énergie et l'oxygène arrivent mieux au cerveau, ce qui le rend plus alerte et capable de se concentrer) et libère en outre des endorphines, ces molécules chimiques à l'origine d'une sensation de bien-être. Essayez de pratiquer, par exemple, 3 km de marche à rythme soutenu trois fois par semaine. Stimulez votre cerveau en apprenant un texte par cœur, en faisant des mots croisés ou en lisant un ouvrage intéressant. Le yoga et le taï chi, qui apaisent le corps et l'esprit, sont également bénéfiques.

ALIMENTATION

Votre alimentation doit apporter suffisamment de vitamines (voir p. 106-127) et comporter régulière-

ment des poissons gras. Leurs graisses sont riches en acides gras oméga 3 qui renforcent la mémoire. Les aliments riches en choline (œufs et produits à base de soja) stimulent la synthèse d'un neuromédiateur, l'acéthyl-choline, essentiel pour la mémoire. Les antioxydants, présents surtout dans les fruits et les légumes, protègent le cerveau contre les radicaux libres. À l'opposé, l'alcool nuit à la concentration et interfère avec la capacité du cerveau de stocker des informations et de les retrouver. La caféine est également un facteur de stress, qui accroît l'anxiété et empêche l'endormissement.

RELAXATION ET PENSÉE POSITIVE

Il est plus que jamais indispensable d'avoir conscience de vos besoins et de ceux des autres. Vous gérerez mieux les situations de stress si vous les abordez avec sérénité, grâce à des techniques de relaxation et de pensée positive. Des moments de détente, loin de tout esprit de compétition, comme le jardinage ou un hobby manuel, vous feront le plus grand bien. Il en va de même pour les pratiques suivantes.

La méditation (voir p. 42) apaise l'esprit. L'activité cérébrale se modifie : vous passez d'un état de veille active (ondes bêta rapides, de 14 à 30 Hz) à un état de relaxation mentale (ondes alpha plus lentes, de 8 à 13 Hz). La respiration abdominale profonde (voir p. suivante) permet également de restaurer le calme intérieur.

L'aromathérapie propose de nombreux remèdes qui favorisent la relaxation. L'huile essentielle de lavande est souveraine contre la nervosité. Mettez-en quelques gouttes dans l'eau du bain, dans une huile de massage ou sur votre oreiller avant le coucher.

La programmation neurolinguistique (PNL) propose des techniques qui mettent en lumière notre manière de fonctionner et de réagir afin de nous apprendre à aborder chaque situation de manière positive (voir également p. 201-202).

LA RESPIRATION ABDOMINALE PROFONDE

Les exercices de respiration apaisent le corps et l'esprit. De longues respirations profondes vous aident à mieux vivre une situation stressante. L'idéal serait de pratiquer au moins 10 minutes par jour. Allongez-vous dans une pièce chaude où vous ne risquez pas d'être dérangée. Posez la tête sur une serviette ou une couverture roulée en boule. Fermez les yeux. Posez une main sur la poitrine et l'autre sur le ventre. Inspirez profondément afin de bien remplir l'abdomen, puis expirez doucement. Vers la fin de l'expiration, contractez les muscles abdominaux. Si vous respirez correctement, seule la main posée sur le ventre bouge, celle sur la poitrine doit rester immobile.

Lorsque votre respiration est suffisamment ample et profonde, vous pouvez poser les deux mains de part et d'autre du corps, paumes tournées vers le ciel. Résistez à l'envie de vous endormir.

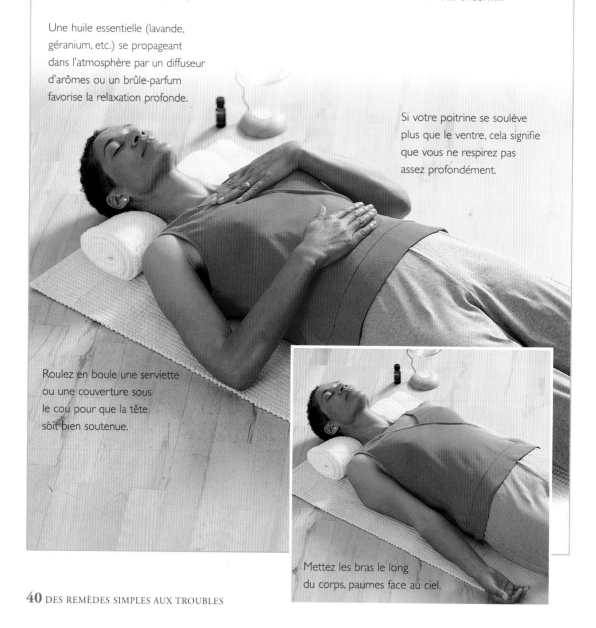

Une huile essentielle (lavande, géranium, etc.) se propageant dans l'atmosphère par un diffuseur d'arômes ou un brûle-parfum favorise la relaxation profonde.

Si votre poitrine se soulève plus que le ventre, cela signifie que vous ne respirez pas assez profondément.

Roulez en boule une serviette ou une couverture sous le cou pour que la tête soit bien soutenue.

Mettez les bras le long du corps, paumes face au ciel.

TROUBLES DE L'HUMEUR

Le lien n'est pas avéré entre la ménopause et la dépression clinique, mais de nombreuses femmes éprouvent de la tristesse, de l'anxiété et/ou de l'irritabilité qui sont peut-être la conséquence du bouleversement hormonal et de sa cohorte de troubles associés. Les troubles de l'humeur apparaissent le plus souvent pendant la périménopause, lorsque les déséquilibres hormonaux sont les plus importants. Ils deviennent moins fréquents lorsque les femmes sont ménopausées. Le bon côté des choses, c'est qu'un grand nombre de ces femmes se sentent alors nettement mieux et reprennent goût à la vie.

Le cerveau produit un neuromédiateur, la sérotonine, dont le rôle sur la régulation de l'humeur est primordial. Les estrogènes augmenteraient la concentration de sérotonine, ce qui expliquerait que leur chute, à la ménopause, provoque des dérèglements de l'humeur. La sérotonine est synthétisée par des neurones spécifiques, appelés neurones sérotoninergiques, qui possèdent des récepteurs de progestérone. Or la progestérone chute radicalement à la ménopause en raison de l'arrêt des ovulations. Ce lien entre la progestérone et la sérotonine explique peut-être pourquoi la dépression est si fréquente chez les femmes souffrant de syndrome prémenstruel et pourquoi les inhibiteurs sélectifs de la recapture de la sérotonine sont efficaces. Les troubles du sommeil résultant des modifications hormonales (voir p. 37-38) et l'appréhension face à la survenue d'une bouffée de chaleur peuvent également provoquer une fatigue chronique et un mal-être.

Le milieu de la vie est, en outre, une période souvent riche en événements stressants. Les problèmes relationnels — divorce, veuvage, enfants qui partent ou avec qui la cohabitation devient difficile —, les soucis à propos de proches âgés qu'il faut prendre en charge, les appréhensions vis-à-vis de l'avenir — faut-il partir à la retraite ou trouver une autre activité ? —, tout cela surgit au moment où vous remettez en question la perception de votre corps et de vous-même.

Si votre médecin pense que vos troubles de l'humeur sont dus à un déséquilibre hormonal, il envisagera de vous prescrire un traitement hormonal qui stabilise les hormones, ce qui améliorera votre moral. Les solutions naturelles qui s'offrent à vous sont une alimentation équilibrée, des remèdes à base de plantes et diverses techniques pour chasser les pensées négatives.

La lumière naturelle

La lumière a un effet puissant sur le moral : rien de tel qu'un rayon de soleil pour mettre du baume au cœur. La lumière naturelle agit sur la mélatonine, un neuromédiateur qui contrôle les cycles du sommeil. Bien des personnes dépriment à l'approche de l'hiver, lorsque les journées raccourcissent. Certaines vont jusqu'à souffrir d'un « trouble affectif saisonnier ». En raison des bienfaits de la lumière naturelle sur le moral, un remède tout simple consiste à remplacer vos ampoules classiques par d'autres reproduisant la lumière naturelle, en particulier dans la pièce où vous vous trouvez le plus souvent. Si cette méthode s'avère efficace, surtout si vos troubles sont importants, procurez-vous une lampe de luminothérapie.

ALIMENTATION

Plusieurs troubles de l'humeur résultent d'une carence en nutriments. Certaines femmes manquent de vitamine B6, indispensable à la production d'un neuromédiateur, la sérotonine. Les vitamines B9 et B12 influent aussi beaucoup sur la stabilisation de l'humeur.

Un acide aminé, la phénylalanine, est très présent dans le lait, le fromage, la viande et le poisson. Il contribue au bon équilibre des neuromédiateurs.

Le sélénium (dans les noix du Brésil et les champignons), le zinc (dans les fruits de mer et les œufs) et le chrome (sous sa forme la plus efficace, le picolinate de chrome) contribuent également à améliorer l'humeur. Les céréales complètes sont de bonnes sources de nutriments essentiels qui soulagent les tensions et les manifestations neuro-psychiques.

PHYTOTHÉRAPIE

Le millepertuis (contre-indiqué dans certains cas) est un remède efficace contre les dépressions d'intensité faible à modérée. Son principe actif, l'hyperforine, possède des propriétés qui s'apparentent à celles de la plupart des antidépresseurs.

Le *Ginkgo biloba* est une autre plante aux vertus antidépressives. Il améliore la microcirculation et la capacité du cerveau de métaboliser le glucose.

ACTIVITÉ PHYSIQUE

L'exercice physique est une méthode naturelle et efficace pour augmenter le niveau des endorphines, ces molécules chimiques qui combattent l'anxiété et la dépression. Essayez de pratiquer au moins trois fois par semaine, par exemple 3 km de marche à rythme soutenu ou 30 minutes du sport de votre choix.

Certaines femmes trouvent que les vertus équilibrantes du yoga et du taï chi ont un effet positif sur leur mental.

PSYCHOTHÉRAPIE

Une prise en charge par un psychothérapeute aide à affronter le quotidien. Parler s'avère souverain pour résoudre les conflits et reprendre confiance en soi.

ALLOPATHIE

Lorsque les troubles de l'humeur sont sévères, la prescription d'antidépresseurs conventionnels peut être indiquée.

MAUX DE TÊTE

Pour de nombreuses femmes périménopausées et ménopausées, les maux de tête ont une cause réelle. Dès qu'une femme sort de la puberté et sécrète davantage d'hormones féminines, elle souffre plus facilement de céphalées de toutes sortes qu'un homme. Dans le passé, les maux de tête et la migraine étaient considérés comme des troubles distincts, aux origines différentes — la céphalée avait pour origine des contractions musculaires, tandis que la migraine s'expliquait par la vasoconstriction et la vasodilatation des vaisseaux cérébraux. On pense désormais qu'il s'agirait d'un continuum, les maux de tête pouvant entraîner des migraines.

La céphalée a plusieurs causes possibles : une maladie, une vive émotion, des médicaments, des excès alimentaires, des rythmes du sommeil irréguliers, des facteurs environnementaux, un effort physique ou des hormones. La fluctuation hormonale, caractéristique de la périménopause, augmente parfois l'intensité et la fréquence des maux de tête. Les femmes qui en souffrent avant ou pendant leurs règles, ou celles qui sont particulièrement sensibles aux modifications hormonales, risquent davantage d'en être gênées après la ménopause. En cas de ménopause induite chirurgicalement, les migraines sont généralement plus intenses et nombreuses. Les remèdes simples pour pallier les maux de tête sont étroitement liés à l'alimentation (ce que vous mangez, à quel moment et de quelle manière).

ALIMENTATION

Plusieurs facteurs peuvent déclencher une migraine, à commencer par certains aliments. Ceux-ci varient d'une personne à une autre, mais un certain nombre est commun à tous (voir l'encadré ci-contre). Sauter un repas peut également provoquer des céphalées et des migraines.

Notez sur un carnet tout ce que vous mangez et buvez chaque jour, ainsi que les circonstances dans lesquelles cela se passe (par exemple, si vous déjeunez sur le

moyens pour soulager une céphalée

▶ Frottez vivement une goutte d'huile essentielle de lavande ou de camomille entre vos mains. Quand vos paumes sont chaudes et picotent, posez-les sur la région douloureuse.

▶ Une lumière clignotante rouge soulage parfois les migraines. Pour un effet optimal, portez des lunettes qui limitent la vision latérale.

▶ Buvez une infusion de feuilles de sauge fraîches.

▶ Évitez la chaleur, connue pour déclencher les maux de tête, et par conséquent les bains chauds, le sauna et les sorties par temps chaud.

▶ Trempez vos pieds dans de l'eau froide dans laquelle vous aurez ajouté quelques gouttes d'huile essentielle de romarin et respirez profondément.

▶ Les migraines étant plus fréquentes le matin, prenez vos remèdes au coucher et au réveil pour un effet optimal.

Produits favorisant la migraine

Produits laitiers	Tomates
Chocolat	Pommes
Œufs	Bananes
Agrumes	Vin rouge
Viande et poisson	Monoglutamate
Blé et produits à base	de sodium
de blé	Aliments marinés
Oignons	ou fumés
Maïs et produits à base	Aspartame et autres
de maïs	édulcorants
Fruits secs oléagineux	Alcool

pouce) et les facteurs environnementaux (bruit, lumière vive, changement de temps, etc.). Cela vous aidera à comprendre les causes de vos céphalées.

Mangez régulièrement des céréales complètes. Leur bonne teneur en vitamines du groupe B et en vitamine E favorise la régulation hormonale. Les substances qui stimulent la circulation sanguine peuvent s'avérer efficaces pour prévenir ou soulager une migraine dès lors qu'il ne s'agit pas de facteurs déclencheurs. Les aliments riches en calcium ou en magnésium, comme les fruits secs oléagineux, les légumineuses et la levure de bière, contribuent à diminuer le calibre des artères carotidiennes. La lécithine de soja améliore elle aussi la circulation sanguine, notamment veineuse. La sérotonine, un neuromédiateur du cerveau, joue un rôle majeur dans la prévention des céphalées. On a effectivement constaté que les personnes souffrant de maux de tête en manquent souvent. Il suffirait de consommer des aliments riches en tryptophane, comme la dinde, le poisson ou la banane, pour augmenter le taux de sérotonine dans le cerveau. À l'opposé, le sel favorise la rétention d'eau, qui est une source connue de céphalée. Limitez, par conséquent, votre consommation de sel, ainsi que de caféine et d'alcool. Veillez, par ailleurs, à boire suffisamment d'eau.

ACTIVITÉ PHYSIQUE

Rien de tel qu'une marche à rythme soutenu pour améliorer la circulation sanguine, et l'air frais soulage parfois le mal de tête. Un effort physique peut déclencher une céphalée, mais la pratique régulière d'un sport diminue l'intensité des crises ultérieures tout en stimulant la synthèse dans le cerveau de substances régulatrices de la douleur. Parfois, les tensions musculaires déclenchent ou exacerbent un mal de tête. Essayez le taï chi ou le yoga. Ces méthodes favorisent la relaxation et atténuent le stress physique.

PHYTOTHÉRAPIE

Les extraits de ginkgo (*Ginkgo biloba*) améliorent la circulation sanguine et préviennent les céphalées tandis que la matricaire (*Chrysanthemum parthenium*) agit contre les migraines et les maux de tête. Mâchez chaque jour un brin de la plante fraîche pour prévenir

LE SAVIEZ-VOUS ?
Xénoestrogènes

Les xénoestrogènes sont des molécules présentes dans de nombreux produits chimiques qui, lorsqu'elles sont ingérées ou absorbées par la peau, peuvent interférer avec l'équilibre hormonal et provoquer, entre autres, des migraines. Il s'agit des pesticides, des bouteilles et des emballages en plastique, des spermicides, des détergents, des boîtes de conserve, des conservateurs dans les produits de beauté et les shampooings, des viandes d'animaux élevés en agriculture intensive. N'utilisez pas de récipient en plastique pour réchauffer un aliment ou une boisson, choisissez une lessive dépourvue d'enzymes et évitez les adoucissants pour le linge. Achetez des produits biologiques et naturels.

la survenue des crises ou buvez une tisane (laissez infuser 2 à 4 feuilles fraîches) en cas de crise aiguë.

TRAITEMENTS ALTERNATIFS

Les épaules raides et les problèmes de nuque sont souvent responsables de maux de tête. Un ostéopathe ou un chiropraticien peut vous soulager s'il existe une cause physique. L'acupuncture et la réflexologie sont également conseillées.

ALLOPATHIE

La sécrétion en dents de scie d'estrogènes durant la périménopause est améliorée par la prescription d'un contraceptif oral et, après la ménopause, par un traitement hormonal. La progestérone naturelle, en particulier, lutte contre les maux de tête d'origine hormonale. Parfois cependant, les maux de tête sont un effet secondaire de certaines formes d'hormonothérapie. Si c'est le cas, demandez à votre médecin traitant si le dosage peut être diminué ou pris sous une autre forme qui empêche les fluctuations hormonales.

Le médecin peut envisager de vous prescrire des antimigraineux comme le sumatripan ou le naratriptan.

IRRITATION ET SÉCHERESSE VAGINALE

Vers la ménopause, environ la moitié des femmes souffriraient de troubles sexuels associés à une irritation ou une sécheresse vaginale. Avant que les estrogènes commencent à chuter nettement, certaines constatent que la lubrification est moins bonne lors des rapports sexuels et que l'excitation est plus difficile. C'est parfois la conséquence d'une lassitude et d'un manque d'intérêt du partenaire mais, par ailleurs, les muqueuses sexuelles subissent des modifications.

Plusieurs solutions, outre les hormones, existent pour traiter la sécheresse vaginale, mais les irritations sont souvent le signe d'une infection qui nécessite un suivi médical.

Reportez-vous p. 86-91 pour des moyens permettant d'améliorer la libido.

Causes de la sécheresse vaginale

Lorsque les estrogènes commencent à diminuer, la paroi du vagin devient plus mince, sèche et moins élastique. C'est souvent la conséquence directe d'une diminution de l'apport sanguin. Les estrogènes ont un effet vasodilatateur, ce qui signifie qu'ils augmentent le calibre et la souplesse des vaisseaux sanguins. L'apport sanguin diminue donc proportionnellement à celui des hormones. En outre, les cellules de la paroi vaginale deviennent plus minces et sèches, ce qui favorise le risque d'irritation et de prurit. L'épithélium du vagin est dépendant des estrogènes et, en leur absence, la couche superficielle protectrice s'amenuise, voire disparaît complètement. Les problèmes sont alors plus fréquents si un lubrifiant n'est pas utilisé pendant les rapports sexuels. La lubrification du vagin est également affectée par la circulation sanguine : l'humidité résulte plus du liquide qui suinte des vaisseaux et dans le vagin que des sécrétions directes, par les glandes. Si la lubrification est insuffisante, faire l'amour irrite, voire provoque des douleurs et des saignements après le rapport sexuel. Si vous êtes dans ce cas, vous devez impérativement réagir.

Causes non liées à la ménopause

N'oubliez pas que tout médicament ayant pour effet secondaire une sécheresse de la bouche assèche également les autres muqueuses, dont celles du vagin. Les antihistaminiques sont les principaux coupables. Ils sont notamment prescrits en cas de rhume des foins ou de mal des transports. De nombreux antidépresseurs diminuent la libido, ce qui affecte la lubrification. Il s'agit, entre autres, des inhibiteurs sélectifs de la recapture de la sérotonine, des tricycliques et des inhibiteurs de la monoamine-oxydase (IMAO). Si vous remarquez un lien entre la prise d'un tel médicament et la sécheresse vaginale, consultez votre médecin, qui vérifiera si le produit n'est pas l'origine du problème.

En cas de sécheresse oculaire, buccale, nasale ou vaginale, il faut s'assurer qu'il ne s'agit pas d'une maladie auto-immune appelée syndrome de Gougerot-Sjögren. Une prise de sang permet d'infirmer ou de confirmer ce diagnostic et les symptômes sont traités avec des lubrifiants ainsi que de la salive et des larmes artificielles. Les solutions pour l'hygiène intime perturbent parfois l'équilibre chimique normal, ce qui provoque une impression de sécheresse dans le vagin.

MISE EN GARDE

Si vous n'avez plus de règles, consultez impérativement en cas de saignement après un rapport sexuel ou sans raison apparente. Cela peut être dû à un manque de lubrification, mais il faut absolument s'assurer, à l'aide d'un frottis, qu'il ne s'agit pas d'une infection.

ALIMENTATION

Les phytoestrogènes (voir p. 112-114), en particulier les isoflavones présents dans les produits à base de soja, produisent un léger effet similaire à celui des estrogènes et sont parfois utiles pour humidifier le vagin. Vérifiez, en outre, que vous buvez suffisamment d'eau. Si vos urines sont foncées avec une odeur forte ou si vous urinez moins de quatre fois par jour, vous avez sans doute besoin de boire plus.

PHYTOTHÉRAPIE

La cimicaire *(Cimicifuga racemosa)* est largement prescrite par les phytothérapeutes pour améliorer la sécheresse vaginale et les autres troubles de la ménopause. Une crème à usage local, à base de réglisse *(Glycyrrhiza glabra)*, est très efficace en cas de sécheresse vaginale.

HOMÉOPATHIE

Bryonia 6 CH et *Lycopodium* 30 CH sont les deux remèdes le plus souvent utilisés.

LE SAVIEZ-VOUS ?

De l'utilité du plaisir

La ménopause est une période où la femme se sent souvent moins attirante et désireuse de faire l'amour. Pourtant, selon des études, des rapports sexuels pendant et après la ménopause aideraient à prévenir la dégénérescence des tissus vaginaux et vulvaires sans qu'un traitement soit nécessaire. Moins une femme fait l'amour et moins ces tissus réagissent aux stimulations. Des rapports trois fois par mois limitent déjà sensiblement la dégénérescence par rapport à un unique rapport mensuel et la masturbation régulière a les mêmes effets. La bonne santé de la muqueuse vaginale est indéniablement liée aux plaisirs de l'amour.

LUBRIFIANTS VAGINAUX

De nombreux lubrifiants sont désormais disponibles. Parfois, un hydratant vaginal suffit, mais si une meilleure lubrification est nécessaire, il vaut mieux un lubrifiant en gelée. Vous devrez certainement essayer plusieurs marques pour trouver celle qui vous convient le mieux.

N'oubliez surtout pas que, si vous utilisez un préservatif, le lubrifiant doit être à base d'eau ou de silicone. Il existe un risque de rupture avec un lubrifiant contenant de la vaseline ou un autre produit comportant une graisse animale ou végétale.

TRAITEMENTS HORMONAUX

Les préparations estrogéniques vaginales sont très efficaces contre la sécheresse vaginale et l'insuffisance de lubrification, et fonctionnent souvent mieux qu'un traitement oral.

Elles existent sous forme de crème ou de suppositoire. Ce type de traitement hormonal ne présente pas les risques secondaires d'un traitement hormonal substitutif (THS) ni, non plus, les mêmes avantages.

Avec les crèmes, une quantité significative d'estrogènes se retrouve dans la circulation sanguine, car les hormones sont rapidement absorbées par la fine muqueuse vaginale. Il faut en mettre à l'aide d'un applicateur, au début chaque jour puis moins souvent. Certaines crèmes collent et sont déconseillées à long terme. Si le traitement débute suffisamment tôt, la paroi du vagin redevient rapidement normale. En revanche, il faudra s'armer de patience s'il est mis en route plus tard. Cela prendra plus de temps, mais les tissus atrophiés finiront par retrouver leur état normal.

Les estrogènes à action locale sont une autre solution excellente. Ils se présentent sous forme de comprimés, d'ovules ou de capsules introduits dans le vagin à l'aide d'un applicateur. Ils passent en quantité infime dans la circulation sanguine.

L'hormonothérapie orale restaure la souplesse et la lubrification des tissus du vagin, mais ce traitement n'est pas aussi efficace que les préparations locales.

Causes du prurit et de l'irritation vaginale

La chute des estrogènes rend les femmes périménopausées particulièrement sensibles aux infections vaginales. Avant la ménopause, les cellules de la couche superficielle de l'épithélium vaginal sont, sous l'effet des estrogènes, bien rebondies et épaisses, et produisent du glycogène. Lorsqu'elles finissent par mourir, elles se déposent sur la cavité vaginale et sont dégradées par les lactobacilles, des bactéries saprophytes (utiles) qui vivent dans le vagin sain et produisent de l'acide lactique. Celui-ci est indispensable pour que le pH du vagin demeure entre 3,5 et 4,5 — un degré d'acidité qui empêche la croissance de nombreux organismes. Quand les estrogènes chutent, la production d'acide lactique diminue, ce qui augmente le pH. Or un pH compris entre 6 et 8 est propice à la croissance d'organismes pathogènes. Un des principaux germes est une bactérie, *Gardnerella vaginalis*, responsable d'une infection appelée vaginose bactérienne. D'autres organismes contribueraient à l'apparition de

6 moyens pour prévenir les infections

▶ Évitez toute hygiène intime (lavage vaginal) qui bouleverserait l'équilibre normal de la flore vaginale. Cela favorise, en outre, la propagation d'une infection vers l'utérus et les trompes de Fallope.

▶ Lavez toujours la vulve de l'avant vers l'arrière pour ne pas contaminer le vagin et l'urètre par la flore anale.

▶ Évitez de laver l'entrejambe avec un gel douche ou un savon liquide et ne mettez pas de bain moussant ou de produit parfumé dans le bain — le nombre de femmes souffrant de candidose atteint un sommet juste après Noël, à la suite de l'utilisation de tous ces beaux présents odorants.

▶ Lorsque vous lavez vos sous-vêtements, utilisez des lessives conseillées pour le linge de bébé et évitez celles qui vantent une action biologique ou enzymatique.

▶ Portez le plus possible des vêtements amples, en fibres naturelles et, si vous devez vous asseoir tous les jours sur une chaise en plastique ou en matière synthétique, placez-y un coussin en coton.

▶ Si vous avez besoin d'un traitement local à base d'estrogènes, commencez-le sans tarder.

cette infection : *Mobiluncus, Bacteroides, Mycoplasma hominis* et *Peptostreptococcus.* La vaginose bactérienne touche surtout les femmes ayant plusieurs partenaires ou venant d'en changer. Le traitement est simple et efficace. Il consiste en un antibiotique à base de métronidazole ou de clindamycine sous forme de comprimés, de gélules, d'ovules ou de gel. La mycose vaginale, ou candidose vaginale, est une autre infection courante provoquée par une levure, c'est-à-dire un champignon minuscule, *Candida albicans.* Ce champignon peut se développer dans presque toutes les parties chaudes et humides du corps lorsque l'équilibre bactérien normal est perturbé. Le traitement repose souvent sur des suppositoires ou des crèmes, mais parfois aussi sur une forme orale. Ces deux infections ne sont pas des maladies sexuellement transmissibles (MST) et guérissent facilement.

Plus rarement, une infection provoquée par une bactérie appelée streptocoque hémolytique provoque des lésions très douloureuses de la vulve. Le traitement fait appel à des antibiotiques.

N'oubliez pas que ce type d'infections, s'il se produit vers la ménopause, est principalement la conséquence d'une insuffisance estrogénique. Un traitement local à base d'estrogènes rétablit l'équilibre naturel et prévient les infections.

Autres causes d'irritation

Une dermatose rare, appelée lichen scléreux, provoque des irritations de la muqueuse vulvaire douloureuses et gênantes. Elle s'accompagne d'un amincissement progressif de la peau qui devient plus pâle, voire blanc nacré, de façon plus marquée qu'en raison d'une diminution de l'afflux sanguin liée à la ménopause. Cette affection cutanée peut toucher des femmes de n'importe quel âge, mais on ignore encore pourquoi certaines personnes sont atteintes et d'autres pas (chez les hommes, elle affecte le pénis). Il existe peut-être un risque héréditaire, mais ce n'est en tout cas pas une affection pouvant se transmettre d'une personne à une autre. La fécondité n'est nullement affectée. Les rapports sexuels sont parfois douloureux, car l'entrée du vagin peut se rétrécir. Cette dermatose est bénigne et se traite avec une crème à base de corticoïdes ou hydratante, voire contenant de la testostérone.

Il existe un risque infime de cancer lorsque la peau est atteinte. C'est pourquoi une consultation médicale une à deux fois par an est conseillé. Toute lésion de la vulve qui ne guérit pas correctement doit être examinée.

N'oubliez pas par ailleurs que les maladies sexuellement transmissibles (MST) peuvent survenir à tout âge de la vie sexuelle (voir p. 92).

	Vaginose bactérienne	Mycose vaginale (candidose)
Odeur	Les sécrétions vaginales ont une odeur de poisson ou de moisi	Les sécrétions vaginales n'ont aucune odeur
Sécrétions	Liquides, blanc laiteux ou grises	Épaisses et blanches (ressemblant à du lait caillé)
Prurit/Irritations	Pas toujours	Le plus souvent prurit vaginal/irritations avec brûlures
Cause	Bactérie	Levure (champignon)
Traitement	Un traitement spécifique contre la bactérie responsable, prescrit par votre gynécologue, est nécessaire	Une fois diagnostiquées par un gynécologue, les mycoses à répétition peuvent être soignées par des produits en vente libre dans les pharmacies

PROBLÈMES DE VESSIE

Le besoin fréquent d'uriner souvent, la nycturie (la nécessité de se lever, plusieurs fois dans la nuit, pour vider sa vessie), l'incontinence (la fuite involontaire d'urine) et les mictions douloureuses résultant d'une infection du tractus génital sont plus fréquents avec l'âge. Cela s'explique parfois par les modifications qui surviennent durant la ménopause (l'amincissement de la paroi de l'urètre du fait d'un manque d'estrogènes) et par l'affaiblissement progressif de la musculature pelvienne. Heureusement, les solutions ne manquent pas.

Facteurs liés au mode de vie

Plusieurs facteurs déclencheurs ne dépendent que de vous : boire beaucoup ou tard le soir ; irriter sa vessie en fumant ou en buvant de l'alcool ou des boissons à la caféine ; manger des aliments très acides (comme les tomates et les oranges) ; être en surpoids. Cependant, ne diminuez pas trop les apports d'eau. Une bonne hydratation est essentielle et vous risqueriez d'aggraver un problème d'incontinence, voire de provoquer une constipation. Si vous pratiquez un sport qui demande des efforts trop violents, il vaut mieux le remplacer par un plus calme.

EXERCICES DE KEGEL

La musculature pelvienne qui soutient la vessie peut être renforcée grâce aux exercices montrés page suivante. Pratiqués régulièrement, ils agissent très efficacement contre l'incontinence d'effort.

RÉÉDUCATION DU PÉRINÉE

La technique dite de biofeedback demande une participation active. Elle associe une sonde vaginale à un signal sonore ou visuel qui permet de matérialiser la contraction des muscles de la vessie et de l'urètre. On peut y associer des exercices de Kegel et l'électrostimulation.

ÉLECTROSTIMULATION

Une électrode, placée dans le vagin ou le rectum, envoie un léger courant électrique, ce qui provoque des contractions involontaires des muscles du plancher pelvien. La stimulation électrique est efficace contre l'incontinence d'effort et celle liée à des envies pressantes.

RÉÉDUCATION MANUELLE

Elle est assurée par un kinésithérapeute.

RÉÉDUCATION DE LA VESSIE

Ces techniques utilisent le biofeedback. Afin de parvenir à déclencher la miction à un moment précis, notez l'heure de chaque miction et celle des fuites accidentelles. À partir de ces données, vous pouvez programmer d'uriner avant la survenue d'une fuite. Ainsi, la rééducation de la vessie par biofeedback et contractions musculaires modifie le temps pendant lequel la vessie stocke l'urine.

TRAITEMENTS MÉDICAUX ET CHIRURGICAUX

L'incontinence n'est pas une fatalité liée au vieillissement. Même lorsqu'il n'est pas possible d'en guérir complètement, plusieurs solutions permettent d'améliorer la qualité de vie en limitant sensiblement la fréquence des fuites. Le traitement médical est efficace contre certains types d'incontinence. Des médicaments inhibent les contractions d'une vessie trop

LE SAVIEZ-VOUS ?

Incontinence urinaire

L'incontinence à l'effort, la perte d'urine en toussant, en riant, en éternuant ou en soulevant un poids est fréquente lors de la périménopause, mais elle n'empire généralement pas avec l'âge. Néanmoins, le besoin impérieux d'uriner sans que des « signaux » indiquent à temps quand vider sa vessie semble plus fréquent après la ménopause.

Les exercices du Dr Kegel sont de deux types et doivent être pratiqués cinq fois par jour. Ils sont réalisables quasiment n'importe où : au travail, dans un ascenseur, en attendant le bus, etc. Pour une meilleure efficacité, votre médecin peut vous prescrire des cônes vaginaux (de petits poids de 20 à 90 g). Un cône est introduit dans le vagin. Il faut contracter le périnée (et non les abdominaux) pour qu'il reste en place.

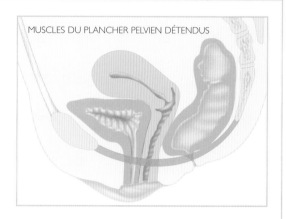

MUSCLES DU PLANCHER PELVIEN DÉTENDUS

Exercice 1

Le but est de contracter le muscle le plus rapidement possible. Pour l'identifier, empêchez l'urine de sortir

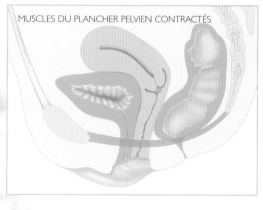

MUSCLES DU PLANCHER PELVIEN CONTRACTÉS

au milieu d'une miction. Contractez-le 5 à 10 secondes en veillant à ne pas faire travailler également les abdominaux. Répétez l'exercice 10 fois. Vous pouvez poser une main sur le bas du ventre, juste au-dessus du pubis, afin de vérifier que vous ne trichez pas en contractant les abdominaux à la place du périnée.

Exercice 2

Contractez le muscle 10 fois en essayant de tenir le plus longtemps possible avant de relâcher.

active. D'autres renforcent les muscles du périnée et du sphincter de la vessie, ce qui prévient les fuites. D'autres encore, en particulier des hormones comme les estrogènes, inciteraient les muscles impliqués dans la miction à fonctionner normalement.

Un pessaire est parfois introduit dans le vagin. Il s'agit d'un anneau rigide qui comprime la paroi vaginale et l'urètre tout proche. L'urètre se repositionne sous l'effet de cette compression, ce qui diminue la fréquence des fuites par incontinence d'effort. Dans ce cas, il faut surveiller la survenue d'une éventuelle infection vaginale ou urinaire et consulter régulièrement son généraliste ou son urologue.

Implants Injecté dans les tissus qui entourent l'urètre, un implant à base de collagène limite l'incontinence à l'effort. Mais cette technique est très peu utilisée en France par les urologues : l'efficacité est réduite à un mois et ne concerne que 20 % des femmes.

Chirurgie Lorsque les autres traitements ont échoué, la chirurgie permet de soutenir la vessie pour l'empêcher de redescendre. En cas d'incontinence sévère à l'effort, le chirurgien choisit parfois de poser une large bandelette pour suspendre le col de la vessie et comprimer le haut de l'urètre et le bas de la vessie, ce qui prévient les fuites. Plus rarement, il pose un sphincter urinaire artificiel. Il s'agit d'un sac gonflable qui entoure l'urètre et se gonfle automatiquement pour le fermer. Pour vider la vessie, il faut appuyer sur une valve implantée sous la peau, ce qui dégonfle le sac. L'urètre n'étant plus comprimé laisse passer l'urine.

INFECTIONS DE LA VESSIE

La cystite et les autres infections du tractus urinaire sont plus fréquentes à partir de la ménopause car les tissus de l'urètre et la vessie se trouvent juste à côté du vagin. Eux aussi sont sensibles à l'action des estrogènes et deviennent moins épais. Les parois amincies s'irritent plus facilement, ce qui augmente le risque d'infection. Il faut suspecter une infection urinaire si vous allez plus souvent aux toilettes ou si vous ressentez une pression au niveau de la vessie même lorsque vous n'avez pas besoin d'uriner. Une miction accompagnée de brûlures est le signe d'une infection, qui nécessite des antibiotiques. Tous les médecins ne sont pas d'ac-

moyens pour prévenir une infection

▸ Pensez à uriner après un rapport sexuel et à vider votre vessie dès que vous en éprouvez le besoin, sans jamais attendre plus d'une heure.

▸ Portez une culotte avec un entrejambe en coton pour limiter la transpiration.

▸ Évitez les pantalons serrés et les collants qui retiennent la chaleur et favorisent la transpiration.

▸ Évitez toute toilette intime, les bains chauds ou à remous et les piscines à l'eau trop chlorée.

▸ N'utilisez pas de papier toilette coloré ni de produit pour le bain parfumé.

▸ Buvez du jus de canneberges non sucré pour que vos urines retrouvent un pH optimal.

▸ N'utilisez ni tampon hygiénique ni éponge imprégnée de spermicide.

▸ Consommez des yaourts régulièrement.

cord sur l'utilité d'un traitement hormonal local, mais certains préconisent une forme naturelle d'estrogènes, comme l'estriol et l'estradiol.

Remèdes naturels

Arctostaphylos uva ursi (busserole ou raisin d'ours) est un arbuste nain persistant dont les feuilles sont connues de longue date pour traiter les infections du tractus urinaire. Le remède se prend sous forme d'infusion, de teinture-mère, de gélules ou d'extrait liquidien. La posologie conseillée est de 500 mg ou 1/2 cuillerée à café quatre fois par jour pendant une semaine. Cette plante médicinale n'est efficace contre les infections du tractus urinaire que si les urines sont alcalines (basiques). Il faut donc consommer beaucoup de produits laitiers et de fruits et légumes non acides (ce qui exclut les agrumes, les tomates et la vitamine C). Si vous ne prenez pas ce remède à base d'*Arctostaphylos uva ursi*, vous pouvez essayer la vitamine C à forte dose, en poudre, à raison d'1/4 de cuillerée à café toutes les heures tant que les symptômes de l'infection sont aigus.

PROBLÈMES CUTANÉS

Les modifications hormonales propres à la périménopause et à la ménopause affectent également la peau. La diminution des estrogènes contribue au manque d'élastine (une protéine présente dans les fibres du tissu conjonctif qui donne à la peau et aux autres organes son élasticité) et augmente l'apparition des rides. Le déclin du collagène est maximal dans les années qui suivent la ménopause. Environ 30 % du collagène cutané est perdu dans les cinq années qui suivent la ménopause et environ 2 % lors de chaque année ultérieure.

La chute des estrogènes joue aussi sur les glandes sébacées de la peau qui produisent moins de sébum. C'est pourquoi la peau devient rapidement plus sèche et épaisse. Certaines femmes se plaignent d'irritations cutanées pouvant aller jusqu'à des démangeaisons intenses ou l'impression que des fourmis déambulent sur la peau.

La couche de graisse sous la peau devient plus fine, tout comme celle qui protège l'épiderme. Cela favorise la formation de varicosités (des capillaires éclatés) qui s'irritent et s'infectent facilement, et guérissent avec difficulté. Des modifications similaires affectent les tissus du vagin (voir p. 84).

Le déséquilibre hormonal entre les estrogènes et les androgènes aboutit à un excès d'hormones mâles qui provoque parfois de l'acné, surtout si la femme en souffrait durant la puberté. Cela concerne typiquement le bas du visage, le menton et le cou.

Outre les soins de peau proposés p. 206-209, les conseils suivants amélioreront votre peau.

ALIMENTATION

Avec l'âge, la peau perd sa capacité à retenir l'eau. Pour qu'elle reste bien hydratée, buvez au moins 8 verres d'eau par jour. Plusieurs nutriments sont essentiels à la bonne santé de la peau.

Le zinc et le cuivre contribuent à sa souplesse, la vitamine A en utilisation orale ou locale (rétinol) protège des dommages et relance le dynamisme cellulaire.

Les vitamines C et E, le sélénium, la coenzyme Q10 et l'acide alpha-hydroxy (AHA) sont des antioxydants majeurs qui s'opposent aux radicaux libres. Les fruits et les légumes sont de bonnes sources de vitamines et de sels minéraux. La coenzyme Q10 et l'acide alpha-hydroxy (AHA) existent en supplémentation.

Votre alimentation doit, en outre, être suffisamment riche en fibres, car la constipation nuit à la santé de la peau. L'apport, si nécessaire, de 50 g de graines de lin moulues fournira des fibres et d'autres nutriments.

Augmentez enfin votre consommation de produits à base de soja et de poisson riche en acides gras oméga 3.

LE SAVIEZ-VOUS ?
Radicaux libres

Ces molécules instables, produites par le corps et qui s'attaquent aux cellules saines, résultent également de l'exposition à des toxines présentes dans l'atmosphère comme le tabac, l'ozone, la lumière fluorescente, les radiations ionisantes du téléviseur, des produits chimiques dans l'alimentation et certains meubles.

CRÈMES ET PRODUITS ÉMOLLIENTS

Le beurre de cacao, l'huile d'amande douce, de noyau d'abricot ou d'olive sont des produits naturels qui réhydratent la peau.

Les liposomes sont des microsphères creuses capables de transporter des agents dermatologiques. Présents dans certains soins, ils ciblent le tissu où ils diffusent des actifs hydratants.

Les acides alpha-hydroxy (AHA) sont présents dans de nombreuses crèmes. Ils desquament les cellules mortes grâce à leur action exfoliante et hydratent. Ils améliorent la fermeté de l'épiderme en stimulant l'élastine et le collagène.

Ce massage qui aide à supprimer les blocages énergétiques vous donnera une peau resplendissante.

1 Posez vos mains de part et d'autre de la trachée et remontez-les, en orientant les doigts vers le menton, pour atteindre l'arrière des oreilles.

2 Réunissez les pouces et les index. Posez-les au centre du menton (index vers le haut et pouces sous le menton). Massez délicatement la mâchoire

inférieure. Lorsque vos doigts arrivent aux oreilles, appuyez sous les lobes. Répétez trois fois.

3 Posez les annulaires sur les pommettes, là où les os rencontrent le nez. Faites-les glisser le long des pommettes, jusqu'aux tempes. Appuyez bien et répétez trois fois.

4 Exercez avec le pouce droit une pression sur la région entre le front et les sourcils. Pincez les sourcils avec les pouces et les index pour les étirer. Appuyez à nouveau sur les tempes avec les index. Répétez trois fois.

5 Posez les doigts au centre du front et appuyez en direction de la naissance des cheveux, au niveau des tempes. Répétez trois fois.

6 Posez la partie fraîche des paumes sur les orbites 30 secondes, sans appuyer sur les globes oculaires. Relaxez-vous.

PROTECTION CONTRE LES UV

Les rayons ultraviolets (UV) sont l'une des principales causes de vieillissement prématuré et de cancer de la peau. Sous l'effet du soleil, celle-ci s'abîme et perd son élasticité. Protégez chaque jour le visage, le cou et les mains avec un écran solaire d'indice de protection égal à 15 ou supérieur (même en hiver). N'oubliez pas qu'un tel produit empêche la vitamine D d'atteindre la peau. Il faut alors prendre une supplémentation quotidienne (de 400 UI).

AYURVEDA

D'après cette science de la vie venue d'Inde, nous serions tous une combinaison des trois *dosha* : *vata* (air), *pitta* (feu) et *kapha* (terre et eau). Chacun est dominé par une association spécifique, mais la santé du corps, dont celle de la peau, résulte d'un bon équilibre entre les *dosha*. Les thérapeutes de l'ayurveda utilisent les plantes médicinales, les massages (voir la page précédente) et la méditation (voir p. 42) pour favoriser l'équilibre et la circulation des énergies bienfaitrices dans le corps.

ALLOPATHIE

Les dérivés de l'acide rétinoïque (rétinoïdes) sont obtenus à partir d'une forme de vitamine A. Ils contribuent à prévenir la formation des rides, à contrer les effets du soleil et à soigner l'acné. Prescrits par un dermatologue, ils ne conviennent pas à toutes les femmes en raison des éventuels effets secondaires (sécheresse, irritation et hypersensibilité aux UV). Certaines crèmes renferment de l'acide rétinoïque (Retin-A) sous une forme plus faible.

ROSACÉE, ACROCHORDONS ET TACHES BRUNES

Plusieurs problèmes spécifiques de la peau apparaissent au milieu de la vie.

LE SAVIEZ-VOUS ?
Le tabac

La nicotine empêche les nutriments d'atteindre la peau et l'empêche de se débarrasser des toxines produites par le métabolisme cellulaire. La régénération de la peau est donc ralentie. Par conséquent, les femmes qui fument ont des cercles foncés autour des yeux, un teint plus terne et une peau plus marquée et ridée, en particulier autour des lèvres, que celles qui ne fument pas.

La rosacée est un problème dermatologique courant qui provoque des rougeurs au visage et une altération des glandes sébacées. Les deux sexes sont touchés, même si l'affection est plus fréquente chez les femmes, où elle apparaît entre quarante et cinquante ans. Cela peut passer, au début, pour une tendance à rougir facilement, mais on voit rapidement apparaître des papules de pus et de nombreux vaisseaux sanguins. Les dermatologues proposent divers traitements qui empêchent une aggravation, voire guérissent la rosacée — si le diagnostic est établi suffisamment tôt. Attention à certains produits, en vente libre, qui risquent de faire plus de mal que de bien.

Vous pouvez également éviter les boissons chaudes, les aliments épicés, la caféine et l'alcool ; pratiquer un sport dans un environnement frais ; nettoyer délicatement la peau ; et utiliser des produits cosmétiques pour peau sensible.

Les acrochordons sont des lésions cutanées bénignes, pendiculées et plus fréquentes avec l'âge, en particulier chez les femmes. Elles apparaissent surtout dans les zones de friction sur les paupières, le cou, la poitrine, les aisselles et l'aine. Un dermatologue peut les détruire par cryothérapie ou par section-coagulation à la base avec un bistouri électrique.

Les taches brunes apparaissent souvent dès la trentaine. Comme elles peuvent parfois évoluer en cancer de la peau, il est important de surveiller si elles changent d'aspect. Il existe des traitements, en vente libre ou sur ordonnance, pour les effacer progressivement.

HYPERSENSIBILITÉ DES SEINS

Bien des femmes se plaignent d'avoir les seins douloureux, le plus souvent dans les deux semaines qui précèdent les règles. Cette douleur disparaît généralement à la ménopause, mais elle est parfois bien présente pendant la périménopause, lorsque les estrogènes prédominent. La cause exacte reste inconnue, mais cette hypersensibilité cyclique est étroitement liée à l'action des hormones. En règle générale, les seins sont plus tendus durant la seconde partie du cycle et les médicaments proposés s'opposent au facteur déclenchant hormonal dans la période qui précède les règles. Du reste, la disparition de ce trouble avec la ménopause tend à confirmer l'influence des hormones.

La douleur est plus fréquente chez les femmes ayant de gros seins et elle irradie dans la nuque, les épaules et le dos.

Parfois, la pratique d'un nouveau sport ou d'une activité physique provoque des douleurs aux seins.

ALIMENTATION

En raison du lien étroit entre les hormones et la sensibilité mammaire, un régime alimentaire favorisant l'équilibre hormonal diminuera la gêne. Il faut que les lipides soient inférieurs à 20 % de l'apport calorique total et que les apports en vitamines du groupe B, en acides gras oméga 3 et en produits à base de soja soient suffisants. Pensez également aux graines de lin, qui agissent comme un antiestrogène sur les tissus mammaires, ou à une supplémentation en vitamine E (400 à 800 UI par jour), dont on sait qu'elle limite l'hypersensibilité mammaire.

L'arrêt ou, au moins, la diminution de la caféine (dans le café, le thé et le chocolat) s'avère efficace dans la période qui précède les règles. L'hypersensibilité mammaire est peut-être liée à un déséquilibre en

LE SAVIEZ-VOUS ?

Douleur cyclique aux seins

Cette douleur cyclique concerne généralement les deux seins. La totalité de la poitrine peut être affectée, tout comme la région des aisselles. En revanche, une douleur non cyclique sera plus localisée sur la poitrine et touchera souvent un seul sein.

acides gras au niveau des cellules : les tissus mammaires seraient alors plus sensibles aux hormones.

L'huile d'onagre, riche en acide gamma linolénique (un type d'acide gras), contribuerait à normaliser la présence d'acides gras dans les tissus des femmes sujettes aux douleurs mammaires cycliques.

L'huile de pépins de cassis est riche en acides gras essentiels. Ces derniers sont convertis en prostaglandines, un anti-infectieux qui aide également à diminuer l'hypersensibilité mammaire.

HORMONES

On propose parfois un contraceptif oral car la sensibilité mammaire augmente généralement lors des premiers cycles, comme lors d'une hormonothérapie (30 % des femmes sous hormonothérapie souffrent d'hypersensibilité mammaire lorsqu'elles débutent le traitement).

moyens pour soulager les seins

- ▶ Portez un soutien-gorge au maintien renforcé en veillant au bon réglage des bretelles.
- ▶ Lors de toute activité physique, portez un soutien-gorge conçu pour le sport et, si vos seins sont particulièrement douloureux, gardez-le la nuit.
- ▶ Les antalgiques comme le paracétamol ou les anti-inflammatoires non stéroïdiens sont généralement efficaces.
- ▶ Appliquez des compresses chaudes ou froides.

BALLONNEMENTS ET GAZ

Souvent (chez deux tiers des femmes ménopausées), la production de gaz dans le système digestif provoque des ballonnements. Météorisme et ballonnements sont très courants à la ménopause, sans que l'on sache si cela est dû aux hormones ou n'est qu'une conséquence du vieillissement. Certains chercheurs penchent pour un lien avec la diminution hormonale tandis que d'autres y voient plutôt l'effet d'une modification de l'alimentation vers cette période. Il est vrai que l'on préconise à la ménopause de privilégier les céréales, les légumes, les produits laitiers, les légumineuses et le soja (voir p. 106-127) —, qui sont tous hautement fermentescibles !

L'intolérance au lactose, une incapacité à digérer de grandes quantités de lactose, un sucre très présent dans le lait, est un autre problème courant qui augmente avec l'âge. Cela provoque, là aussi, des ballon-

Aliments favorisant la flatulence

Légumes	Légumineuses	Céréales/graines /fruits secs
Betterave	Arachides	Farine d'avoine
Brocoli	Fèves	Farine de blé
Carotte	Haricots	Farine de blé
Chou	rouges	complet
Chou-fleur	Haricots secs	Farine de
Choux de	Haricots	sésame
Bruxelles	mungo	Farine de
Concombre	(de soja)	tournesol
Laitue	Lentilles	Muesli
Maïs	Pois	Orge
Oignon	Pois chiches	Pistaches
Persil		Seigle
Poireau		Son d'avoine
Parsley		Son de riz
Poivron		Sorgho

8 moyens de prévenir les gaz

▶ Quand vous mangez un aliment fermentescible (voir le tableau ci-dessous), prenez, pour éliminer les gaz et mieux digérer, un médicament à base d'enzymes, qui dégradent les sucres complexes à l'origine du météorisme.

▶ Les produits à base de siméthicone diminuent eux aussi le météorisme intestinal. Ils n'éliminent pas les gaz mais atténuent la flatulence en morcelant les bulles de gaz présentes dans l'estomac.

▶ Évitez toutes les boissons gazeuses, comme le soda ou la bière, et, si vous en buvez, attendez que le gaz soit parti.

▶ Mangez du gingembre, qui calme les douleurs et améliore la digestion.

▶ Apprenez à vous détendre, car le stress est source de ballonnements.

▶ Mangez trois à cinq fois par jour. Un repas trop copieux augmente la production d'insuline et aggrave les ballonnements.

▶ Buvez beaucoup d'eau pour aider le corps à éliminer les toxines.

▶ N'allez pas vous coucher l'estomac plein. Laissez passer au moins deux heures après le dîner.

nements et des gaz, que l'on peut soulager en buvant du lait dépourvu de lactose et en évitant les produits laitiers. Les femmes souffrant d'une intolérance sévère au lactose doivent veiller à ce que d'autres sources leur apportent le calcium, essentiel pour les os.

Il est vrai que les protéines et les lipides provoquent peu de flatulence, ce qui est, en revanche, le cas pour les produits à base de soja, ainsi que les aliments riches en fibres et en glucides. Une alimentation équilibrée est toutefois possible si l'on suit les conseils proposés ci-dessus.

PROBLÈMES DE CHEVEUX, D'ONGLES ET DE DENTS

La santé des cheveux et des ongles est tributaire d'une protéine, la kératine. Par conséquent, si vos cheveux vous inquiètent, surveillez également vos ongles. La ménopause provoque parfois un manque de cheveux (alopécie) ou un excès de pilosité (hirsutisme), l'un et l'autre étant liés au déséquilibre hormonal. Ce dernier retentit parfois aussi sur les dents.

Alopécie et hirsutisme

La chute des cheveux et leur fragilisation ont beaucoup à voir avec l'hérédité, mais c'est parfois le résultat d'un déséquilibre entre les estrogènes et les androgènes. Si le rapport entre ces deux hormones penche en faveur des androgènes, vous risquez de perdre des cheveux et de les voir se dévitaliser, mais aussi de constater une pilosité excessive dans des régions comme le menton, la lèvre supérieure et les joues, qui sont sensibles à l'effet des androgènes. Une ménopause induite chirurgicalement aggrave parfois le tableau.

Une pilosité excessive peut être traitée par la cire, l'épilation, voire l'électrolyse et le laser, mais un régime alimentaire équilibré couplé à une limitation des facteurs de stress est également efficace.

La chute des cheveux, chez la femme, provoque plutôt leur fragilisation qu'une calvitie localisée. Il suffit parfois, pour y remédier, de changer de coiffure ou d'utiliser des soins traitants qui renforcent les cheveux.

REMÈDES SIMPLES

Une alimentation équilibrée (voir p. 106-127) est efficace à la condition de prévoir une supplémentation en vitamines et en sels minéraux. Si vous êtes en surpoids, vous avez intérêt à maigrir car les adipocytes stockent des androgènes.

La médecine traditionnelle chinoise préconise certaines plantes pour favoriser la repousse des cheveux. Un praticien spécialisé vous aide à trouver la combinaison de plantes qui vous convient. Il est possible

Le henné, une teinture naturelle pour les cheveux

Le henné est habituellement associé à une couleur rouge intense, mais il permet d'obtenir un marron plus subtil s'il est mélangé à du café. Des préparations de ce type se trouvent dans les boutiques de produits biologiques et de diététique. Choisissez un mélange au henné noir pour une belle couleur châtaigne ou indigo pour un résultat noir bleuté. Faites un essai avant d'appliquer le henné sur la chevelure. Suivez les instructions du fabricant pour le préparer. Séparez une mèche et appliquez-y un peu de mélange en laissant agir le temps indiqué. Séchez et attendez quelques heures avant de teindre le reste des cheveux, car le produit continue d'agir après le shampooing. N'oubliez pas de mettre des gants, d'utiliser une vieille serviette-éponge et de protéger votre plan de travail. Appliquez le reste du henné sur des cheveux propres et secs. Séparez-les en plusieurs mèches et étalez la préparation au pinceau, en partant des racines pour couvrir les cheveux jusqu'aux pointes.

d'améliorer la circulation sanguine au cuir chevelu, ce qui augmente l'afflux de sang vers la tête et aide les nutriments à atteindre les follicules capillaires. Massez le cuir chevelu avec 10 gouttes d'huile essentielle mélangées dans 1 1/2 cuillerée à café d'huile de massage. Vous pouvez ajouter de l'huile essentielle de camomille ou de lavande dans un peu d'huile d'avocat, ou de l'huile essentielle de bois de santal dans de l'huile d'amande douce.

Évitez les produits agressifs (permanentes et teintures) et mettez un bonnet de bain lorsque vous nagez dans une eau chlorée.

ALLOPATHIE

En cas de périménopause, votre médecin vous prescrira peut-être un contraceptif oral pour rééquilibrer les hormones. Le minoxidil est un antihypertenseur qui améliore la repousse des cheveux lorsqu'il est appliqué localement. Dans tous les cas, nous vous conseillons de consulter un dermatologue.

PROBLÈMES D'ONGLES

Avec l'âge, les ongles poussent plus lentement et sont généralement plus secs, épais et durs. Des stries apparaissent parfois. Souvent, cela est lié à une carence en vitamine ou sel minéral dans l'alimentation (voir le tableau ci-dessous).

Certains problèmes nécessitent toutefois un suivi médical. Des ongles verdâtres indiquent parfois une

infection du lit de l'ongle tandis que s'ils sont bleutés c'est peut-être le signe de problèmes respiratoires ou d'une malnutrition.

REMÈDES SIMPLES

Pour empêcher vos ongles d'être secs et cassants, utilisez une huile nourrissante et évitez les dissolvants à base d'acétone. Portez des gants lorsque vous faites la vaisselle. Si vous êtes carencée en vitamines ou en sels minéraux, prenez une supplémentation et, en même temps, mangez suffisamment de légumes verts à feuilles et de protéines.

PROBLÈMES BUCCAUX ET DENTAIRES

Durant la ménopause, certains troubles affectent parfois la bouche : douleur ou brûlures aux gencives ; hypersensibilité au chaud et au froid ; modification du goût, en particulier des saveurs salées, poivrées et acides ; et parfois bouche sèche. Plus sérieusement, on constate parfois un saignement des gencives, voire la chute de dents.

Si la diminution des estrogènes est peut-être en cause, il y a parfois aussi un manque de calcium ou de vitamines (sans oublier les effets secondaires de certains médicaments ou pathologies). Vous devez impérativement voir votre dentiste et consulter votre médecin dans les cas suivants : gencives enflammées, sensibles ou qui saignent, voire dents qui se déchaussent ; mauvaise haleine persistante ; perte de dents ; mauvaise occlusion. La survenue d'un problème buccal ou dentaire peut indiquer que vous souffrez d'un problème de santé sérieux dans une autre partie du corps. Par exemple, un problème aux gencives augmente parfois le risque de pathologie cardiaque, d'accident vasculaire cérébral ou de pneumonie.

Reportez-vous p. 213-214 pour de plus amples renseignements sur l'hygiène dentaire.

Gingivo-stomatite de la ménopause

Cette pathologie est caractérisée par des gencives sèches et ulcérées qui saignent facilement et dont la couleur va du rose très pâle au rouge foncé. Si vous présentez de tels symptômes, il faut consulter au plus vite votre dentiste.

Problème	Carence
Taches ou lignes blanches	Zinc ou fer
Ongles plats et fragiles	Vitamine B 12
Ongles striés	Fer
Oncles secs et cassants	Calcium
Cuticules nombreuses	Vitamine C
Ongles décolorés ou jaunâtres	Vitamine B 12

SAIGNEMENTS ABONDANTS OU IRRÉGULIERS

Une femme qui n'est pas encore en aménorrhée a parfois des règles abondantes et/ou irrégulières. Vers la quarantaine, au moins la moitié des cycles ne produisent plus d'ovocyte, mais les cellules ovariennes continuent d'être sous l'influence de la FSH (hormone folliculo-stimulante) et sécrètent des taux normaux, voire majorés, d'estradiol. Toutefois, en raison de l'absence d'ovulation, le taux de progestérone est faible et l'épaississement de l'endomètre, sous l'effet des estrogènes, se poursuit. Lorsque l'endomètre desquame et provoque une menstruation, cela s'accompagne parfois de saignements abondants et prolongés survenant à des moments imprévisibles.

Lors de la périménopause, l'intensité de la perte de sang, sa durée ainsi que le temps entre deux cycles deviennent fluctuants. Vous devez toutefois consulter votre gynécologue dans les cas suivants : des saignements vaginaux prolongés accompagnés de caillots sanguins ; des règles durant plus de sept jours ou ayant deux à trois jours de plus qu'à l'accoutumée ; des règles plus fréquentes (par exemple tous les 21 jours) ; des spotting ou des saignements entre les règles ; des saignements vaginaux après un rapport sexuel.

REMÈDES SIMPLES

Une alimentation équilibrée (voir p. 106-127) est bénéfique. Mangez suffisamment d'aliments riches en vitamines du groupe B, qui contribuent à renforcer la paroi des vaisseaux sanguins. Les vitamines E, C et A sont également indispensables.

Si, en outre, vous êtes fatiguée, vous manquez peut-être de fer. Faites un dosage du fer sanguin et, en cas de carence, prenez une supplémentation (au moins 15 mg par jour).

LE SAVIEZ-VOUS ?

Saignements abondants

Un saignement important peut être le signe de diverses pathologies. C'est pourquoi il faut vous faire examiner et passer un frottis qui déterminera la cause avant d'entreprendre le moindre traitement.

HORMONES

Si vous avez du retard dans vos cycles, il est possible que l'on vous prescrive 10 à 12 jours de progestérone. En cas de périménopause, un contraceptif oral faiblement dosé régularise les cycles menstruels et prévient des saignements abondants.

TRAITEMENT CHIRURGICAL

L'hystérectomie, l'ablation de l'utérus, étant la dernière solution envisagée en cas de saignements rebelles à tout traitement, une dilatation suivie d'un curetage (voir p. 230) lui est préférée : on racle la muqueuse de la cavité utérine afin de retirer les tissus en trop.

L'ablation endométriale est une possibilité : un laser ou autre instrument cautérisant supprime l'endomètre. Étant donné que cet acte empêche généralement toute grossesse ultérieure, il est déconseillé si vous souhaitez d'autres enfants.

La pose d'un stérilet libérant un progestatif est aussi une solution. Celui-ci diminue efficacement les saignements chez les femmes périménopausées voire, dans certains cas, les supprime totalement.

FIBROMES

Les fibromes, des tumeurs bénignes dans l'utérus, sont fréquents chez les femmes. Leur croissance étant stimulée par les estrogènes, leur taille diminue sensiblement dès que la femme est ménopausée. Ils passent généralement inaperçus, mais peuvent provoquer des saignements abondants en certaines localisations.

La chirurgie sous cœlioscopie ou hystéroscopie permet de retirer ceux de petite taille.

Une intervention plus importante est nécessaire si le fibrome est plus grand.

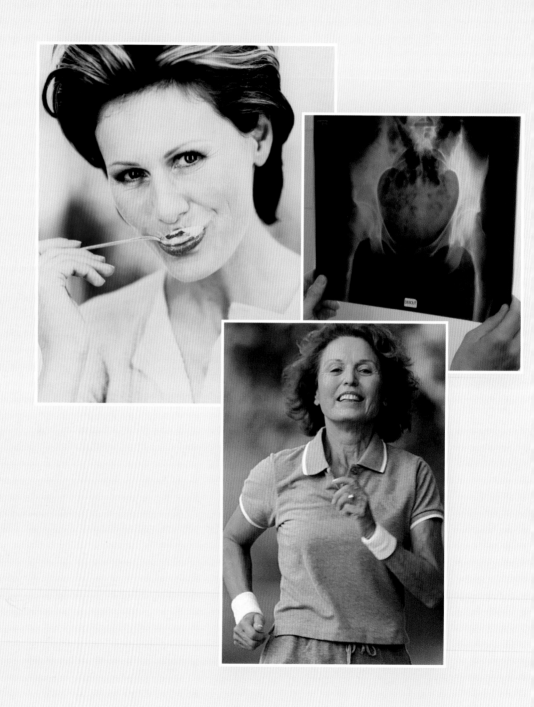

3

DES OS SOLIDES

*Les os sont constitués de tissus vivants qui se renouvellent
sans cesse durant l'existence. Toutefois, vers le milieu
de la vie, ce processus se ralentit et le squelette
se déminéralise. À la ménopause, la diminution
des estrogènes accroît parfois la fragilité des os,
ce qui entraîne souvent une ostéopénie voire
une ostéoporose. Ce chapitre passe en revue les moyens
pour mesurer la densité de la trame osseuse
et pallier la déminéralisation. Il traite également
des modifications pouvant toucher les articulations
et propose des solutions efficaces pour y remédier.*

COMPOSITION DES OS

Les os sont des organes particulièrement lourds. Ils sont essentiellement composés de constituants organiques (les cellules, les vaisseaux sanguins et les nerfs) et de constituants inorganiques (un tissu minéralisé riche en fibres de collagène baignant dans une solution aqueuse, où se déposent des sels minéraux de calcium, ou cristaux d'hydroxyapatites). Les trois principaux types de cellules osseuses sont les ostéoblastes, les ostéoclastes et les ostéocytes (voir l'encadré page ci-contre).

Les ostéoblastes produisent le collagène et engendrent le tissu qui se remplit de cristaux de calcium. Le calcium se dépose dans de fines couches, appelées lamelles. La superposition concentrique de plusieurs lamelles forme l'unité structurale de l'os compact, ou ostéon, chaque ostéon étant traversé en son centre par un minuscule canal appelé canal de Havers. L'os compact doit sa grande résistance à la densité de cette

disposition. Tout au long de la vie, les ostéoclastes sont capables de digérer par phagocytose le tissu osseux.

Des unités de remaniement osseux combinent des ostéoclastes, qui dégradent de petites quantités de tissu osseux, avec des ostéoblastes, qui y substituent de l'os nouvellement formé. Ces cellules osseuses matures peuvent rester en place pendant plusieurs années. De cette manière, le squelette est entièrement renouvelé tous les 7 à 10 ans. Ces unités de remaniement réparent également les fissures et les défauts pouvant apparaître, et remodèlent l'os après une fracture.

DES OS ET DES ARTICULATIONS POUR LA VIE

Dans les années qui suivent la naissance, le dépôt de matière osseuse est supérieur à sa résorption, ce qui permet l'ossification et la croissance des os du squelette. À l'âge adulte, le remaniement osseux atteint généralement un équilibre stable et la masse osseuse demeure constante. Avec l'âge, la destruction osseuse prend peu à peu le dessus. La masse osseuse diminue et se déminéralise. Le stade extrême de ce processus est de deux types : ostéoporose et ostéomalacie (voir p. 68-72).

Conserver des os solides

Impossible d'avoir des os solides sans calcium. Cependant, en prendre ne suffit pas. Il faut également respecter quelques règles. Ingérez de petites doses de calcium (400 mg) avec beaucoup d'eau (toute dose supérieure serait immédiatement éliminée) au moment des repas, en évitant de consommer en même temps des fibres ou du fer, qui empêcheraient son assimilation.

Les trois types de cellules dans l'os

Les ostéoblastes sont les cellules qui produisent une protéine, le collagène, et qui engendrent le tissu osseux. Ils assurent également le renouvellement et la réparation des os.

Les ostéoclastes sont les cellules qui dégradent le tissu osseux et qui participent au remaniement de l'os pendant la croissance, lors d'une action couplée avec les ostéoblastes. À la ménopause, l'activité des ostéoclastes est supérieure à celle des ostéoblastes.

Les ostéocytes sont des ostéoblastes piégés dans le tissu osseux. Ce sont des cellules osseuses matures.

Chez les femmes, à la ménopause, la chute des estrogènes accélère la destruction osseuse, qui l'emporte rapidement sur la construction et provoque une ostéoporose. Cette fragilisation ne s'accompagne d'aucune douleur ou autre symptôme et passe inaperçue jusqu'à la survenue d'une fracture. Or celle-ci peut être très handicapante : perte de mobilité pour le poignet, dorsalgie chronique sévère, incapacité ou grande difficulté à marcher et à se déplacer pouvant, à long terme, entraîner la mort. Chez les personnes âgées, le nombre de décès provoqués par une fracture du col du fémur est, du reste, similaire à celui résultant d'une crise cardiaque ou d'un cancer, et cela concerne 10 fois plus les femmes que les hommes.

QUALITÉ DE VIE

La solidité des os et des articulations devient un enjeu de taille, car la possibilité de se mouvoir aisément est désormais étroitement liée à la qualité de vie. Au début de la ménopause, les traumatismes et les fractures sont la principale cause de handicap et de mor-

talité. Chez les femmes plus âgées, les fractures du col du fémur représentent le problème le plus courant et gênant. En France, on compte 50 000 fractures du col du fémur chez les femmes de plus de cinquante ans ; 20 % décéderont dans l'année qui suit, et 50 % perdront leur autonomie et devront être placées dans une institution spécialisée.

Les problèmes articulaires comme l'arthrose sont un autre facteur qui nuit considérablement à la qualité de vie, avec des répercussions en termes économiques et sociaux.

L'arthrite sous toutes ses formes est la maladie invalidante la plus fréquente à cet âge de la vie. Elle touche environ six millions de personnes en France. Chez les gens âgés, cela concerne essentiellement l'arthrose, la polyarthrite rhumatoïde et la goutte, et la prothèse de hanche ou de genou est l'intervention la plus pratiquée chez les plus de cinquante ans. Si le lien entre arthrite et sexe n'est pas clairement établi, il est certainement en cause dans plusieurs affections rhumatismales. En effet, le lupus, la polyarthrite rhumatoïde et la fibromyalgie touchent plutôt les femmes. Cela montre bien que les hormones jouent un rôle dans l'apparition de ces pathologies.

HYGIÈNE DE VIE

Certains troubles sont le résultat du vieillissement et ne peuvent être évités, mais les solutions ne manquent pas pour prévenir et atténuer leurs conséquences. Une hygiène de vie saine, fondée sur une alimentation équilibrée, une surveillance du poids et une activité physique régulière, limitera sensiblement tout risque de fracture, de chute et de survenue d'une pathologie articulaire. Par ailleurs, de nouveaux médicaments s'avèrent très efficaces pour soigner les causes et les conséquences de ces troubles. En raison de la durée d'un tel traitement et des risques d'effet secondaire, il faut peser avec votre médecin traitant les avantages et les inconvénients d'une telle thérapie avant de l'envisager.

POURQUOI ET COMMENT LES OS CHANGENT

L'organisation du squelette et des muscles est une véritable prouesse technique de la nature. Peu se demandent pourquoi les os sont au cœur des membres, entourés par les muscles, les tendons et la peau. Pourrait-il en être autrement ? Les insectes et les autres invertébrés ont une structure externe dure appelée exosquelette (coquille, carapace, etc.), qui présente l'inconvénient de limiter leur taille. Notre système, où les os se trouvent à l'intérieur, obéit à certains principes d'ingénierie que les hommes ont appris à utiliser pour des grandes structures, comme les ponts suspendus ou les bateaux à voile. Les contraintes s'y exercent sur un unique élément qui soutient le poids par l'entremise de toute une série de liens plus ou moins flexibles (les câbles en acier des ponts suspendus et les cordages des bateaux à voile) soumis à une tension constante. Cette distribution des tâches (à l'instar de celles dévolues aux os et aux articulations) aboutit à une grande force et flexibilité ainsi qu'à un poids global relativement faible.

PREMIERS JOURS

Chez l'embryon, les premiers signes du squelette apparaissent vers la quatrième semaine du développement, à partir de bourgeons de cartilage dont l'emplacement préfigure déjà celui des futurs membres. Ce cartilage est semi-rigide, comme celui des lobes de l'oreille et du bout du nez. Vers la neuvième semaine, des vaisseaux sanguins provenant des tissus environnants envahissent le cartilage. C'est le début de sa

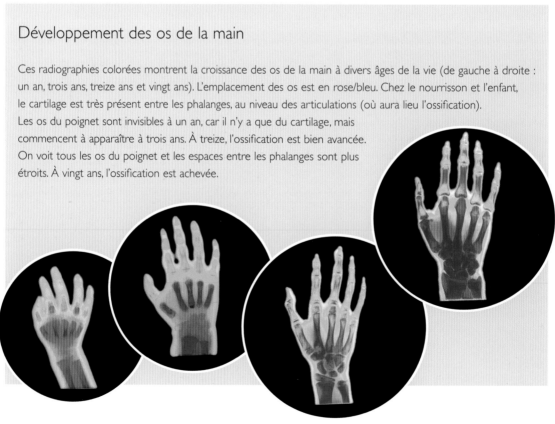

Développement des os de la main

Ces radiographies colorées montrent la croissance des os de la main à divers âges de la vie (de gauche à droite : un an, trois ans, treize ans et vingt ans). L'emplacement des os est en rose/bleu. Chez le nourrisson et l'enfant, le cartilage est très présent entre les phalanges, au niveau des articulations (où aura lieu l'ossification).
Les os du poignet sont invisibles à un an, car il n'y a que du cartilage, mais commencent à apparaître à trois ans. À treize, l'ossification est bien avancée.
On voit tous les os du poignet et les espaces entre les phalanges sont plus étroits. À vingt ans, l'ossification est achevée.

transformation en os. Les vaisseaux se trouvent à mi-longueur du bourgeon de cartilage. Des points d'ossification commencent à apparaître à la place du cartilage. Plus tard, d'autres vaisseaux viendront irriguer le bord des os, près des articulations, pour former d'autres points d'ossification. Ceux-ci augmentent sans cesse et finissent par être très proches les uns des autres, ne laissant que quelques plages de cartilage, qui assureront la croissance de l'os en longueur jusqu'à la fin de l'adolescence.

Le cartilage situé aux extrémités des os forme un important coussinet de protection pour les articulations, assurant la lubrification et la mobilité. Contrairement aux os, le cartilage n'est jamais remplacé. Les tissus cartilagineux récupèrent mal de l'usure ou d'un traumatisme et les personnes âgées souffrent facilement d'arthrose (voir p. 79), une conséquence du vieillissement et de l'amincissement de ce cartilage ainsi que, parfois, de déchirures.

LE CYCLE OSSEUX

Dès le moment où débute la formation de l'os, celui-ci sera en permanence résorbé et reconstruit jusqu'à la fin de la vie. Plusieurs implications majeures résultent de ce remaniement perpétuel. Tout d'abord, l'os est la principale réserve de calcium du corps. Si ce dernier circule en quantité insuffisante dans le sang, il est prélevé dans les os, car il est indispensable à la contraction des muscles et une calcémie légèrement diminuée risque de provoquer un problème cardiaque ou musculaire. Ensuite, comme l'os est sans cesse sujet aux traumatismes et aux microfractures, ce système corrige les dommages après une activité épuisante et répare les fractures visibles à l'œil nu qui résultent d'un accident ou d'un traumatisme plus important. Dans tous les cas, l'os est un tissu qui ne se contente pas de cicatriser, mais qui se régénère entièrement. Enfin, pendant les années de croissance, le dépôt de calcium est supérieur à son retrait, ce qui consolide peu à peu les os.

À l'âge adulte, ce processus atteint un équilibre stable qui disparaît avec l'âge, lorsque la destruction de la masse osseuse prend le dessus, provoquant parfois une ostéopénie (voir p. 72) voire une ostéoporose.

LE RÔLE DES HORMONES

Plusieurs hormones, des vitamines ainsi que les ions calcium et phosphate jouent un rôle. Les hormones sexuelles comme les estrogènes et la testostérone sont les principales hormones responsables de l'ossification des zones cartilagineuses d'accroissement des os longs. Elles régulent, par conséquent, la croissance osseuse. Si de grandes quantités d'hormone de croissance stimulent la croissance durant la puberté, la sécrétion des hormones sexuelles, toujours à la puberté, finit par mettre un terme à cette croissance. Plus tard, en raison de la chute des hormones sexuelles, les os deviennent plus minces et fragiles — d'où les problèmes rencontrés principalement par les femmes après la ménopause. Le cas de figure est similaire chez les hommes mais, comme la diminution des hormones sexuelles est plus progressive, l'os se déminéralise moins vite.

SURVEILLANCE DES OS

En règle générale, des os solides vont de pair avec un corps en bonne santé. Il faut une alimentation équilibrée riche en calcium, vitamine D et autres nutriments essentiels, comme les protéines et les acides gras essentiels.

La vitamine D est généralement absorbée sous une forme inactive qui devient active grâce à l'exposition de la peau au soleil. C'est pourquoi le soleil, surtout tôt dans la matinée, est primordial pour les os. L'activité physique est un autre facteur indispensable. Une légère augmentation de celle-ci améliore sensiblement la mobilité et la souplesse (voir p. 130-151).

Si vous estimez qu'il existe peut-être un risque de pathologie osseuse, votre médecin traitant vous fera passer des examens qui indiqueront si la trame de vos os est suffisamment dense. Les plus courants sont la radiographie, l'ostéodensitométrie, l'absorptiométrie ultrasonore et le scanner. Comme chacun d'eux présente des avantages et des limitations, votre médecin traitant vous indiquera la méthode la mieux appropriée à votre cas. Par ailleurs, la diminution de la densité de la trame osseuse peut résulter de multiples causes, pour lesquelles il n'existe pas toujours de traitement, et cette densité est également fonction de l'âge et de l'appartenance à tel ou tel autre groupe humain.

LA RADIOGRAPHIE

C'est la méthode la plus ancienne et probablement la plus simple. L'exposition d'une partie du corps à des rayons X est enregistrée sur un film photographique. L'examen du négatif révèle des modifications de forme, de texture et de densité.

Étant donné que le calcium arrête les rayons X, celui des os apparaît en blanc sur le cliché. Par conséquent, l'image sera d'autant plus blanche que l'os sera bien minéralisé.

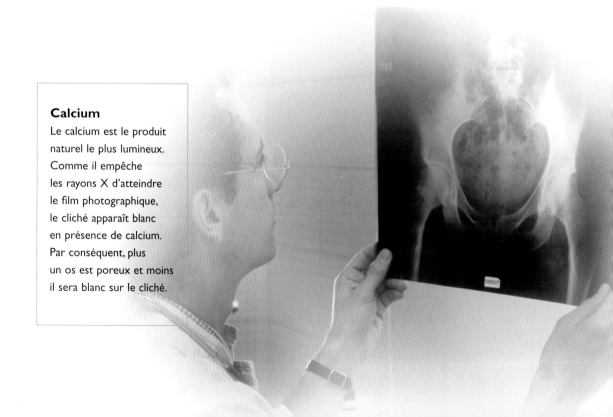

Calcium

Le calcium est le produit naturel le plus lumineux. Comme il empêche les rayons X d'atteindre le film photographique, le cliché apparaît blanc en présence de calcium. Par conséquent, plus un os est poreux et moins il sera blanc sur le cliché.

Dès les années 1960, on savait que la densité des os des personnes âgées était moins bonne et l'on fit rapidement le lien avec la porosité de la trame osseuse. Dans les années 1960 et 1970, plusieurs expériences établirent que la solidité d'un os était directement liée à sa teneur en calcium. Cette découverte mit en avant l'importance de la mesure de la densité minérale de l'os, qui représente environ 70 % de la solidité de la trame osseuse.

Déterminer la densité minérale d'un os fragilisé restait cependant difficile. De même, chez les personnes obèses, dont les tissus mous sont plus épais, il était problématique de séparer l'image des os de celle des tissus mous environnants.

Au début, la plupart des mesures concernaient le poignet, mais comme la fracture la plus risquée pour le pronostic vital est celle du col du fémur, un système utilisant deux types de rayons X a été mis au point afin d'améliorer cette mesure. Il s'agit de l'ostéodensitométrie, ou absorptiométrie biphotonique par rayons X.

OSTÉODENSITOMÉTRIE

Cette méthode est rapidement devenue le moyen le plus sûr pour déterminer la densité minérale de l'os. Toutefois, la possibilité d'observer la texture et la forme des os restait moins bonne qu'avec une radiographie, notamment depuis la mise au point d'appareils plus modernes, assistés par ordinateur, qui indiquent la densité osseuse avec une grande précision.

Durant la dernière décennie, plusieurs systèmes ont été conçus qui utilisent des rayons X, plus économiques et aussi efficaces que l'ostéodensitométrie, et nécessitent moins de rayons pour mesurer un site de fracture courant, comme la colonne vertébrale et la hanche.

Des appareils d'ostéodensitométrie plus petits et moins coûteux ont été inventés. Limités à l'imagerie médicale du poignet ou du calcanéum (os du talon), ils fonctionnent dans le cadre d'unités mobiles, ce qui permet à un plus grand nombre de profiter de cette technique.

Les avis sont partagés quant au choix des os à explorer. Certains sites spécifiques seraient plus propices pour prédire un risque de fracture (il vaut mieux, par exemple, étudier la hanche que le poignet pour évaluer le risque de fracture du col du fémur).

Néanmoins, les différences d'un site à un autre sont relativement faibles et si l'on veut prédire le risque de fracture en général, on peut choisir n'importe quel os spongieux ou trabéculaire (voir p. 69), comme au niveau du poignet, de la colonne vertébrale ou de la hanche. Par ailleurs, pour des raisons de coûts et d'avantages, de nombreux médecins estiment que l'étude de la minéralisation du poignet ou d'une vertèbre suffit généralement si l'examen est facile à réaliser. (Il n'est pas pris en charge par la Sécurité sociale.)

SCANNER

Le scanner a été mis au point pour les os enfouis dans le corps, en particulier les vertèbres, dans le but de déterminer la forme des os (en cas de malformation), de repérer des fractures et de mesurer la densité minérale de l'os.

Cet examen repose sur une série de radiographies prises à partir de directions différentes et que l'ordinateur combine ensuite pour reconstituer une image en 2 D ou en 3 D, selon divers plans ou points de vue.

Efficace mais coûteux, le scanner expose à une dose de rayons X plus élevée qu'avec une ostéodensitométrie. C'est pourquoi il est peu pratiqué pour dépister une éventuelle ostéoporose.

OSTÉOPOROSE

Plus on vieillit et plus le risque de fracture lié à la fragilisation des os augmente. La raison de cette fragilité osseuse est un sujet complexe et les chercheurs travaillent encore pour en comprendre tous les mécanismes. Étant donné que les progrès sont lents et que la science avance à petits pas, il régnait une grande confusion à la fin du XXᵉ siècle quant aux termes, définitions et orientations à donner à la recherche et aux traitements des pathologies osseuses, en particulier celles associées à l'âge.

DÉFINITION

En 1994, l'Organisation mondiale de la santé (OMS) a défini l'ostéoporose comme une « maladie caractérisée par une faible masse osseuse et la détérioration micro-architecturale du tissu osseux, entraînant une fragilité osseuse accrue et, par suite, une augmentation

du risque fracturaire ». Si cette définition est communément admise, la question des paramètres à retenir pour parler de densité minérale de l'os normal ou ostéoporotique n'est pas encore tranchée. Le plus souvent, l'ostéodensitométrie est la méthode de prédilection.

Une fois mesurée la densité osseuse, il reste à voir quelles valeurs il convient de considérer comme « normales ». On utilise le plus souvent le T-score ou le Z-score, qui reposent sur la comparaison entre le résultat obtenu et la valeur moyenne de témoins standard. Le Z-score compare le sujet étudié à des individus du même âge tandis que le T-score compare par rapport à une valeur moyenne de témoins jeunes et en bonne santé, adaptée uniquement en fonction du genre (masculin ou féminin).

L'OMS préconise, en se fondant sur le T-score, les valeurs suivantes :
• normale — T-score compris entre 0 et - 1 ;
• ostéopénie (diminution de la trame osseuse) — T-score compris entre - 1 et - 2,5 ;
• ostéoporose (déminéralisation) — T-score inférieur ou égal à - 2,5.
Toutefois, le T-score prête à confusion. En effet, quelle population faut-il qualifier de standard ? Doit-on prendre des individus ayant les mêmes origines ethniques ? Faut-il procéder par pays ou région géographique ? Si l'on compare des personnes âgées à un groupe standard de témoins jeunes, on trouvera chez presque toutes une diminution importante de la densité osseuse. Cela impose-t-il de traiter tout le monde ? Il est difficile de répondre à ces questions et, avant d'envisager un

facteurs de risque

▸ Âge supérieur à soixante-cinq ans
▸ Antécédent de fracture
▸ Antécédents familiaux d'ostéoporose
▸ Hyperthyroïdie
▸ Ménopause précoce
▸ Antécédents de chutes fréquentes
▸ Aménorrhée (absence de règles)
▸ Tabac
▸ Prescription répétée de corticoïdes ou de médicaments pour la thyroïde

traitement à long terme en se fondant sur le T-score, il convient d'en parler à votre médecin traitant, qui prendra sa décision en tenant compte d'autres facteurs, comme votre mode de vie, les médicaments que vous prenez et tout facteur nutritionnel pertinent. L'objectif est de prévenir la déminéralisation et de préserver votre capital osseux.

AUTRES FACTEURS À CONSIDÉRER

Les femmes ayant eu une absence de règles (aménorrhée) avant la ménopause sont plus sujettes à l'ostéoporose. Par ailleurs, dans le cas d'une anorexie mentale ou d'un régime draconien, le capital osseux est menacé car le corps a réagi en empêchant la production d'estrogènes. Le risque de fracture est, par conséquent, majoré.

Il est également accru lorsqu'une chute est plus probable (vue ou audition moins bonne, muscles affaiblis ou déficients, comme lors de la maladie de Parkinson).

Selon des études, un mauvais éclairage chez soi, des tapis ou une baignoire glissante contribuent aussi à augmenter ce risque. Enfin, les risques de fracture, notamment du poignet, sont plus fréquents en hiver lorsque la chaussée est verglacée. Il n'y a pas grande utilité à prescrire des médicaments au long cours si l'on ne prévient pas de tels risques.

LES FRACTURES OSTÉOPOROTIQUES

La seconde partie de la définition de l'OMS parle de « détérioration micro-architecturale du tissu osseux ».

Pour comprendre ces termes, il convient de passer en revue les différents types d'os. Les os longs sont en quelque sorte des tubes de tissu dur tandis que ceux à proximité des articulations et les irréguliers, comme les vertèbres, ressemblent plutôt à des éponges durcies dont la forme s'accorde avec celle de l'articulation ou a la forme requise pour un os court.

Cet os est généralement qualifié de trabéculaire ou spongieux. Ainsi, sa surface est fortement accrue par unité de volume.

Étant donné que les cellules responsables du remaniement osseux résorbent, en règle générale, l'os à partir des surfaces osseuses, les zones d'os trabéculaire sont neuf fois plus sujettes à l'ostéoporose que les portions tubulaires des os longs.

Cela explique également le schéma habituel d'une fracture ostéoporotique, qui touche essentiellement les os trabéculaires.

Elle survient plus fréquemment au niveau du poignet, du col du fémur et des vertèbres, d'autant que l'os spongieux supporte des pressions importantes exercées par le poids.

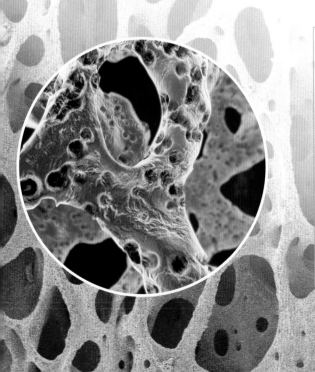

Modifications de la trame osseuse

OS NORMAL (en arrière-plan)
La solidité d'un os « normal » résulte de son tissu osseux résistant bien minéralisé (riche en calcium). À la ménopause, la chute des estrogènes et de la progestérone provoque une diminution de la masse osseuse.

OS OSTÉOPOROTIQUE (encadré)
Lorsque l'os se déminéralise, de minuscules trous apparaissent, ce qui affiblit sa structure et restreint le tissu osseux sur lequel le calcium se fixe.

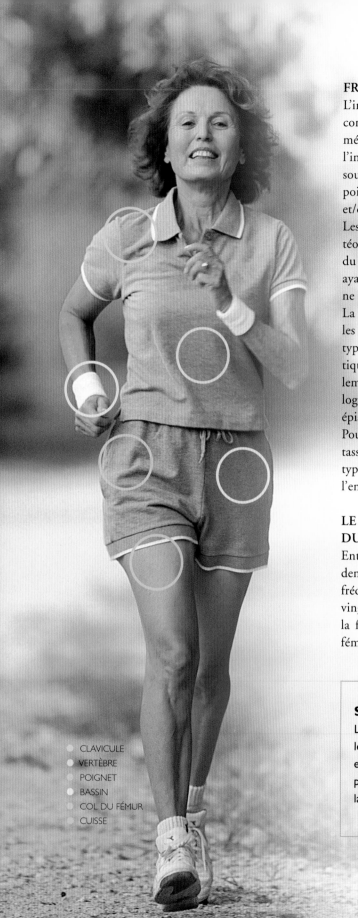

CLAVICULE
VERTÈBRE
POIGNET
BASSIN
COL DU FÉMUR
CUISSE

FRACTURES APRÈS LA MÉNOPAUSE

L'incidence des fractures ostéoporotiques est bien connue aux divers âges de la vie. Juste après la ménopause, on constate une nette augmentation de l'incidence des fractures du poignet, provoquant souvent une perte permanente de la fonction du poignet et de la main, accompagnée de raideur et/ou de douleur résiduelle.

Les fractures du poignet sont un signe majeur d'ostéoporose et le risque de fracture ultérieure du col du fémur est bien supérieur chez les personnes ayant des antécédents de fracture du poignet et qui ne reçoivent aucun traitement.

La question est moins tranchée en ce qui concerne les vertèbres. Un certain nombre de fractures de ce type passeraient inaperçues ou seraient diagnostiquées par hasard. Comme elles se réparent généralement bien et ne provoquent aucun trouble neurologique permanent, il ne reste que le souvenir d'un épisode douloureux.

Pourtant, de telles fractures provoquent parfois un tassement et des déformations du dos. C'est alors la typique attitude voûtée des personnes âgées (voir l'encadré page ci-contre).

LE LOURD TRIBUT DES FRACTURES DU COL DU FÉMUR

Entre soixante-dix et soixante-quinze ans, l'incidence des fractures du col du fémur devient plus fréquente. Elle augmente brutalement à quatre-vingts ans et ne cesse, dès lors, de s'accentuer. Chez la femme, le risque moyen de fracture du col du fémur est d'environ 1 pour 5 et ce chiffre s'ampli-

Sites classiques de fracture

Les fractures ostéoporotiques concernent le plus souvent le col du fémur, le poignet et les vertèbres, car la structure des os y est plus poreuse et fragile. Les autres sites sont la clavicule, le bassin et la cuisse.

Cyphose

La cyphose, une déviation de la colonne vertébrale à convexité postérieure, résulte d'une perte de densité des vertèbres entraînant un tassement et un dos voûté (la cage thoracique penche en avant). Les illustrations ci-dessous montrent les vertèbres d'une colonne normale (à gauche) et ostéoporotique (à droite). La quatrième vertèbre est sectionnée afin de dévoiler la structure osseuse. Dans le cas de la cyphose, la perte de masse osseuse affaiblit la structure interne de l'os, provoquant des fissures et un tassement de la vertèbre, ainsi qu'une dégénérescence du cartilage (en rouge). La photographie de droite est une IRM du bas de la colonne d'une femme de soixante ans atteinte d'ostéoporose.

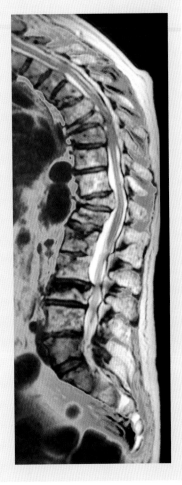

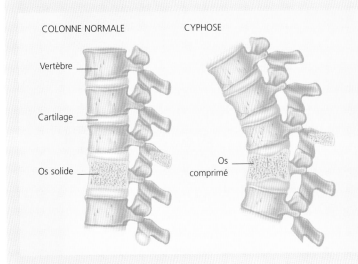

COLONNE NORMALE CYPHOSE

Vertèbre

Cartilage

Os solide

Os comprimé

fie avec l'âge : environ 1 femme sur 3 de plus de quatre-vingts ans aura une fracture du col du fémur. En France, leur nombre annuel s'élevait à 48 000 en 1990 et ce chiffre devrait passer à 150 000 d'ici 2 050.

Les conséquences d'une fracture du col du fémur sont tout aussi sérieuses. Ainsi, le taux de mortalité dans l'année qui suit est estimé à 20 % et 50 % conservent un handicap définitif qui les empêche de retourner vivre chez elles. La mortalité liée directement à une fracture du col du fémur est en fait presque aussi élevée que celle résultant d'un cancer ou d'une pathologie cardio-vasculaire. C'est pour-

quoi l'ostéoporose est désormais un enjeu majeur de santé publique.

Toutefois, la prise de conscience de ce problème ainsi que divers traitements et programmes de prévention visent à réduire le risque et l'incidence de ce type de fracture. On préconise une activité physique régulière (voir p. 130-151), une alimentation équilibrée riche en calcium et en vitamine D, et des médicaments spécifiques, comme le traitement hormonal substitutif (THS) ou les bisphosphonates (voir p. 76-78) et les SERM (modulateurs spécifiques des récepteurs aux estrogènes), tel le raloxifène.

CAUSES DE LA FRAGILITÉ OSSEUSE

Ostéopénie

Médicalement parlant, l'ostéopénie est une diminution de la densité osseuse perceptible aux rayons X. C'est généralement la conséquence d'une déminéralisation de la trame osseuse. Toutefois, ce terme est générique et s'applique à n'importe quelle cause provoquant une diminution du calcium, réelle ou non. C'est ainsi que chez une personne obèse, le contraste entre les os et les tissus mous est moins net, car ces derniers absorbent aussi une quantité substantielle de rayons X.

En médecine clinique, la cause principale d'une ostéopénie est la perte osseuse ostéoporotique. On estime qu'environ 95 % de toutes les ostéopénies révélées grâce aux rayons X sont dues à une diminution de la trame osseuse, révélatrice d'un risque d'ostéoporose. Il existe cependant d'autres causes d'ostéopénie : une ostéomalacie, une hyperparathyroïdie et certains types de cancer, comme les myélomes multiples.

L'inactivité est un autre facteur très courant. Lorsque des membres sont immobilisés, par exemple à cause d'un plâtre, deux semaines suffisent pour voir apparaître une ostéopénie. Son caractère réversible constitue la différence essentielle avec l'ostéoporose.

Ostéomalacie

L'ostéomalacie (« os mous ») résulte souvent d'une carence en vitamine D. Plusieurs causes sont possibles, notamment des apports insuffisants en vitamine D dans l'alimentation, un manque de soleil ou une incapacité génétique à métaboliser la vitamine D. (C'est le rachitisme au sens large, « rachitisme » étant généralement le terme employé pour parler de l'ostéomalacie infantile, tandis que l'on utilisera « ostéomalacie » pour les adultes.)

L'ostéomalacie est bien différente de l'ostéoporose. La matrice organique de l'os, ou matériau ostéoïde (qui comporte, entre autres, des fibres de collagène), a du mal à fixer le calcium. En outre, l'ostéomalacie s'accompagne de douleurs et de gêne à la marche. Lorsqu'elle est asymptomatique, les principaux signes révélateurs sont des douleurs et des os trop mous.

Le diagnostic est généralement établi à l'aide d'un bilan sanguin, dont le dosage du calcium. Une ponction-biopsie de l'os de la hanche confirme le diagnostic. Le traitement vise à pallier les problèmes en augmentant les apports de vitamine D dans l'alimentation et l'exposition au soleil. Des injections de vitamine D sont parfois nécessaires. Il faut alors surveiller le taux de calcium.

Hyperparathyroïdie

Les glandes parathyroïdes régulent les taux de calcium dans le sang. Par le biais de la sécrétion de parathormone (l'hormone parathyroïdienne), ces quatre petites glandes régulent la quantité de calcium alimentaire assimilée par l'organisme, celle sécrétée par les reins ainsi que celle stockée dans les os (nos os emmagasinent plusieurs livres de calcium qui peuvent être envoyées vers d'autres parties du corps à la demande des glandes parathyroïdes). En cas d'hyperactivité d'une de ces glandes (hyperparathyroïdie), une tumeur bénigne se développe, la parathormone est sécrétée en quantité excessive et nos os libèrent sans cesse du calcium dans la circulation sanguine. Par conséquent, les os se déminéralisent, provoquant une ostéoporose — un problème qui sera amplifié à la ménopause.

Une étude suédoise portant sur les femmes ménopausées souffrant d'hyperparathyroïdie a montré que si l'on supprime l'excès de parathormone, l'organisme est capable de rétablir une bonne densité osseuse. Néanmoins, c'est un processus très lent qui permet aux os de retrouver une densité « normale » uniquement si la perte de calcium n'est pas trop importante. Après l'ablation d'une tumeur de la parathyroïde, la plupart des médecins recommandent une supplémentation en calcium et, parfois, un traitement médicamenteux (voir p. 76-78).

REMÈDES SIMPLES POUR LES OS

Plusieurs mesures non médicamenteuses contribueront à prévenir ou à limiter la perte osseuse. Il faudra peut-être modifier votre hygiène de vie en introduisant une activité physique régulière, adaptée à vos besoins, ainsi qu'une supplémentation alimentaire et en évitant toute situation pouvant provoquer une chute ou une fracture.

Ces précautions sont importantes. Elles ne résoudront pas forcément le problème de déminéralisation, mais limiteront certainement le risque de fracture. Par exemple, une activité physique régulière limite le risque de fracture en réduisant la perte de la masse osseuse, mais également en sollicitant plus les muscles, ce qui empêche les chutes.

Importance du calcium

La santé est tributaire d'une bonne alimentation, et plusieurs composants alimentaires sont particulièrement utiles aux os et aux articulations.

Le calcium est probablement le plus important, car il est le principal constituant de l'hydroxyapatite, ce composant minéral du tissu osseux très présent dans le squelette. Il est normalement assimilé par les intestins et une quantité excessive sera éliminée par les reins. Le calcium est indispensable pour renforcer les os et améliorer la contraction des muscles

Boissons gazeuses

Selon des études, toutes les boissons gazeuses, dont l'eau minérale, peuvent accroître le risque d'ostéoporose et de fractures en provoquant une déminéralisation des os. On estime que deux canettes de soda par jour suffisent.

On pensait autrefois que le gaz carbonique (CO_2) à l'origine des bulles dans les boissons gazeuses était neutralisé dans les intestins. Depuis, des études ont démontré qu'il pénètre, en fait, dans la circulation sanguine. L'organisme s'efforce de le neutraliser à l'aide de calcium alcalin, qu'il prélève dans les os. D'après un récent article paru dans *Osteoporosis International*, l'acidité de l'alimentation occidentale classique, pauvre en fruits et en légumes, et riche en boissons sucrées et aliments transformés, aurait un effet, à long terme, néfaste sur la minéralisation des os. Une personne pesant entre 63 et 70 kg pourrait perdre en dix ans 15 % de sa masse osseuse avec une alimentation occidentale.

LE SAVIEZ-VOUS ?
Calcium élément

Il est important de savoir qu'une supplémentation de calcium doit être prise sous forme de calcium élément. Aucun complément alimentaire ne renferme 100 % de calcium élément. Lisez bien l'étiquette afin de connaître sa teneur en calcium élément.

(dont le muscle cardiaque). Il doit être présent en grande quantité dans le sang et les cellules musculaires pour leur permettre de se contracter et de fonctionner correctement.

Une calcémie trop basse ou trop élevée provoque rapidement des anomalies du rythme cardiaque et des spasmes musculaires qui peuvent s'avérer funestes s'ils ne sont pas traités. (Voir p. 110 pour les apports journaliers recommandés [AJR] de calcium.)

Vitamine D

La vitamine D est indispensable à la régulation du métabolisme du calcium et à sa fixation sur les os.

L'essentiel est absorbé sous la forme d'un précurseur, ou provitamine D, qui est métabolisé dans l'organisme, en particulier dans les reins, en une forme active ou hormonale.

Toutefois, pour que cette transformation se fasse correctement, il faut que la provitamine D reçoive des rayons du soleil sous la forme d'UV. Il est, par conséquent, important d'exposer suffisamment son corps au soleil, notamment aux heures matinales lorsque la plupart des UV bénéfiques sont émis de l'atmosphère.

Les personnes qui vivent dans une région peu ensoleillée ou dont la culture empêche d'exposer son corps au soleil risquent plus facilement de souffrir d'ostéomalacie (voir p. 72) en raison d'un manque de vitamine D.

Concrètement, les principales causes de carence en vitamine D sont : des apports inférieurs aux apports journaliers recommandés (AJR) ; une exposition insuffisante au soleil ; une conversion défectueuse, par les reins, de la vitamine D en forme active hormonale ; et une assimilation insuffisante de la vitamine D par le système digestif.

Il est également possible d'ingérer trop de vitamine D, ce qui provoque alors des effets secondaires, voire une toxicité. Celle-ci est improbable avec la seule exposition au soleil ou des apports alimentaires, à moins de consommer de grandes quantités d'huile de foie de morue. Elle est plus envisageable avec une supplémentation importante en vitamine D. C'est pourquoi il faut veiller à ne pas dépasser la dose préconisée.

Les signes d'une hypervitaminose sont les nausées, les vomissements, une perte de l'appétit, la constipation, l'affaiblissement et l'amaigrissement. Dans les cas très sévères, on constate également une hypercalcémie à l'origine de perturbations psychiques, comme la confusion mentale, ainsi que des troubles du rythme cardiaque.

Une supplémentation classique en vitamines apporte les AJR en vitamine D. Reportez-vous p. 111 pour de plus amples informations.

RÈGLES D'HYGIÈNE DE VIE

L'activité physique est indispensable pour conserver des os solides et des articulations souples. Tous les exercices où les articulations supportent le poids du corps, à commencer par la marche, freinent la déminéralisation et renforcent le tonus musculaire ainsi que la souplesse. Par ailleurs, l'amélioration de la coordination des mouvements participe à la prévention des chutes et des fractures.

La règle est simple. Faire du sport ne doit pas être une corvée et de légères modifications de votre activité physique suffisent. Chaque femme devrait au moins pratiquer à raison de 30 minutes par jour. Vous pouvez, par exemple, descendre du bus ou du métro quelques arrêts avant le vôtre afin de marcher ; prendre les escaliers au lieu de l'ascenseur sans vous tenir à la rampe ; faire vos courses à pied plutôt qu'en voiture.

Adhérez à un club ou demandez à un proche de marcher régulièrement avec vous dans le parc. En pratiquant à plusieurs, il vous sera plus facile de respecter vos nouveaux engagements. Reportez-vous p. 130-151 pour de plus amples informations sur l'activité physique.

C'est le moment de...

Cesser, par exemple, de fumer. Le tabac provoque des maladies du système respiratoire et favorise le risque d'ostéoporose. En effet, les femmes ménopausées qui fument ont une densité osseuse moins bonne que celles qui ne fument pas et le risque de fracture du col du fémur est, en outre, plus élevé. Reportez-vous p. 167-168 pour trouver des conseils qui vous aideront à arrêter.

L'alcool a aussi des effets négatifs sur la trame osseuse, pour diverses raisons. Il interfère de plusieurs manières sur l'équilibre du calcium, principalement en provoquant une augmentation de la parathormone, qui diminue les réserves en calcium de l'organisme. Il interfère également avec la synthèse et l'assimilation de la vitamine D. En outre, la dépendance à l'alcool entraîne parfois des déficits hormonaux chez les femmes comme chez les hommes. Les hommes qui boivent sécrètent moins

7 moyens de prévenir les chutes

- ▶ Portez des chaussures à talon bas, avec des semelles en caoutchouc.
- ▶ Évitez les chaussées glissantes et faites attention en cas de marche ou de bordure de trottoir.
- ▶ Faites-vous livrer vos courses par mauvais temps.
- ▶ Ayez les mains libres quand vous marchez dehors, votre sac sur le dos ou à l'épaule.
- ▶ Évitez les pièces en désordre, et éloignez les fils électriques et téléphoniques du passage.
- ▶ Posez de la moquette ou fixez les tapis au sol.
- ▶ Mettez un tapis antidérapant dans la baignoire ou la douche.

de testostérone, l'hormone sexuelle liée à la production des ostéoblastes, ces cellules qui stimulent la formation d'os.

Chez les femmes, l'alcoolisme chronique donne souvent des cycles menstruels irréguliers, ce qui diminue les estrogènes et augmente le risque d'ostéoporose. Par ailleurs, le cortisol (l'hormone du stress) est plus important chez les alcooliques ; or celui-ci ralentit la formation osseuse et augmente ainsi le risque de fractures.

Enfin, les chutes sont plus fréquentes, en raison des effets de l'alcool sur l'équilibre et la démarche. L'alcoolisme chronique serait lié à une augmentation du risque des fractures, notamment la plus sérieuse, celle du col du fémur. La prévalence des fractures des vertèbres, rare chez les personnes âgées de moins de cinquante ans, est aussi supérieure chez celles qui boivent (voir p. 165-167 pour trouver le moyen d'arrêter).

TRAITEMENTS MÉDICAMENTEUX

Plusieurs médicaments sont utilisés pour prévenir la déminéralisation et le risque de fractures pouvant en résulter, mais cette approche soulève quelques problèmes. Tout d'abord, la plupart des traitements doivent être pris au long cours, souvent pendant plusieurs années, pour être efficaces. Ensuite, leur coût n'est pas négligeable et certains ont même conclu qu'il revenait moins cher de soigner une fracture que de la prévenir. Cela peut sembler cynique, mais la vérité est que l'on ne mesure pas uniquement les coûts sur la seule base du prix de revient d'un médicament, mais également en tenant compte d'éventuels effets secondaires, tel le risque de favoriser une pathologie grave (cancer, caillot sanguin provoquant une phlébite voire une embolie pulmonaire, etc.). Enfin, étant donné que l'efficacité d'un produit n'est prouvée qu'à l'issue d'essais conduits sur une très longue durée, la plupart des laboratoires pharmaceutiques lancent la commercialisation avant que les résultats réels sur le très long terme ainsi que les effets secondaires ne soient véritablement connus.

Cela ne signifie nullement qu'il faudrait éviter ce type de médicament, mais il est toutefois impératif de réfléchir sérieusement aux avantages et aux risques potentiels. Votre médecin traitant prendra sa décision à la lumière de vos antécédents familiaux et personnels (cancer du sein, risque de thrombose, pathologie cardiaque, etc.).

TRAITEMENT HORMONAL SUBSTITUTIF (THS)

Le principe du THS est de rétablir les taux d'hormones sexuelles, en particulier les estrogènes, pour qu'ils soient similaires à ceux d'avant la ménopause. En 2002, une étude américaine, la Women's Health Initiative Study (WHI), a mis en garde contre certains effets néfastes du THS. L'un des pans de cette étude visait à savoir si le THS protégeait contre les pathologies cardiaques et les accidents cardio-vasculaires ainsi que contre le risque de fracture du col du fémur ou des vertèbres. Les conclusions étaient mitigées. Un THS à long terme limiterait parfois le risque de fracture (en particulier du col du fémur et des vertèbres), mais pourrait augmenter le risque de cancer du sein, voire d'accident vasculaire cérébral ou de thrombose, et ne pas diminuer les maladies cardiaques.

À nouveau, l'unique moyen pour prendre une décision sereine consiste à peser, avec votre médecin traitant, les avantages et les inconvénients apportés par le THS.

Modulateurs sélectifs des récepteurs aux estrogènes (SERM)

Cette famille de médicaments a des effets similaires à ceux des estrogènes sur certains tissus et des effets antiestrogéniques sur d'autres. Un des chefs de file, le raloxifène, est préconisé pour traiter et prévenir l'ostéoporose. Il se lie aux récepteurs aux estrogènes de certaines membranes cellulaires et stimule ainsi ces cellules d'une manière similaire aux estrogènes, mais ne s'accompagne pas des effets secondaires propres à ces derniers. Il reproduirait leur action sur les os, sans avoir la moindre incidence sur les tissus des seins ou de l'utérus.

Il prévient la déminéralisation, agit positivement sur la masse osseuse et diminue le risque de fracture de vertèbres. La posologie est d'un comprimé par jour. Toutefois, le raloxifène a parfois, comme n'importe quel autre médicament, des effets secondaires : bouffées de chaleur, sueurs, crampes dans les jambes, prise de poids, éruption cutanée et risque de caillots sanguins (thrombose).

Calcitonine

La calcitonine est une hormone impliquée dans la régulation du calcium et le métabolisme osseux. Elle est produite, à l'état naturel, par certaines cellules de la thyroïde. Elle agit principalement en réduisant la concentration en calcium et en phosphate dans le sang afin de stimuler la fixation du calcium sur les os. Elle est extraite d'espèces animales comme le saumon et le porc. Elle est préconisée dans le traitement de l'ostéoporose chez des femmes ménopausées depuis au moins cinq ans. Elle est administrée en injection (sous-cutanée, intramusculaire ou intraveineuse lente) ou, plus rarement, en perfusion.
La calcitonine ralentit la déminéralisation et améliore la densité osseuse du rachis. Elle soulagerait également, d'après des patientes, les douleurs résultant de fractures. Ses effets sur le risque de fracture sont encore mal connus. Administrée en injection, elle a une action exclusivement ciblée sur les os mais, à la longue, provoque parfois des réactions d'hypersensibilité qui imposent l'arrêt du traitement.
Les autres effets secondaires sont les nausées et les bouffées de chaleur avec congestion du visage ou des extrémités.

Tériparatide

Ce médicament récent est proposé dans le traitement de l'ostéoporose avérée. Il s'agit du petit segment, actif, de la parathormone, qui stimule la formation osseuse, ce qui augmente la densité minérale et la solidité des os. Cela limite, par conséquent, le risque de fracture (même s'il est trop tôt pour disposer d'études à long terme).
La tériparatide est indiquée chez les femmes ménopausées atteintes d'ostéoporose, qui présentent un risque élevé de fracture. Elle est également utilisée en cas d'antécédent de fracture liée à l'ostéoporose ou lorsqu'il existe un risque plurifactoriel de fracture, ou encore si les autres traitements de l'ostéoporose sont contre-indiqués. La tériparatide s'administre par la patiente en injection sous-cutanée (comme une piqûre d'insuline) pendant au maximum 18 mois.

BISPHOSPHONATES

Les bisphosphonates sont des substances proches des pyrophosphates, composants naturellement présents dans l'os, qui interfèrent avec la régulation du métabolisme du calcium, prévenant ainsi la déminéralisation. L'industrie chimique connaît ces molécules depuis plus d'un siècle, mais leurs propriétés médicamenteuses ne sont étudiées que depuis les années 1960. Ces produits étaient au début réservés au traitement de plusieurs pathologies rares, comme la maladie de Paget et les myélomes multiples (une forme de cancer des os). Ils ont été récemment proposés contre l'ostéoporose.

Huit bisphosphonates (alendronate, étidronate, risédronate, acide zolédronique, clodronate, ibandronate, pamidronate et tiludronate) — dont les trois premiers seulement sont commercialisés en France — sont utilisés pour traiter des pathologies humaines. Six d'entre eux se prennent oralement et deux sont administrés par injection. Leurs propriétés sont légèrement différentes, comme leur tolérance, qui varie d'un individu à un autre, mais leur principe est identique : ils inhibent les ostéoclastes.

Nous avons vu que l'os est sans cesse remanié, d'infimes quantités d'os résorbé étant remplacées par de l'os neuf, grâce aux ostéoblastes. Ces derniers piègent le calcium et deviennent des ostéocytes, ou cellules osseuses matures. À la ménopause, l'activité des ostéoblastes devient plus lente que celle des ostéoclastes et l'os se déminéralise peu à peu. Les bisphosphonates sont absorbés dans les cristaux d'hydroxyapatite. Ils inhibent directement l'action des ostéoclastes et ne sont généralement pas éliminés par l'organisme. Il n'existe aucune preuve démontrant que les bisphosphonates inhibent la réparation d'une fracture, mais de fortes doses d'étidronate se sont avérées efficaces pour contrer la déminéralisation osseuse avec une utilisation sur le long terme ou à un dosage très élevé.

La prévention et le traitement de l'ostéoporose reposent sur l'alendronate et le risédronate à raison d'une prise quotidienne ou hebdomadaire (plus importante dans ce cas).

Le bisphosphonate ne se prend jamais à jeun et il faut être particulièrement vigilant en cas d'insuffisance rénale. Par ailleurs, son ingestion doit toujours s'accompagner d'apports suffisants en calcium et en vitamine D (voir p. 111 pour les AJR). Cependant, le calcium doit être pris séparément du bisphosphonate afin que l'organisme puisse assimiler les deux substances.

La durée exacte du traitement n'est pas encore établie avec précision. La posologie standard d'alendronate ou de risédronate, pour traiter l'ostéoporose, est généralement de plusieurs années. Pour les bisphosphonates, la durée sera considérablement plus courte, car on connaît encore mal les effets à long terme, en particulier si le traitement est poursuivi longtemps ou si la posologie est importante.

RANÉLATE DE STRONTIUM

Le ranélate de strontium combine un sel minéral similaire au calcium, le strontium, à de l'acide ranélique. Le strontium est normalement stocké dans les os et les dents, et la faible quantité que nous ingérons par l'alimentation se retrouve dans les os.

Il a été testé, sans succès, dans les années 1950 pour traiter l'ostéoporose. Cependant, de nouvelles études cliniques effectuées au milieu des années 1990 ont démontré que le ranélate de strontium augmentait la formation d'os. Plusieurs essais thérapeutiques s'en sont suivis. Une étude menée durant trois ans a récemment démontré que ce médicament prometteur diminue le risque de fracture vertébrale chez des femmes ménopausées et atteintes d'ostéoporose. Il en va de même pour le risque de fracture du col du fémur.

ARTICULATIONS ET MÉNOPAUSE

Les articulations sont aussi importantes que les os. Elles nous donnent cette souplesse qui permet de bouger et d'effectuer, sans même y réfléchir, toutes sortes de mouvements. Ces structures spécialisées et complexes ne posent généralement aucun problème pendant plusieurs décennies. La plupart d'entre nous vieillissent sans souci articulaire sérieux. Néanmoins, un certain nombre seront handicapés par une maladie ou un trouble très gênant, douloureux voire invalidant.

Plusieurs affections, même si elles ne sont pas directement liées à la ménopause, débutent souvent à ce moment. Selon des études, les modifications hormonales seraient impliquées.

ARTHROSE

L'arthrose est une maladie dégénérative non inflammatoire très répandue, caractérisée par l'amincissement du cartilage qui protège la tête des os au niveau d'une ou plusieurs articulations. Ce dernier agit normalement comme un « amortisseur ». Touchant plutôt les personnes d'âge mûr, l'arthrose affecte généralement les mains et toutes les articulations qui soutiennent le poids du corps (genoux, hanche,

pieds et colonne vertébrale). Bien qu'elle n'ait aucun lien direct avec la ménopause, elle débute souvent chez les femmes à cette période de la vie. En effet, avant la cinquantaine, les hommes en souffrent autant que les femmes. Ensuite, on constate une prédominance des femmes atteintes, avec une forme plus sévère et invalidante.

L'arthrose est un terme générique qui doit être sous-divisé en arthrose primaire et secondaire. On parle d'arthrose primaire lorsqu'il n'existe aucune cause connue ou spécifique. Parfois, on trouve un terrain héréditaire propice. Il ne faut pas, non plus, exclure une maladie qui serait passée inaperçue. L'arthrose secondaire fait toujours référence à une cause connue (infection, fracture ayant lésé l'articulation ou inflammation de la membrane synoviale, conséquence d'une polyarthrite rhumatoïde ou d'une autre pathologie ayant endommagé l'articulation).

L'arthrose débute souvent par l'usure du cartilage, qui aboutit généralement à l'exposition de l'os sous-chondral, puis à l'érosion de l'os, ce qui provoque des douleurs et des raideurs au niveau des articulations concernées. À la radiographie, le premier signe visible est la diminution de l'espace entre les deux os adjacents. Avec le temps, des ostéophytes (envahissement de tissu osseux) apparaissent au niveau de l'articulation atteinte. L'os situé sous le cartilage s'épaissit, ce qui est le signe précurseur d'une érosion osseuse.

Traitement

La meilleure prévention consiste à préserver la souplesse des articulations en les mobilisant régulièrement et sans forcer. Le mouvement est indispensable pour assurer la bonne lubrification et nutrition du cartilage. Des exercices non violents, comme la marche ou la natation (voir p. 138-142), sont excellents pour conserver des articulations souples et en bonne santé.

Si la situation commence à se dégrader, quelques traitements peuvent être envisagés. Étant donné que

ARTICULATION NORMALE   ARTHROSE

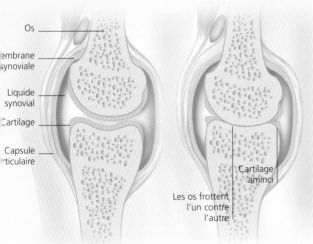

Os

embrane
synoviale

Liquide
synovial

Cartilage

Capsule
rticulaire

Cartilage
aminci

Les os frottent
l'un contre
l'autre

le cartilage n'est pas vascularisé, sa cicatrisation est difficile et une zone de cartilage qui se déchire ne guérit jamais tout à fait. Plusieurs traitements ont été proposés, mais peu (voire aucun) ont véritablement fait leurs preuves. Des compléments alimentaires, la glucosamine et le sulfate de chondroïtine (voir l'encadré), seraient efficaces, mais il faut avant tout s'assurer que la douleur est bien d'origine arthrosique et, par ailleurs, ne jamais interrompre un éventuel traitement sans l'accord du médecin traitant.

Glucosamine et sulfate de chondroïtine

Ces substances sont naturellement présentes dans le corps. Selon des études, les personnes souffrant d'une arthrose ou d'une arthrite faible à modérée pourraient prévenir ou retarder la progression de la maladie grâce à ces produits. Ils existent sous forme de compléments alimentaires. Attention, toutefois, car la glucosamine est extraite de carapaces d'animaux (crabe, homard crevette) ou de cartilage (requin). Elle est donc contre-indiquée en cas d'allergie aux crustacés.

D'après plusieurs études cliniques, les personnes qui consommeraient une forte quantité de l'un ou l'autre de ces produits auraient constaté une diminution des douleurs similaire à celle résultant de la prise de médicaments comme l'ibuprofène ou l'acide acétylsalicylique.

Aux États-Unis, le National Institute of Health (NIH) poursuit des essais afin d'évaluer les effets à long terme de ces substances. Elles sont en vente libre dans les boutiques de produits diététiques, mais leur qualité et leur pureté n'est l'objet d'aucun contrôle. Si vous envisagez d'en prendre, demandez d'abord l'avis de votre médecin traitant.

La chirurgie permet parfois de remplacer le cartilage, mais le problème se pose de savoir où le prélever. D'autres interventions plus agressives, chirurgie réparatrice ou pose d'une prothèse, sont réservées à des cas plus sévères, car le risque est majoré. La chirurgie doit tenir compte des besoins spécifiques de chaque personne mais, en règle générale, on évite de poser une prothèse avant cinquante-cinq ou soixante ans.

POLYARTHRITE RHUMATOÏDE (PR)

La polyarthrite rhumatoïde est une maladie inflammatoire chronique au début insidieux qui touche les articulations et, parfois, les tissus qui les entourent. Les articulations deviennent douloureuses, raides, tuméfiées et déformées avec, dans les cas graves, une destruction de l'articulation. Il s'agit d'une maladie auto-immune (des anticorps attaquent les propres tissus de l'organisme) qui, par conséquent, affecte également d'autres organes.

Cette pathologie touche deux fois, voire trois fois plus, les femmes que les hommes. Plusieurs études ont montré qu'il existe une relation entre la PR chez les femmes et la fluctuation des hormones sexuelles. Souvent, celles qui souffrent d'une PR constatent une amélioration de leurs symptômes lorsqu'elles sont enceintes, à un moment où les hormones sexuelles féminines sont élevées. En revanche, le nombre de femmes atteintes de PR est maximal à la ménopause, quand ces hormones chutent.

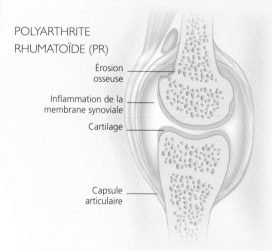

POLYARTHRITE
RHUMATOÏDE (PR)

Érosion
osseuse

Inflammation de la
membrane synoviale

Cartilage

Capsule
articulaire

Articulations et activité physique
Tous les exercices où les articulations supportent le poids du corps sont excellents pour les os, mais nettement moins pour des articulations déjà fragilisées. En cas de problème articulaire, vous tirerez plus de bénéfices de la natation, de l'aquagym ou du vélo pratiqué sans forcer.

L'autre signe caractéristique est, dans un cas sur deux, une fatigue quasi permanente accompagnée de troubles du sommeil et psychiques (dépression, notamment). Sans oublier les maux de tête intenses et l'engourdissement de certaines parties du corps.

Traitement

En raison de la spécificité des manifestations d'une personne à une autre, le traitement est individuel et repose sur un programme combinant des médicaments, du sport et des techniques antistress. D'après une étude récente, l'acupuncture serait efficace.

LUPUS

Le lupus érythémateux disséminé est une autre maladie auto-immune (les défenses immunitaires de l'organisme se retournent contre ses propres tissus). Les symptômes sont nombreux et variés, ce qui rend le diagnostic difficile, mais la douleur des articulations et des muscles est une constante, et le lupus provoque souvent une atteinte articulaire. Il peut apparaître à la puberté, après un accouchement ou un traitement prolongé, ou encore à la ménopause.

Traitement

Il n'existe aucun traitement permanent. Là aussi, l'objectif est de soulager les symptômes, de diminuer l'inflammation et de protéger les organes en atténuant la réaction auto-immune de l'organisme. On prescrit parfois des anti-inflammatoires (voire aucun) lorsque les troubles sont mineurs. Les formes plus sévères nécessitent un traitement à forte dose par la cortisone ou d'autres médicaments afin de supprimer la réaction immunitaire.

Traitement

Il n'existe aucun traitement contre la PR. L'unique solution consiste à limiter les symptômes, à soulager la douleur et l'inflammation, et à optimiser le fonctionnement de l'articulation. La solution la plus efficace combine des médicaments, de l'exercice physique et l'éducation de la personne atteinte.

FIBROMYALGIE

Cette maladie chronique invalidante, qui touche surtout les femmes, est caractérisée par des douleurs, des raideurs et une hypersensibilité des muscles, des tendons et des articulations. C'est une affection articulaire et musculaire fréquente et pourtant, on en ignore toujours la cause. Du reste, pour certains membres de la communauté médicale, cela relèverait plus d'un trouble psychique. Il n'y a aucun caractère inflammatoire et les autres organes ne sont pas touchés (ce qui est le cas des autres pathologies rhumatismales). La douleur résulte d'une hypersensibilité à divers stimuli sensoriels et d'un seuil particulièrement bas de tolérance à la douleur, qui prédomine au niveau des tendons de certains muscles du bas du dos, de la nuque, de la poitrine, des épaules, des bras et des fesses.

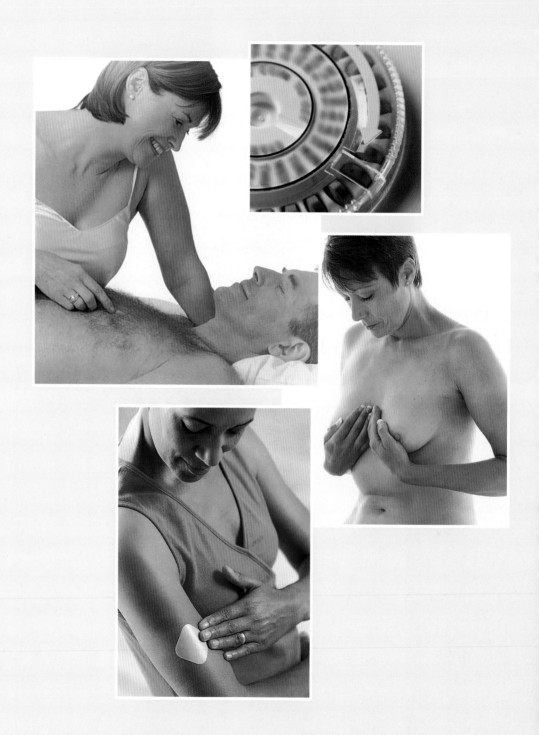

4

L'AMOUR ET LA SEXUALITÉ

*La ménopause a des retombées sur le désir et la sexualité.
Les unes se plaignent d'une baisse de leur libido
et de leur activité sexuelle, les autres admettent s'intéresser
davantage au sexe et en retirer une satisfaction accrue.
Dans ce chapitre, vous comprendrez mieux les changements
physiques et hormonaux qui peuvent perturber votre vie
amoureuse, et découvrirez les techniques pour continuer
à en profiter pleinement.*

L'ÉVOLUTION
DES RÉACTIONS SEXUELLES

Il est fréquent que la libido féminine décline avant et juste après la ménopause, et cela pour diverses raisons. Cette phase se caractérise par l'apparition de règles irrégulières, parfois plus fortes, ce qui perturbe, et peut influer sur la libido et le psychisme. Certains couples évitent les rapports sexuels pendant les menstruations — en particulier si celles-ci sont abondantes — et cela, outre l'ignorance de la date des prochaines règles, peut ajouter au stress général. D'autres troubles précoces, tels que les sueurs nocturnes, les problèmes de sommeil et l'irritabilité qui s'en suit, contribuent d'autant à la perte de libido. Et, pour couronner le tout, la zone génitale connaît parfois de légères modifications, démangeaisons ou sécheresse vaginale pendant les rapports sexuels, qui se manifestent de manière sporadique avant la ménopause à proprement parler. Leur irrégularité peut déranger ; les sautes d'humeur et le manque d'intérêt pour le sexe semblent davantage en être les causes que le résultat.

Changements physiques

Dès que la véritable ménopause s'est installée et que les ovaires sécrètent beaucoup moins d'estrogènes, le vagin et la vulve subissent une mutation. La région vulvaire pâlit et l'apport sanguin diminue. Les lèvres s'amincissent et perdent de leur tonicité, le mont de Vénus s'aplatit et les poils pubiens tombent peu à peu. Le clitoris rapetisse et son capuchon se rétracte, laissant cette zone très sensible sans protection. C'est parfois une cause de gêne pendant les rapports sexuels, car l'organe a du mal à tolérer le frottement. Pour y remédier, vous pouvez prendre des estrogènes ou une crème (voir p. 172-185), suivre une thérapie alternative de substitution (voir p. 188-203) ou introduire plus de phytoestrogènes dans votre alimentation (voir p. 112-114).

Trouver de nouvelles positions ou essayer d'autres lubrifiants peut aider. N'oubliez pas que certains

traitements, en particulier les antihistaminiques et les antidépresseurs, peuvent provoquer une sécheresse générale des muqueuses.

Certaines femmes remarquent que leur peau devient moins sensible, notamment autour des mamelons, ce qui leur fait craindre le même problème sur les zones érogènes. Pour y remédier, il est bon d'accorder plus d'attention aux préliminaires, de faire travailler son imagination et sa concentration sensorielle ou de pratiquer les exercices illustrés ci-contre.

L'orgasme

Avec l'âge, beaucoup de femmes parviennent de mieux en mieux à l'orgasme. Elles ont plus confiance en elle, sont plus habiles pour aider leur partenaire à les exciter, connaissent mieux les positions ou les techniques qui leur conviennent, sont de moins en moins distraites, soucieuses ou inhibées. Malheureusement, quelques-unes estiment avoir plus de peine

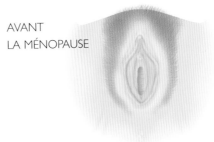

AVANT
LA MÉNOPAUSE

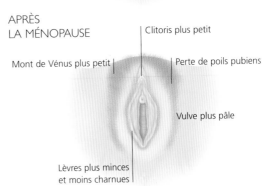

APRÈS
LA MÉNOPAUSE

Clitoris plus petit

Mont de Vénus plus petit

Perte de poils pubiens

Vulve plus pâle

Lèvres plus minces
et moins charnues

à atteindre l'orgasme à cause des changements physiques de la vulve. La raison en est avant tout la crainte de gêne ou de rapports sexuels douloureux. Les traitements vaginaux aux estrogènes sont une bonne solution jusqu'à un certain point. Cependant, il n'est pas rare que la sensation même de l'orgasme devienne moins satisfaisante. Les muscles des parois vaginales et ceux qui soutiennent l'utérus renferment des récepteurs d'estrogènes. La sécrétion de ceux-ci diminuant, ces muscles s'affaiblissent et ne se contractent plus aussi fort pendant l'orgasme. Les exercices du plancher pelvien (voir p. 50), ainsi que des rapports sexuels réguliers permettent de surmonter ou d'enrayer la disparition des contractions puissantes.

LE SAVIEZ-VOUS ?
Le partenaire
•

L'absence de partenaire ou bien son impotence, voire son désintérêt, ont bien sûr des effets négatifs sur la sexualité de la femme. Si à l'issue d'un traitement médicamenteux l'homme reprend une activité sexuelle au bout de plusieurs mois ou années d'abstinence, sa compagne peut éprouver une grave gêne ou trouver les rapports sexuels douloureux, son vagin étant moins élastique et lubrifié.

STIMULER SA SENSUALITÉ

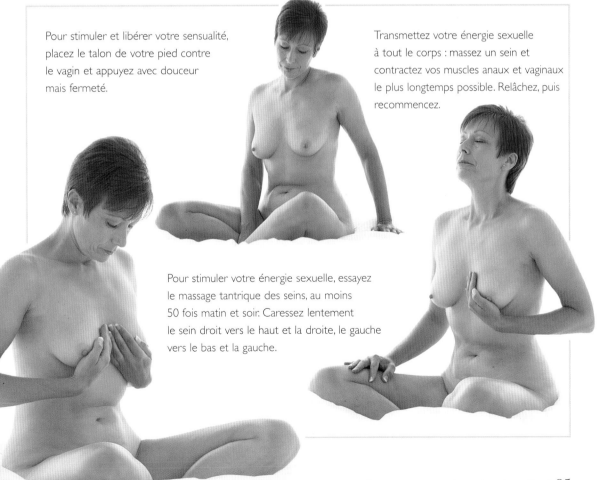

Pour stimuler et libérer votre sensualité, placez le talon de votre pied contre le vagin et appuyez avec douceur mais fermeté.

Transmettez votre énergie sexuelle à tout le corps : massez un sein et contractez vos muscles anaux et vaginaux le plus longtemps possible. Relâchez, puis recommencez.

Pour stimuler votre énergie sexuelle, essayez le massage tantrique des seins, au moins 50 fois matin et soir. Caressez lentement le sein droit vers le haut et la droite, le gauche vers le bas et la gauche.

STIMULER LE DÉSIR

Quand, à la ménopause, les femmes se plaignent de la baisse de leur libido et de leurs réactions sexuelles, c'est parfois plus une question d'ordre psychologique que physique. Une mauvaise estime de soi et de son corps peut faire bien plus de dégâts que les hormones. Le psychisme, l'intérêt pour le sexe et l'attirance pour le partenaire semblent influer davantage sur la libido que n'importe quel obstacle physique. Pensez au sexe comme à du bon vin. Tous deux détiennent un potentiel d'amélioration, que l'âge révèle, même s'ils changent.

La crainte que le sexe ne soit plus ce qu'il était est l'un des plus grands inhibiteurs pour les femmes avant et pendant la ménopause, et en particulier pour leurs compagnons (qui sont eux-mêmes, pour la plupart, des hommes d'âge mûr).

En ce qui concerne les réactions sexuelles, les femmes sont mieux loties que les hommes. Chez elles, la pulsion sexuelle atteint un pic entre vingt-huit et trente ans, et se maintient à un bon niveau jusqu'à cinquante, soixante, voire soixante-dix ans. Chez l'homme, le déclin commence dès dix-neuf ans. Pourtant, quand une femme constate des troubles érectiles chez son partenaire, elle se sent fautive. Elle croit qu'elle ne l'attire plus autant et qu'il la trouve moins désirable. Or, à moins que d'autres problèmes n'interviennent dans une relation, c'est souvent faux. Il est beaucoup plus probable que l'homme est préoccupé par l'érection et rien d'autre.

Au lieu de se décourager, la femme doit prendre les choses en main et mettre en œuvre des techniques de séduction. Rien n'est plus susceptible d'exciter et de

Pourquoi pas un accessoire ?

Les gadgets sexuels, ou sex-toys, ajoutent une nouvelle dimension aux rapports sexuels ou pallient leur absence pour une femme seule. Les vibromasseurs, en particulier, maintiennent en état de désir. Il en existe une vaste gamme de taille, forme, texture, odeur, couleur et vitesse des plus variées. Certains servent à exciter le clitoris, d'autres conviennent mieux à la pénétration et certains peuvent stimuler le clitoris et le vagin en même temps. À vous de trouver ce qui vous convient ! Voici quelques années, les Américains ont inventé une petite pompe à vide qui n'est pas vraiment un gadget, mais permet de traiter les « problèmes d'excitation sexuelle de la femme » en accroissant l'afflux sanguin vers le clitoris, ce qui stimule les sensations, la lubrification et facilite l'orgasme. Choisissez un gadget en fonction de vos envies. Si vous n'êtes pas sûre, commencez par des sous-vêtements érotiques, guêpière ou porte-jarretelles, ou des peintures corporelles à lécher et voyez si votre sexualité s'en trouve améliorée.

stimuler un homme que de lui montrer qu'il fait sentir à sa partenaire qu'elle est sexy.

La lubrification

La lubrification est d'une importance primordiale pour le désir, puisque la crainte de rapports douloureux peut tuer l'envie. La baisse du taux d'estrogènes peut nuire à la lubrification du vagin, et provoquer une perte d'élasticité et un amincissement du tissu des parois vaginales. En général, cela n'arrive que deux ans après la ménopause et il existe des remèdes très efficaces, des préparations locales à base d'estrogènes ou des compléments estrogéniques systémiques — en patch ou à prendre oralement.

Vous pouvez aussi utiliser un lubrifiant ou une crème hydratante vaginale non hormonale. Souvent, il suffit d'un lubrifiant à base d'eau, qui devient plus un rehausseur du plaisir sexuel qu'un « traitement ». Les produits hydratants agissent directement sur le tissu pour le rendre moins sec. Ils sont à conseiller si vous

raisons de fantasmer

▶ Les fantasmes permettent d'explorer différentes activités sexuelles en toute sécurité.

▶ Le corps et l'esprit sont ainsi mieux concentrés sur les sensations..

▶ Que vous le partagiez ou non, un fantasme peut pimenter les rapports sexuels.

▶ Il remplace, éventuellement, le partenaire et fait oublier le train-train quotidien.

▶ Le travail de l'imagination favorise l'état d'excitation, le moment venu..

souffrez d'irritations et de brûlures en dehors de l'activité sexuelle. Par ailleurs, en préservant l'acidité du milieu vaginal, ils peuvent prévenir les infections récurrentes.

La stimulation sexuelle régulière, que ce soit par la pensée, la lecture, la masturbation ou les caresses du partenaire — ou l'acte lui-même — favorise l'afflux sanguin vers le vagin et la zone génitale, et encourage les glandes responsables de la lubrification à continuer à travailler et à prolonger les réactions des tissus. Prendre le temps de flirter, de déshabiller l'autre, de s'embrasser et de se toucher conduit à un état d'excitation qui se fait davantage attendre avec l'âge. Plus vous consacrez de temps à ces préliminaires, plus vous aurez de chance d'être excitée et lubrifiée naturellement.

Les idées coquines

Pour les femmes, le cerveau est le principal organe du désir. Si vous pensez à vos problèmes professionnels ou domestiques, vous avez peu de chances de ressentir une excitation érotique. En revanche, si vous avez des idées coquines, votre corps se prépare à l'action. Pour vous aider à préserver votre sexualité, mettez-vous à penser à l'amour physique en toute circonstance et partout — vos premières expériences, votre partenaire le plus séduisant, les ébats les plus risqués, telle scène d'un film... Faites participer votre partenaire. Parlez-

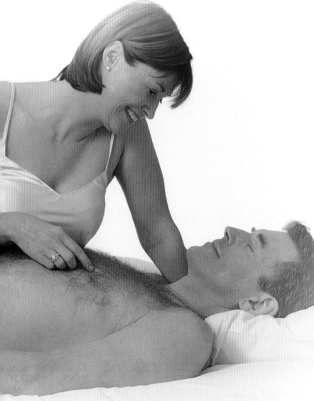

lui de ce que vous aimeriez essayer avec lui, de certaines habitudes anciennes, de l'intérêt de techniques différentes, même si vous n'en avez qu'une connaissance livresque. Essayez de lui dire ce qui vous plaît le plus dans les préliminaires, montrez-lui comment faire et partagez l'un de ses fantasmes.

Passé un certain âge, les couples adoptent certaines routines, faisant l'amour telle nuit, à tel endroit et dans telle position. Or, la variété est le sel de la sexualité. Si vous faites l'amour la nuit, essayez l'après-midi, puis parlez au lieu de vous endormir. Plutôt que le lit, choisissez le jardin ou la salle de bain et rappelez-vous qu'il existe 68 positions autres que celle du missionnaire ! Allez dans un endroit parti-

LE SAVIEZ-VOUS ?
La libido

•

De nombreux médicaments, prescrits pour toutes sortes de maladies, ont des conséquences néfastes sur la libido. Si vous en prenez pour traiter, par exemple, une hypertension, une dépression ou des œdèmes, parlez des effets secondaires avec votre médecin et voyez s'il existe une autre solution. Les comprimés d'antihistaminiques, qui dessèchent l'ensemble des muqueuses, peuvent être la cause de votre gêne.

culier ou faites quelque chose d'inédit avec votre partenaire : suggérez-lui de ne pas prendre de dessert au restaurant, mais de rentrer à la maison boire un café et faire l'amour. Réservez en secret une chambre dans un hôtel et imaginez que vous avez une liaison.

Pour une simple question de confort, vous aurez peut-être à changer certaines habitudes. Aussi, essayez certaines des techniques décrites p. 90-91.

Jeux de mains

Votre peau devenant moins sensible, le toucher et le massage prennent plus d'importance. Promenez vos mains sur le corps de votre partenaire et encouragez-le (la) à en faire autant. Massez-vous l'un(e)

LE MASSAGE SENSUEL

Masters et Johnson ont mis au point un programme fondé sur des expériences progressives, destinées à aiguiser les sens. En massant et en caressant diverses parties du corps, en particulier si vous vous abstenez de rapports sexuels, vous réveillez votre sensualité et réagissez mieux physiquement.

l'autre ou prenez une douche ensemble en vous lavant mutuellement et en prenant soin de toucher les zones érogènes. Savonnez abondamment vos seins pendant que votre partenaire regarde et dites-lui de vous aider. Pour préserver votre libido, les exercices sensoriels sont une bonne méthode. Caressez-vous en jouant, sans objectif, explorez vos corps et vos réactions sensuelles tout en vous racontant ce que vous ressentez. Il vous faudra peut-être plusieurs semaines d'attouchements et de caresses avant de tenter la pénétration et l'orgasme, mais les couples qui ont eu une sexualité satisfaisante dans le passé et tentent de ranimer la flamme trouvent souvent suffisantes une ou deux séances d'excitation mutuelle sans passer à l'acte. Se livrer aux préliminaires, faire une pause et recommencer, séduire sans « conclure » vous force à penser au sexe, aiguise vos sens et rend votre corps plus réceptif.

Restez en forme

Avant, pendant et après la ménopause, l'exercice physique s'impose plus que jamais. Il bénéficie au psychisme en stimulant la sécrétion d'endorphines et de sérotonine. De plus, en conservant votre ligne et votre tonus musculaire, vous améliorez votre image de vous-même. La gymnastique et le sport stimulent la libido, et la danse encore plus.

La fermeté de la musculature du pelvis joue un rôle essentiel et profite aux techniques amoureuses. Si vous faites régulièrement les exercices du plancher pelvien (voir p. 50), vous serez plus concentrée sur vos sensations génitales et renforcerez les muscles du vagin, qui compriment le pénis pendant les rapports sexuels.

C'est maintenant le moment de mettre en valeur vos formes et de ne pas les cacher. Un nouveau soutien-gorge, bien à votre taille, changera votre silhouette et votre manière de vous voir. Et pourquoi ne pas oser et investir dans de la lingerie sexy ? Si vous vous sentez bien dans votre peau et êtes satisfaite de votre allure, vous vous sentirez attirante et serez plus séduisante.

Un peu d'aide hormonale

Malgré de nombreuses recherches, le Viagra pour femme n'est pas pour demain. Il semble que le désir féminin dépende plus de l'état d'esprit et de la stimu-

▶ LA TESTOSTÉRONE ET LA DHEA

Selon certaines études, la testostérone, qui sera, peut-être un jour, commercialisée en France, renforce le plaisir sexuel et le désir. Même si les femmes en produisent en petite quantité, c'est avant tout une hormone sexuelle masculine, qui peut donc avoir des effets secondaires, comme la pilosité faciale ou l'acné. Pour les contrôler, on effectue des analyses de sang pour vérifier le foie et les taux de lipides.

La DHEA (déhydroépiandrostérone) est un précurseur d'hormone fabriqué par les glandes surrénales et assez controversé pour sa qualité d'« hormone anti-vieillesse ». Dans l'organisme, il se transforme en hormones mâles et femelles, et peut donc augmenter les taux d'estrogènes et de testostérone, bien que sa sécrétion décroisse régulièrement à partir de vingt-cinq ans. On craint que la DHEA n'accélère le développement de cancers liés aux hormones sexuelles. Il est attesté qu'elle a un effet positif sur le psychisme, mais non sur la libido. Ses effets secondaires sont semblables à ceux de la testostérone.

lation physique que d'effets localisés. La thérapie classique, champagne, musique douce et bougies, reste bien sûr d'actualité. Toutefois, il existe des médicaments et phytothérapies aux effets positifs.

Les estrogènes, s'ils n'influent pas directement sur le désir et la libido, remédient à une vague déprime, et conservent l'élasticité et la lubrification des tissus vaginaux, ce qui rend les rapports sexuels plus agréables. L'igname sauvage et le trèfle rouge sont réputés produire le même effet.

Depuis des siècles, le ginseng est apprécié pour son action aphrodisiaque. Il contient des composés d'une structure semblable à celle des hormones sexuelles humaines et est censé lutter contre les déséquilibres hormonaux. Cependant, il ne convient pas aux personnes ayant des problèmes cardiaques, de l'hypertension ou un cancer estrogénodépendant.

VARIEZ LES POSITIONS

LE MOMENT ET LES POSITIONS

L'énergie sexuelle connaît parfois un pic le matin, puis varie au cours de la journée. Faire l'amour en se levant peut se révéler plus agréable que le soir.

Si vous prenez plus d'initiatives et suggérez de nouvelles positions, vous et votre partenaire en profiterez immanquablement. Si vous dirigez les opérations, il se sentira moins contraint d'affirmer sa virilité, surtout s'il souffre de troubles érectiles. De plus, vous pourrez choisir des positions que vous estimez plus confortables.

LES PRÉLIMINAIRES

Pour assurer votre lubrification — et pour aider un partenaire d'âge mûr à avoir une érection —, prolongez les préliminaires. Pour raviver la flamme, rien de tel que s'embrasser sans se presser, se caresser longuement, et stimuler davantage les seins et le clitoris (sans oublier le pénis).

La cavalière

Cette position vous permet non seulement de contrôler la profondeur de pénétration de votre partenaire et le rythme de ses coups de reins, mais aussi de stimuler votre clitoris avec vos doigts.

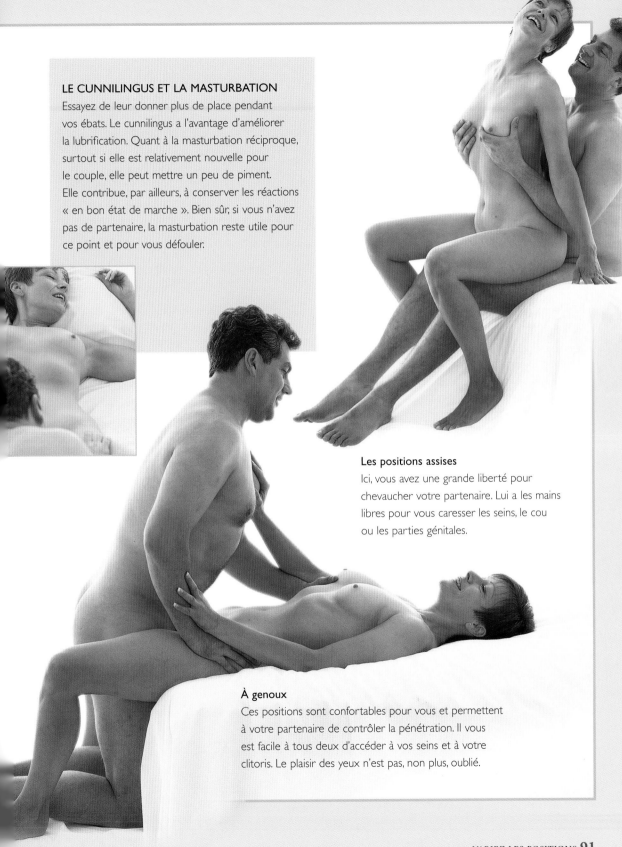

LE CUNNILINGUS ET LA MASTURBATION

Essayez de leur donner plus de place pendant vos ébats. Le cunnilingus a l'avantage d'améliorer la lubrification. Quant à la masturbation réciproque, surtout si elle est relativement nouvelle pour le couple, elle peut mettre un peu de piment. Elle contribue, par ailleurs, à conserver les réactions « en bon état de marche ». Bien sûr, si vous n'avez pas de partenaire, la masturbation reste utile pour ce point et pour vous défouler.

Les positions assises

Ici, vous avez une grande liberté pour chevaucher votre partenaire. Lui a les mains libres pour vous caresser les seins, le cou ou les parties génitales.

À genoux

Ces positions sont confortables pour vous et permettent à votre partenaire de contrôler la pénétration. Il vous est facile à tous deux d'accéder à vos seins et à votre clitoris. Le plaisir des yeux n'est pas, non plus, oublié.

SE PROTÉGER

La ménopause ne protège pas contre les MST (maladies sexuellement transmissibles) ni les grossesses tardives. Il est donc primordial de prendre des précautions.

SE PROTÉGER CONTRE LES INFECTIONS

Souvent, les femmes ayant atteint l'âge de la ménopause se retrouvent de nouveau à la recherche d'un partenaire, ce qui les expose à un certain nombre de MST, même après une hystérectomie. L'excitation de découvrir un ou plusieurs compagnons n'empêche pas la syphilis, le chlamydia, la gonorrhée, l'hépatite B et le sida d'être parfois de la partie.

Le condylome acuminé, une sorte de verrue, et l'herpès sont des MST fréquentes chez les femmes ménopausées. Le premier est dû au papillome, un virus et l'infection sexuellement transmissible la plus commune chez les hétérosexuels. Il peut se manifester par des verrues externes sur la peau des parties génitales ou provoquer une infection interne du col de l'utérus. Certaines souches de papillome déclenchent des mutations précancéreuses du col de l'utérus qui, si elles ne sont pas détectées par un frottis cervical, peuvent conduire à un cancer. Demandez à votre partenaire s'il (ou elle) a des verrues et observez la peau de ses parties génitales autant que l'autorise la diplomatie la plus élémentaire. Ne vous fiez pas au préservatif pour vous protéger du condylome acuminé. Si vous sentez sur votre zone génitale quelque chose de similaire, ne manquez pas de consulter votre gynécologue. Aujourd'hui, l'herpès se transmet surtout par les rapports sexuels oraux. Nous avons tous bien appris à nous abstenir en cas de boutons ou de lésions génitales. Pourtant, la plupart des gens ne font pas attention aux « inoffensifs » boutons de chaleur buccaux et font passer cet herpès de la bouche aux parties génitales.

Les femmes sont plus réceptives aux MST que les hommes (qu'il s'agisse de rapports hétérosexuels ou homosexuels), mais présenteront moins de symptômes qu'eux, de sorte que les infections ne sont parfois diagnostiquées qu'en cas de problème aggravé. La ménopause peut les rendre particulièrement vulnérables car, du fait de l'atrophie vaginale, cette muqueuse délicate se rompt plus facilement, laissant la voie libre aux infections. Lisez attentivement les règles de protection figurant dans l'encadré ci-contre. Suivez-les avec tout nouveau partenaire ou avec votre compagnon habituel, si vous le soupçonnez de ne pas être monogame.

LES RISQUES DE GROSSESSE

Les femmes de plus de quarante ans sont en général encore fécondes et il leur arrive même de concevoir après cinquante ans. On considère qu'une femme est stérile si elle a dépassé quarante-huit ans et n'a plus eu ses règles depuis un an, mais il est conseillé de prolonger la contraception encore un an. Pendant la première moitié du XXe siècle, la diffusion des méthodes contraceptives a permis en 40 ans de diviser par deux le nombre des mères de très jeunes enfants âgées de quarante-cinq à cinquante-neuf ans.

Au moment de la périménopause, les femmes se croient souvent, et à tort, trop vieilles pour être enceintes. Elles ne se renseignent sur les méthodes

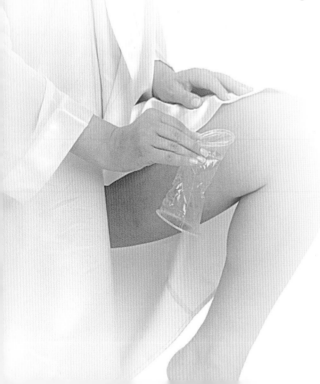

contraceptives qu'après avoir eu une « alerte ». Elles utilisent la contraception de façon intermittente et restent fidèles à la même méthode, simplement par habitude. Ou bien elles se lancent dans une nouvelle relation après une longue période sans partenaire et ont des préjugés sur certaines mesures de contrôle des naissances, à moins qu'elles n'aient aucune idée des nouveaux progrès et des solutions de plus en plus efficaces. La « pilule du lendemain » en est un exemple. Les aînées la croient destinée aux jeunes filles qui n'ont pas fait attention, alors qu'elle est en fait sûre, efficace et convient à tous les âges.

La stérilisation féminine

Pour les femmes de plus de quarante-cinq ans, qui ont

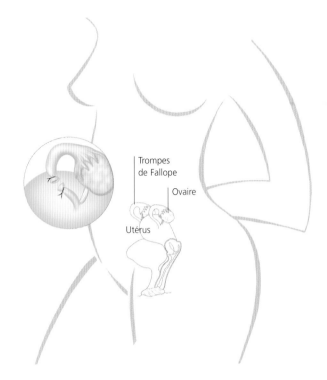

Trompes de Fallope

Ovaire

Utérus

une famille au complet, la stérilisation est une solution de contraception. Il existe diverses techniques pour obstruer, pincer, cautériser ou sectionner les trompes de Fallope, sous anesthésie générale et sous cœlioscopie. La stérilisation n'influe pas sur les règles ou les changements hormonaux. L'ovaire produit toujours un ovocyte, qui descend le long des trompes jusqu'à ce qu'il atteigne la partie obstruée, où il meurt et se dissout ; ce qui est suivi de règles normales. Tout contact entre le sperme et l'ovule étant impossible, il ne peut y avoir de fécondation. On peut aussi insérer une minuscule sonde dans le col de l'utérus jusqu'aux trompes de Fallope, où l'on dépose un obturateur. Cette méthode évite d'inciser l'abdomen ou de pénétrer dans la cavité abdominale, ce qui réduit le risque d'infection et, plus tard, d'adhésion. La stérilisation n'échoue qu'en cas de problème chirurgical ou de chute d'une pince. Cela n'arrive presque jamais et c'est donc une méthode de contraception sûre et fiable. Or, comme elle est irréversible, elle nécessite d'être précédée d'un entretien préopératoire, pour que le couple comprenne bien ses implications. Enfin, quel que soit l'âge de la patiente, si elle n'a jamais eu d'enfants, les médecins seront moins disposés à la stériliser, sauf pour des raisons médicales. Un des avantages de cette solution est qu'elle semble faire baisser les risques de cancer des ovaires, sans que l'on puisse en expliquer la raison. Cette technique reste peu usitée en France. Cependant, les autres méthodes de contraception sont aussi efficaces chez les femmes mûres, plus prudentes et moins fécondes.

Les pilules et les patchs anticonceptionnels

Sauf contre-indication (voir p. ci-contre), la pilule et le patch contraceptif s'adressent désormais aux femmes jusqu'à cinquante ans. Les utilisatrices d'âge mûr peuvent profiter de certains de leurs avantages non contraceptifs, comme une baisse de 50 % du risque de cancers des ovaires et de l'endomètre, selon des données de juillet 2005 du Centre international de recherche sur le cancer (CIRC). Par ailleurs, ils réduisent les kystes ovariens fonctionnels.

Faiblement dosée ou fortement dosée, la pilule oestro-progestative prévient également la déminéralisation osseuse, problème parfois important à l'approche de la ménopause. Certes, prendre la pilule ou utiliser un patch augmente les risques de cancer du sein (+ 20 %),

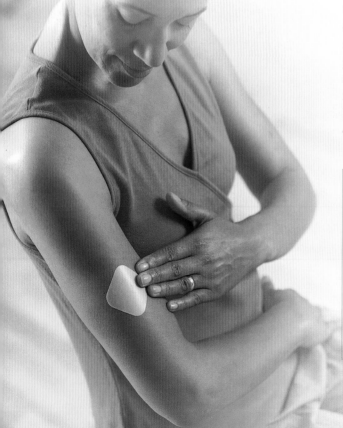

de maladie cardio-vasculaire, principalement chez les fumeuses de plus de trente-cinq ans, et de thrombose. Cependant, les femmes sous pilule ou patch, comme celles qui sont sous THS, vont plus régulièrement chez leur gynécologue. C'est à l'occasion de ces contrôles que des stades très précoces de cancer peuvent être diagnostiqués.

Un des grands avantages du patch, hormis le fait que l'on n'a pas à y penser tous les jours, est que la dose n'est pas modifiée en cas de diarrhée ou de problèmes intestinaux et que l'on évite les interactions médicamenteuses. Toutes les femmes ayant des saignements vaginaux anormaux devraient se faire examiner par leur médecin avant de commencer une méthode de contraception qui les atténue.

De nouvelles pilules anticonceptionnelles combinées, contenant un estrogène minidosé et de la drospirénone comme progestatif, ont fait leur apparition sur le marché. Ce progestatif a pour particularité de posséder un léger effet diurétique. Ainsi, ces pilules permettent de lutter contre la rétention d'eau. Mais cette propriété expose, théoriquement, à un risque d'augmentation du taux de potassium dans le sang (kaliémie), ce qui implique certaines précautions d'emploi. Par ailleurs, les femmes qui l'utilisent ne prennent pas de poids.

La contraception par voie cutanée

Le patch contraceptif se colle sur la peau comme celui du THS ; on peut le placer sur le bras, l'abdomen ou les fesses. Il se change une fois par semaine pendant trois semaines, puis on s'en passe pendant sept jours, comme pour la pilule. Il s'accompagne des mêmes effets secondaires que celle-ci.

La pilule micro-progestative, les injections, les implants, l'anneau vaginal contraceptif

La pilule micro-progestative est conseillée aux femmes de quarante à cinquante ans qui n'oublient pas de la prendre à l'heure exacte. Cependant, elle peut entraîner des saignements irréguliers.

▶ LA PILULE ESTRO-PROGESTATIVE

Cette pilule contraceptive, qui est la plus répandue, contient un estrogène et un progestatif, des hormones de synthèse visant à remplacer les hormones sexuelles féminines secrétées par les ovaires au cours du cycle féminin. Elle empêche l'ovulation, permet de bien contrôler le cycle menstruel et rend la glaire cervicale impropre au passage des spermatozoïdes. Son but : recréer un cycle artificiel de 28 jours. Une plaquette compte 21 comprimés ; entre deux plaquettes, il faut attendre une semaine, durant laquelle des règles artificielles apparaîtront. Ce contraceptif très efficace n'est pas sans inconvénients, puisqu'il peut provoquer des modifications pro-thrombotiques dans le sang, augmentant les risques de caillot. Mais il présente l'avantage d'atténuer certains des premiers troubles de la périménopause.

Un dérivé de la progestérone peut être injecté par voie cutané ou intramusculaire tous les trois mois. Des troubles des règles peuvent apparaître, comme avec la pilule micro-progestative. Si l'efficacité est bonne, à l'arrêt des injections, il faut parfois jusqu'à 18 mois avant de retrouver un cycle normal. Cette contraception est réservée aux femmes auxquelles les estrogènes sont contre-indiqués ou incapables de prendre une pilule quotidiennement.

L'implant est une contraception progestative exclusive qui a fait son apparition en France en 2001. Le

gynécologue pose un bâtonnet souple de 4 cm de longueur et de 2 mm de diamètre d'étonogestrel sous la peau à la face interne du bras non dominant. Cet implant libère de faibles doses de progestatif pendant trois ans.

Les médecins ne le recommandent pas aux femmes de plus de quarante ans. Par ailleurs, certains effets secondaires non négligeables comme l'arrêt des règles (aménorrhée) ou des règles constantes et abondantes mènent 20 % des femmes à se faire retirer l'implant au bout de six mois.

Un anneau en plastique très souple, qui libère des estrogènes et un progestatif, constitue actuellement la formulation la plus faiblement dosée d'estrogènes. Il se place dans le vagin, où il reste trois semaines, puis on l'enlève une semaine.

Parfois, les utilisatrices retirent l'anneau vaginal contraceptif pendant les rapports sexuels et le remettent dans les trois heures, bien qu'il soit censé rester en place. 5 % des couples disent cependant le sentir lors du rapport sexuel.

C'est l'unique contraceptif qui ne provoque absolument aucun gain de poids. Il a le plus bas taux de saignements irréguliers et un faible pourcentage d'accidents liés à l'utilisation. Comme il présente les mêmes risques que la pilule, il nécessite un passage chez le gynécologue.

Le stérilet

Le stérilet, ou dispositif intra-utérin (DIU), a toujours eu du succès, en particulier chez les femmes n'ayant pas de règles abondantes. On l'introduit par le col de l'utérus pendant les règles ou les premiers jours du cycle.

Il n'y a, alors, pas de risque de grossesse et le col est mou. La pose se fait au cours d'une consultation, après désinfection vaginale. Elle nécessite un contrôle un mois plus tard et l'absence de rapports sexuels, de douches vaginales et de bains de mer dans les jours suivant l'insertion. Cet appareil en cuivre et en forme de T peut rester en place jusqu'à cinq ans. On peut l'enlever un à deux ans après la ménopause pour garantir une protection contraceptive adéquate. Comme tous les dispositifs intra-utérins, il augmente les risques d'inflammation pelvienne, à cause des filaments qui traversent la glaire cervicale et permettent aux bactéries de se frayer un chemin jusqu'à l'utérus. Ce risque est réduit chez les couples d'âge mûr, souvent monogames. Il existe un stérilet hormonal imprégné de lévonorgestrel, un progestatif largement utilisé dans les autres contraceptifs. Introduit de la même manière que le stérilet classique, il se remplace tous les deux à cinq ans. Il est très apprécié au cours de la périménopause, quand les règles se rapprochent et deviennent plus abondantes. De fait, il a une action locale sur l'endomètre et, au cours de la première année, les règles deviennent plus légères et moins fréquentes,

▶ LES SPERMICIDES

Les spermicides se présentent sous trois formes : l'ovule, la crème, que la femme dépose au fond du vagin à l'aide d'un applicateur, et l'éponge. Ces trois formes peuvent être introduites quatre heures avant la relation sexuelle. Le chlorure de benzalkonium, le principe actif, est un spermicide efficace mais ne protège pas contre les MST ni contre l'infection au VIH. Cette molécule est tout à fait compatible avec le latex des préservatifs. Les spermicides s'achètent en pharmacie sans ordonnance et se révèlent assez cher. C'est une solution idéale en cas de relations espacées.

cessant parfois complètement. Son efficacité pour réduire la ménorragie (écoulement menstruel anormalement fort) est de 90 %, alors que le stérilet normal produit plutôt l'effet inverse. Certains gynécologues conseillent le stérilet hormonal comme apport en progestatif dans le cadre d'un THS, mais il ne bénéficie pas encore de licence pour cet usage. Une version de taille réduite pour les femmes mûres est à l'étude.

LES MÉTHODES DE CONTRACEPTION LOCALE

Chez les couples de plus de quarante ans, qui ont une longue expérience, les préservatifs ont en général un pourcentage de réussite supérieur à la moyenne. Cependant, ils présentent des risques quand les femmes ayant atteint l'âge de la ménopause ou de la périménopause commencent à utiliser des lubrifiants ou des estrogènes vaginaux, souvent à base de vaseline, qui peuvent déchirer le préservatif. Malheureusement, on serait tenté de penser qu'une solution conseillée pour améliorer la sexualité ne peut pas nuire à un contraceptif. Cette remarque vaut aussi pour les préservatifs féminins, semblables aux masculins mais plus grands et munis d'un anneau qui les maintient dans le vagin (voir la photographie p. 92).

Le diaphragme

Malgré son efficacité, le diaphragme est peu utilisé en France et donc, face à une demande décroissante, peu de pharmacies en disposent. Il peut tout de même être commandé. C'est un petit capuchon en latex muni d'anneaux métalliques flexibles qui bloque le passage du sperme vers le col de l'utérus et retient le spermicide pour qu'il agisse. Il s'introduit dans le vagin avant le rapport sexuel et on le conserve au moins six heures après. S'il reste en place, il faut appliquer de nouveau du spermicide au bout de trois heures. Ce n'est pas toujours l'idéal pour les femmes ménopausées, puisque le spermicide peut perturber une flore vaginale déjà vulnérable et favoriser les infections. Il risque aussi d'accroître les risques de cystite ou d'inflammation de l'urètre. Les femmes d'âge mûr qui sont satisfaites du système trouvent que le spermicide aide souvent à lubrifier et, s'il n'y a pas d'autre solution, celles de plus de cinquante ans peuvent utiliser le spermicide seul.

Le diaphragme tend à être remplacé par l'éponge vaginale. Il s'agit d'un cylindre de mousse imbibé de chlorure de benzalkonium que l'on place au fond du vagin et que l'on retire dans un délai d'au moins deux heures après le dernier rapport. Il s'utilise une fois et se jette. Son action contraceptive tient non seulement au spermicide, mais aussi à la capacité de l'éponge d'absorber le sperme. Cette méthode contraceptive est supérieure aux spermicides classiques. Elle ne protège pas contre les MST, notamment l'infection au VIH.

La planification familiale naturelle

Cette méthode, aussi appelée méthode des rythmes, consiste à prendre sa température avec un thermomètre spécial à la même heure chaque matin, afin de déceler une légère augmentation lors de l'ovulation, et à tester la consistance de la glaire cervicale. Ces données sont très difficiles à interpréter à la ménopause, quand les cycles deviennent irréguliers et qu'il n'y a pas toujours d'ovulation. Ce n'est certainement pas une méthode à recommander à cette phase de la vie, sauf s'il n'existe pas d'autre solution, pour des raisons religieuses, morales ou sanitaires.

La contraception post-coïtale

La pilule du lendemain et le stérilet conviennent aux femmes de plus de quarante-cinq ans.

La pilule dite du lendemain peut se prendre jusqu'à 72 heures après des rapports sexuels non protégés et existe aujourd'hui en dose unique (au lieu des deux doses à prendre à 12 heures de distance, que l'on conseillait précédemment). Que l'on prenne les deux doses séparément ou en même temps, les taux sanguins sont les mêmes à 24 heures d'intervalle, mais les doses séparées entraînent moins d'effets secondaires (nausée, par exemple). En cas de vomissement dans les deux heures, il faut reprendre une dose. La pilule du lendemain est disponible en pharmacie. Parfaite et efficace en cas de réelle urgence, elle n'est jamais recommandée comme méthode de contraception régulière.

Seules de rares grossesses extra-utérines ont été signalées après sa prise, mais il est important que l'utilisatrice comprenne que si ses règles suivantes sortent de l'ordinaire (trop légères, trop abondantes, trop douloureuses ou trop tardives), elle doit consulter son médecin.

On peut poser un stérilet jusqu'à cinq jours après des rapports sexuels non protégés, mais le plus tôt est le mieux. Il empêchera l'implantation de l'embryon en cas de fécondation ; il nécessite une visite de suivi.

Le diagnostic de la ménopause en cas de contraception hormonale

Il n'existe pas de règle établie ni aucun test simple. Si vous utilisez la pilule combinée ou un équivalent et remarquez certains symptômes de la ménopause, telles des bouffées de chaleur à la fin de la semaine sans pilule, vous pouvez les considérer comme un signe annonciateur. Au cas où cela se passe plus d'une fois, faites faire une analyse de sang pour détecter les taux de FSH (voir p. 14-15). Il est conseillé de continuer cette contraception s'ils sont normaux. Dans le cas contraire, il faut passer à une méthode non hormonale et refaire le test six semaines plus tard. Si ce dernier est élevé, que vous avez plus de cinquante ans et éprouvez des bouffées de chaleur, vos ovaires ont sans doute cessé de fonctionner. Les utilisatrices d'une pilule ne contenant que de la progestérone peuvent tester leur taux de FSH tout en continuant à la prendre. Si le premier résultat est élevé, il faut refaire le test six semaines plus tard ; ce sont les mêmes critères que ci-dessus. En cas d'injection de progestatif, mesurer le taux de FSH ne sert à rien. Mieux vaut vérifier le taux d'estrogènes avant l'injection si l'on craint qu'il n'ait baissé.

Son avantage est qu'il peut rester en place et servir de contraceptif pendant cinq ans ou plus.

L'ARRÊT DE LA CONTRACEPTION

Il n'existe pas de test fiable à 100 % pour déterminer l'arrêt de la fonction ovarienne. Sauf stérilisation ou ménopause provoquée par une intervention chirurgicale, le planning familial conseille aux femmes de moins de cinquante ans d'attendre deux ans après leurs dernières règles spontanées pour se considérer stériles. Pour celles de plus de cinquante ans, on considère qu'il suffit d'attendre un an. De toute évidence, il s'agit d'une limite arbitraire et vous vous sentirez peut-être plus en sécurité si vous attendez deux ans, quel que soit votre âge.

UN ENFANT À VOTRE ÂGE !

De plus en plus de femmes choisissent d'avoir des enfants sur le tard. Grâce aux progrès de la contraception et des soins prénataux, elles ont la possibilité de planifier leur famille. Mais est-ce bien vrai ? Dans de nombreux cas, les couples d'âge mûr sont forcés de recourir à telle ou telle méthode de fécondation assistée, et de se soumettre à des procédures pénibles et onéreuses pour déclencher une grossesse et la mener à bien. Malheureusement, la fécondité féminine commence à baisser vers l'âge de trente ans, après un pic aux alentours de vingt-quatre ans, tandis que chez les hommes, le déclin débute après trente ans, bien que d'une façon moins spectaculaire. Alors pourquoi attendre ? La sécurité financière, la stabilité du couple, une nouvelle union tardive, une envie soudaine ou une carrière satisfaisante sont autant de raisons. Aujourd'hui, les femmes atteignent la maturité en meilleure forme et en parfaite santé, ce qui leur permet d'envisager une grossesse tardive.

QUELS SONT LES RISQUES ?

Aujourd'hui, étant donné la qualité des soins prénataux, des tests génétiques et des services de soins spéciaux pour nouveau-nés, vous avez d'excellentes chances de mettre au monde un bébé en bonne santé quel que soit votre âge. Néanmoins, les risques continuent à augmenter avec l'âge. À quarante-cinq ans, la mortalité pendant la grossesse ou l'accouchement est quatre fois plus élevée qu'à vingt-cinq. Les risques de complications sont en général très supérieurs, en particulier pour les femmes qui ont leur premier enfant au-delà de quarante ans. Les pourcentages de fausses couches, d'hypertension, de retard de croissance intra-utérine, de césarienne et d'accouchement précoce ou avant terme augmentent avec l'âge.

Le risque de diabète gestationnel, une forme temporaire de diabète qui concerne tant la mère que l'enfant, est presque sept fois plus élevé chez les quadragénaires que chez les femmes qui ont vingt ans de moins. Les femmes mûres ont tendance à être plus lourdes pour leur taille, ce qui accroît le risque de diabète de type 2 chez la mère et peut faire grossir le fœtus au point de nécessiter un accouchement anticipé ou une césarienne.

Dans la population générale, le risque de fausse couche spontanée est d'environ 15 %, mais il atteint à peu près 50 % chez les femmes de plus de quarante ans. Cela est dû en grande partie aux anomalies chromosomiques, qui touchent davantage les ovules de la femme mûre. La plus fréquente est la trisomie 21 (responsable du mongolisme), soit 1 cas sur 365 à trente-cinq ans, mais 1 sur 32 à quarante-cinq ! Les examens sanguins, l'échographie, l'amniocentèse, le prélèvement de villosités choriales et les conseils de généticiens permettent d'identifier la plupart des problèmes génétiques suffisamment tôt pour que les parents prennent une décision en connaissance de cause.

Les femmes enceintes peuvent souffrir d'hypertension artérielle. Cet état requiert un traitement d'ur-

moyens de multiplier vos chances

Si vous avez plus de quarante-cinq ans et souhaitez avoir un bébé, voici quelques conseils pour augmenter vos chances d'être enceinte.

- ▶ Veillez à prendre de la vitamine B9 tous les jours pour réduire les risques de malformation du tube neural chez le fœtus.
- ▶ Surveillez votre poids : moins de 95 % ou plus de 120 % de votre poids corporel idéal nuisent à la conception. Tout excès d'exercice physique peut faire baisser vos chances de concevoir.
- ▶ Diminuez ou cessez toute consommation d'alcool, qui peut nuire à la conception, même dans des proportions modérées. Le taux de fécondité chute de presque 20 % avec un seul verre par semaine et de 50 % avec 5 ou 6 verres ; et n'oubliez pas que l'alcool n'est pas bon pour le sperme. Les effets nocifs de la caféine ont également été démontrés et mieux vaut en consommer moins ou arrêter.
- ▶ Au moment de l'ovulation, faites l'amour un jour sur deux et quand vous en avez le plus envie, si vous ne savez pas la date exacte. N'utilisez pas de lubrifiants, qui ralentissent les spermatozoïdes, voire les tuent.
- ▶ Dormez le plus possible et achetez à votre compagnon des caleçons, afin d'optimiser la production de spermatozoïdes.
- ▶ Supprimez les médicaments de confort et vérifiez les effets secondaires de ceux que vous prenez, en particulier les tranquillisants, stéroïdes et traitements contre l'hypertension. Cela vaut aussi pour les phytothérapies ; les effets nocifs du millepertuis sur le sperme ont été démontrés, et de nombreuses plantes, y compris le gingko et le ginseng, peuvent nuire à la conception et à la grossesse.
- ▶ Les deux partenaires doivent arrêter de fumer.

gence et peut faire avancer la date de l'accouchement afin de sauver la mère ou l'enfant, mais ensuite la tension maternelle retrouve en général son niveau d'avant la grossesse. Si l'on revoit les statistiques en fonction du poids, on constate que l'âge n'est pas le seul facteur déterminant. Les femmes mûres ne courent pas plus de risques d'hypertension artérielle ou de mort fœtale si leur poids se situe dans la fourchette normale à vingt-cinq ans.

Au cours des 25 dernières années, le pourcentage de jumeaux chez les femmes mûres a plus que doublé, en particulier chez les plus de quarante-cinq ans. Les traitements pour améliorer la fécondité en sont en partie responsables, mais ce n'est pas tout. La sécrétion accrue de FSH à la ménopause incite les ovaires à relâcher plus d'un ovule par cycle.

Les bébés de quadragénaires ont plus tendance à se présenter par le siège ou à être en position horizontale à terme, peut-être parce que leurs mères sont moins actives ou que les muscles utérins ne sont plus aussi efficaces. Cela se traduit par un pourcentage accru de césariennes et de recours aux forceps ou à la ventouse.

Pourtant, il ne faut pas se décourager. Aujourd'hui, les soins prénataux sont excellents, et même avec ces risques supplémentaires, vos chances de mener à bien une grossesse et d'avoir un bébé en pleine santé à plus de quarante ans n'ont jamais été meilleures.

L'ASSISTANCE MÉDICALE À LA PROCRÉATION (AMP)

Avec une fécondité réduite et la détérioration inexorable des mécanismes biologiques, il n'est pas rare d'avoir besoin d'aide pour être enceinte à plus de quarante ans. Le but de l'AMP est de favoriser la rencontre entre un spermatozoïde et un ovocyte en vue d'une fécondation. Quand les règles deviennent irrégulières ou faibles, les chances d'ovuler baissent. En France, avant de commencer un traitement, le médecin réalisera des dosages hormonaux (LH, FSH et estrogènes) chez la femme et un spermogramme du conjoint.

De nombreux traitements induisent l'ovulation — quelquefois en faisant descendre plusieurs ovules.

Le monitorage permet de suivre la maturation des follicules et, si nécessaire, l'ovulation est déclenchée grâce à une injection d'hCG. Si la stimuler se révèle insuffisant, on peut recourir à la nouvelle science des techniques de reproduction assistée en fonction du diagnostic d'infertilité. L'insémination artificielle est la plus utilisée : 500 000 spermatozoïdes sont injectés à l'aide d'une pipette dans le vagin ou au niveau du col de l'utérus. Il s'agit d'une fécondation naturelle in vivo, où l'acte médical « se limite » à rapprocher les gamètes mâles de la trompe. L'acte est possible quand les trompes sont perméables et le sperme de bonne qualité.

Si les trompes sont bloquées ou en cas d'endométriose, les méthodes de fécondation hors voies génitales (in vitro [FIV]) offrent une solution. On récolte des ovules de la mère, qui, en général, a pris au préalable des médicaments pour stimuler l'ovulation, puis on les féconde avec des spermatozoïdes du futur père dans une éprouvette en verre (d'où le terme in vitro). Le premier « bébé-éprouvette » français est né en 1982.

Généralement, plusieurs ovules sont fécondés pour augmenter les chances ultérieures d'implantation dans l'utérus. On choisit jusqu'à trois embryons, que l'on introduit à l'aide d'une canule dans l'utérus, où l'on espère qu'au moins l'un d'eux se nichera et se développera comme lors d'une grossesse normale. La FIV est également utile en cas de rareté des spermatozoïdes, de glaire cervicale hostile au passage des spermatozoïdes ou de stérilité inexpliquée.

Quand la pénétration spontanée d'un spermatozoïde est impossible, on recourt à une autre technique de FIV : la fécondation in vitro avec micro-injection. On retire la membrane externe de l'ovule et, avec une aiguille plusieurs fois plus fine qu'un cheveu humain, on introduit un spermatozoïde unique dans l'ovule. Puis on transfère l'embryon dans l'utérus selon les techniques habituelles de FIV.

Toutes ces techniques remportent nettement plus de succès chez les femmes de moins de trente-cinq ans, mais les grossesses assistées continuent à aider de nombreux couples d'âge mûr qui ont tardé à avoir des enfants ou n'ont pas pu procréer.

LES MALADIES POUVANT AFFECTER LA FÉCONDITÉ

Les fibromes sont des tumeurs bénignes du tissu musculaire de l'utérus. En général, ils sont plus fréquents chez les femmes d'âge mûr que chez les autres. Ils peuvent compliquer les grossesses et nuire à la conception. Dans certains cas, il est conseillé de les faire enlever avant de débuter une grossesse. Après la ménopause, ils disparaissent d'eux-mêmes, à cause de la raréfaction des estrogènes dont ils dépendent.

L'endométriose est une maladie très douloureuse où de petits morceaux de l'endomètre, le tissu qui tapisse l'utérus, se développent et provoquent des lésions hors de l'utérus. Les organes les plus colonisés sont la vessie, les trompes, les ovaires et la paroi de la cavité abdominale. Le tissu déplacé réagit au cycle menstruel et peut provoquer des douleurs au moment des règles. 25 % des cas de stérilité sont dus à des endométrioses, et le risque de développer cette maladie augmente avec l'âge. Selon les sources, l'endométriose toucherait une femme sur dix ou vingt.

Les opérations antérieures de l'abdomen, les infections des trompes (maladies inflammatoires pelviennes), le syndrome des ovaires polykystiques, les maladies de la thyroïde, les polypes utérins et d'anciennes affections du col de l'utérus ayant agi sur la production de glaire sont autant d'obstacles à la conception.

LA GROSSESSE NON DÉSIRÉE

De nombreuses femmes sont confrontées à ce problème à l'âge de la ménopause. Se croyant à l'abri d'une grossesse, beaucoup font très peu attention à la contraception. Il est conseillé de continuer à utiliser des méthodes contraceptives, pour éviter grossesses et MST (voir p. 92-98).

L'AVENIR

En octobre 2004, des médecins belges déclarèrent qu'ils avaient mis au monde le premier bébé né de tissu ovarien congelé, décongelé et réimplanté. Le compte rendu fut accueilli avec un certain scepticisme, puisqu'il n'est pas certain que l'ovule provenait du tissu ovarien congelé et non de l'ovaire intact qui subsistait après une chimiothérapie.

Selon les auteurs du rapport, la « cryoconservation ovarienne » annonce une percée dans les traitements de la fécondité et ouvre la voie à la conservation des ovaires, en dépit de la maladie et de l'âge.

LA CONGÉLATION DES OVULES

Alors que la congélation des spermatozoïdes ne pose plus de problèmes depuis des dizaines d'années, les ovocytes restent difficiles à prélever et leur congélation très délicate s'ils ne sont pas fécondés. Obtenir des ovocytes pour une FIV prend du temps, car il faut ingérer des hormones puissantes à une date précise du cycle, pendant deux à quatre

À QUI CELA PROFITE-T-IL ?

Plusieurs maladies et traitements médicaux peuvent détruire ou gravement endommager le tissu ovarien, comme le syndrome de Turner, congénital (présence d'un seul chromosome X), et des anomalies génétiques où un chromosome X n'est pas complet. Dans de tels cas, les ovocytes meurent plus vite et la ménopause survient plus tôt chez les femmes concernées. Tout traitement détériorant ou tuant les ovocytes réduit la fécondité et la sécrétion hormonale, d'où une ménopause précoce. Le cyclosphamide et la vinblastine, utilisés

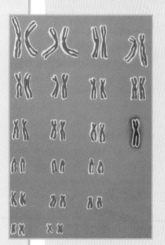

en chimiothérapie, ainsi que les rayons dans la région pelvienne, détruisent les ovocytes. Plus le traitement est fort et la femme âgée,

plus elle perdra d'ovocytes et sera ménopausée tôt. La cryoconservation de tissu ovarien signifie choisir de ne pas perdre tous ses ovocytes à cause d'une maladie, d'un traitement médical ou simplement de l'âge. Elle offre également des avantages à celles qui attendent la fin de la trentaine ou de la quarantaine pour avoir des enfants, alors que leur taux de fécondité a déjà baissé de plus de 25 % par rapport à ce qu'il était à vingt ans et quelque. Il serait possible de prélever et de conserver le tissu ovarien d'une femme âgée d'une vingtaine d'années pour le réimplanter plus tard, quand elle se sent prête à procréer.

On a beaucoup parlé, ces derniers temps, des grossesses médicalisées et des femmes qui choisissent d'avoir un bébé aux alentours de la soixantaine. Elles se voient accusées d'égoïsme, car elles mettent au monde des enfants dont elles ne pourront pas s'occuper quand ils grandiront.

semaines, afin d'en produire plus que d'habitude. Certaines femmes ne tolèrent pas ce traitement hormonal ou doivent subir un traitement contre le cancer ou une autre maladie avant de procéder à la FIV. Certains cancers réagissant à ces hormones, cette solution est alors contre-indiquée. La patiente menacée de perdre ses ovaires et de devenir stérile n'a pas forcément un partenaire à ce moment-là pour féconder ses ovocytes. Plutôt que de recourir à un donateur anonyme, elle peut souhaiter conserver des ovules non fécondés jusqu'à ce qu'elle trouve un compagnon. À la date où nous écrivons, seulement 23 grossesses à base d'ovules congelés ont été menées à bien dans le monde.

LA VOIE DU FUTUR ?

Cette nouvelle technique — qui semble désormais produire des résultats — permettra de prolonger la fécondité grâce à des prélèvements sous cœlioscopie de tranches d'ovaires congelés contenant des milliers d'ovocytes immatures. On décongèle ensuite le tissu ovarien et on le replace dans l'abdomen, près de l'ouverture de la trompe de Fallope. En à peu près quatre mois, l'ovaire se remet à fonctionner, ce qui donne lieu à une ovulation et à une conception normales. Chez les femmes sous chimiothérapie, on ne retire qu'un ovaire, afin que l'autre continue à produire les hormones essentielles le plus longtemps possible et ait la possibilité de récupérer. Selon certains chercheurs, il serait plus simple, d'un point de vue chirurgical, d'implanter le tissu ovarien décongelé dans l'avant-bras, mais apparemment la grossesse n'aurait lieu que si l'on retirait les ovocytes et procédait à une FIV avant d'implanter un embryon dans l'utérus. Dans certains pays, une femme peut choisir cette option à la suite d'une hystérectomie et se mettre en quête d'une mère porteuse.

Les enfants issus d'embryons congelés sont sains et normaux, et ne présentent pas davantage de malformations congénitales ni d'anomalies par la suite. Il n'y a aucune raison de penser que ceux nés d'ovaires congelés soient moins réussis.

LA CRYOCONSERVATION D'EMBRYON

Pendant le processus de congélation, il existe plusieurs solutions pour protéger certaines cellules, les cryoprotecteurs (sortes d'antigel), qui empêchent les sels de s'accumuler quand l'eau se cristallise. Les cellules sont congelées à la température de l'azote liquide, dans lequel elles sont ensuite conservées.

De fortes concentrations de sel et les cristaux de glace eux-mêmes peuvent détériorer ou tuer les cellules pendant la congélation aussi bien que la décongélation. La congélation se fait lentement, en plusieurs heures, tandis que la décongélation ne dure qu'une demi-heure. On a réussi à décongeler des embryons congelés depuis 12 ans. Une grossesse a eu lieu avec un embryon congelé depuis 9 ans. À l'heure actuelle, nous ignorons la longévité du tissu ovarien congelé.

5

UNE ALIMENTATION ADAPTÉE

*Un régime alimentaire sain et équilibré fait le plus grand bien
tout au long de la vie, mais devient indispensable
à la ménopause. Consommer les aliments adéquats,
riches en substances nutritives essentielles, permet de limiter
certains troubles — et de garder la ligne. Vous découvrirez
dans ce chapitre l'alimentation qui vous convient
et des méthodes simples pour prendre de bonnes habitudes.*

LA NUTRITION
ET LA MÉNOPAUSE

Dès l'instant de la conception et durant toute notre vie, la nutrition joue un rôle majeur pour notre santé, notre vitalité et notre bien-être. À court terme, une alimentation saine et équilibrée améliore l'apparence physique, aide à se sentir bien et à rester en forme. Elle augmente la résistance aux rhumes et autres infections, donne de l'énergie, et stimule les performances physiques et intellectuelles. À long terme, elle peut offrir une protection contre les maladies cardiovasculaires, le cancer, le diabète, la cataracte et l'ostéoporose. Pendant les années de la ménopause, faire le bon choix et adopter certains aliments, par exemple le soja, peut aussi atténuer certains troubles courants et réduire les risques de gain de poids.

Les régimes et la nutrition n'ont jamais suscité autant d'intérêt. La presse, les amis et la famille, tout le monde a son avis sur ce qu'il faut manger ou éviter pour rester en bonne santé. Face à une telle abondance d'informations souvent contradictoires, il peut être difficile de faire la part des choses. En outre, il semble que les nutritionnistes ne cessent de changer les règles du jeu.

En fait, les principes de la composition d'une alimentation saine et équilibrée sont les mêmes depuis plusieurs dizaines d'années (voir les tableaux ci-dessous).

TROUVER LE BON ÉQUILIBRE

Une alimentation saine repose sur plusieurs facteurs essentiels, l'un des plus importants étant l'équilibre. Les nutritionnistes répartissent les aliments en cinq groupes principaux. Pour être sûre de consommer ceux qui vous sont nécessaires, mangez-en un peu de chaque groupe tous les jours.

Pain, riz, pâtes, céréales et pommes de terre

Étant donné le battage fait autour des régimes à faible teneur en glucides, vous êtes excusée si vous vous méfiez des aliments appartenant à ce groupe. Or, rien n'est plus inexact. La plupart des nutritionnistes en conviennent, les glucides représentent une part

Pain, riz, pâtes, céréales et pommes de terre

5-12 PORTIONS PAR JOUR

I portion égale
- I tranche de pain
- I petit bol de céréales pour le petit-déjeuner
- I pomme de terre de taille moyenne
- 100 g de pâtes cuites
- 100 g de riz bouilli

Fruits et légumes

5-9 PORTIONS PAR JOUR

I portion égale
- 20 cl de jus de fruit non sucré
- I tranche de melon ou d'ananas
- I pomme, orange, pêche ou poire
- 2 kiwis, prunes ou abricots
- 100 g de fraises, framboises ou raisins
- I cuillerée à soupe de fruits secs (raisins secs)
- 135 g de salade de fruits, de fruits cuits ou en conserve
- 90 g de légumes cuits
- I grand bol de salade

importante de toute alimentation saine et équilibrée. Ils apportent des protéines, des sels minéraux et des fibres alimentaires, mais surtout, fournissent de l'énergie. Un tiers de notre apport calorique quotidien devrait provenir de ce groupe.

Essayez de manger 6 à 11 portions de pain, pâtes, riz et autres par jour. Si possible, choisissez des glucides complexes : céréales complètes ou riches en fibres, pain et riz complets. Il a été démontré que toute alimentation riche en céréales complètes offre un certain nombre d'avantages pour la santé. Selon une étude, une femme qui consomme trois portions d'aliments à base de céréales complètes par jour a 30 % de chances en moins de contracter une maladie coronaire.

De plus, la consommation régulière de céréales complètes semble faire baisser le risque de certains types de cancer, d'AVC et de diabète de type 2.

LE SAVIEZ-VOUS ?
Un régime équilibré
•
Tout régime équilibré se fonde sur une part importante de fruits et légumes, glucides, féculents et céréales complètes, sur un apport plus modéré de protéines maigres, de produits laitiers à faible teneur en matières grasses et d'acides gras non saturés, en limitant les acides gras non saturés, le sel, le sucre et les aliments cuisinés.

Fruits et légumes

Riches en vitamines et en sels minéraux, en fibres alimentaires et en phytonutriments (voir l'encadré p. 109), les fruits et les légumes offrent de nombreux avantages pour la santé. Le World Cancer Research Fund estime qu'une alimentation riche en fruits et légumes divers pourrait faire reculer tous les types de cancers de 20 %.

Il faut essayer de manger 2 à 4 portions de fruits par jour et 3 à 5 de légumes. Tous les fruits et légumes comptent, qu'ils soient surgelés, en conserve ou secs, de même que les jus de fruit. Cependant, aucun ne pouvant à lui seul fournir l'ensemble des vitamines nécessaires à notre santé, il est important de varier pour couvrir tous ses besoins.

Produits laitiers

Source importante de calcium, les produits laitiers sont essentiels à la protection du capital osseux et de

Produits laitiers

2-3 PORTIONS PAR JOUR

I portion égale
- ▶ 25 cl de lait à I ou 2 % de matière grasse
- ▶ 25 cl de yaourt
- ▶ 100 g de fromage blanc ou 40 g de fromage gras à pâte cuite (gruyère)

Viandes et substituts de viande

2-3 PORTIONS PAR JOUR

I portion égale
- ▶ 55 à 85 g de viande maigre cuite, poulet ou poisson
- ▶ 5 cuillerées à soupe de flageolets ou haricots blancs
- ▶ 2 cuillerées à soupe de noix ou noisettes
- ▶ I œuf

6 **façons** de bien s'hydrater

▸ Buvez entre 8 et 10 verres d'eau par jour,
davantage par temps chaud.

▸ N'attendez pas d'avoir soif pour penser à boire.

▸ Mangez beaucoup de fruits et légumes ; cela
contribue à l'hydratation.

▸ Au lieu des pauses café, buvez des verres d'eau
à intervalles réguliers.

▸ Ayez toujours une bouteille d'eau près de vous
au bureau, pour penser à boire.

▸ Buvez beaucoup d'eau avant, pendant et après
l'exercice physique, surtout s'il fait chaud.

la dentition. Même après la croissance, le calcium reste important, en particulier à la ménopause, puisque la chute du taux d'estrogènes provoque une décalcification des os qui, par la suite, rend les femmes plus vulnérables à l'ostéoporose. Les aliments de ce groupe pouvant être riches en matières grasses, en particulier en acides gras saturés, choisissez des produits à faible teneur en matières grasses : lait écrémé ou à 1 % et 2 %, par exemple.

Essayez de consommer entre 2 et 3 portions de ce groupe par jour, en donnant la préférence aux versions allégées.

Viandes et substituts de viande (poisson, œufs, haricots secs, légumes secs, noix et graines)

Les aliments issus de ce groupe fournissent les protéines essentielles à la croissance et à la régénération des cellules, ainsi qu'à la production d'enzymes, d'anticorps et d'hormones. De plus, ils apportent plusieurs vitamines et sels minéraux importants. Certains, tels le soja et ses dérivés, sont riches en phytoestrogènes, essentiels aux femmes affrontant la ménopause. Vous devriez vous fixer un objectif de 2 à 3 portions par jour. Si vous choisissez une viande,

assurez-vous qu'elle soit maigre et éliminez toute trace de gras avant de la faire cuire. Mangez du poisson au moins deux fois par semaine, dont l'un devrait être une variété grasse (saumon, maquereau, thon frais). Les poissons gras sont une bonne source d'acides gras oméga 3, qui peuvent réduire les risques de maladies cardio-vasculaires et d'AVC en faisant baisser les taux de cholestérol sanguin et en fluidifiant le sang.

Les aliments contenant des lipides et des glucides

Notre alimentation ne peut se passer de petites quantités de graisses, qui fournissent les acides gras essentiels et permettent d'absorber les vitamines liposolubles, mais la plupart d'entre nous en consomment plus que de raison. Une alimentation riche en lipides, en particulier en acides gras saturés (provenant des viandes grasses et de leurs produits dérivés, des produits laitiers entiers, du beurre et de certains types de margarine) augmente les taux de cholestérol dans le sang. Or, ceux-ci peuvent provoquer de l'athérosclérose et accroître les risques de maladies cardio-vasculaires. Avant la ménopause, les estrogènes vous protègent, mais leur taux chute à mesure que l'âge avance et le pourcentage des malades fait alors un bond chez les femmes.

Les acides gras monoinsaturés et polyinsaturés, que l'on trouve dans les poissons gras, l'huile d'olive, les huiles végétales, les noix et les graines, ne font pas monter le taux de cholestérol dans le sang autant que les acides gras saturés. En outre, ils fournissent des acides gras essentiels qui préviennent la formation de caillots sanguins, donc les crises cardiaques et les AVC. Reportez-vous p. 119-121 pour de plus amples informations sur les maladies cardio-vasculaires.

Le sucre n'offrant que des calories « vides » — sans rien de tel que protéines, fibres, vitamines ou sels minéraux —, mieux vaut, dans la mesure du possible, en réduire la consommation.

Moins de sucre et de graisse ne signifie pas forcément moins de goût. Les petits changements — remplacer par exemple le lait entier par du lait écrémé, choisir des produits laitiers et des viandes maigres ou utiliser des techniques de cuisson sans graisse (gril) plutôt que la friture — peuvent faire une réelle différence. L'apport quotidien en lipides ne devrait pas dépasser 30 à 35 % des calories consommées — cela représente, par jour, 1 g par kg de poids. La consommation d'acides gras saturés ne doit pas aller au-delà de 10 % de notre consommation totale de lipides, soit 21,5 g par jour.

L'eau

Pendant toute la ménopause, ainsi qu'à d'autres phases de la vie, il est important de boire de l'eau en quantité suffisante.

Parmi d'autres raisons essentielles, si le corps n'est pas correctement hydraté, il ne sera pas à même d'assurer la lubrification du tissu vaginal. Il est facile de vérifier si vous buvez assez de liquides : regardez vos urines, qui devraient être jaune clair. Si elles sont foncées, vous ne buvez pas assez.

▶ LES PHYTONUTRIMENTS

Les phytonutriments, ou produits phytochimiques, sont des composants naturels des plantes, qui les aident à se protéger contre les bactéries, les virus et les champignons. Bien que ce ne soit pas des substances nutritives à proprement parler, parce qu'ils ne sont pas indispensables au régime alimentaire, ils sont biologiquement actifs, et il semble de plus en plus établi qu'ils peuvent protéger contre divers types de cancer, de maladies cardio-vasculaires et de maladies dégénératives chroniques, comme la cataracte et l'arthrite. Les phytoestrogènes, un groupe de phytonutriments que l'on trouve surtout dans le soja et la graine de lin, présentent de grands avantages pour les femmes ménopausées (voir p. 112-114).

L'alcool : le pour et le contre

Si ce n'est pas déjà fait, profitez de la ménopause pour réévaluer vos habitudes en la matière. Votre organisme tolère moins bien l'alcool que celui d'un homme et, avec l'âge, y parvient de moins en moins. Sa teneur en eau étant inférieure à celle de son homologue masculin, il assimile moins bien l'alcool ; de plus, il possède moins d'enzymes pour le digérer et, à cause des différences de types et de taux d'hormones, l'alcool nuit davantage au foie et augmente les risques d'AVC. Il perturbe l'action du calcium et accélère la perte du capital osseux en interférant avec l'absorption du calcium. Boire plus d'un verre par jour (35 cl de bière, 15 cl de vin ou 4 cl d'alcool) augmente les risques de maladies cardio-vasculaires (hypertension et AVC) ou coronariennes, voire de chutes, fractures du col du fémur et cancer du sein. En outre, l'alcool ternit les cheveux et la peau, déclenche des bouffées de chaleur, des insomnies et fait prendre du poids. Mais il a aussi quelques bons côtés. Les femmes de plus de soixante-cinq ans qui se contentent d'un petit verre (7,5 cl) par semaine risquent moins de se fracturer le col du fémur, sans doute parce que l'alcool augmente les concentrations hormonales qui préviennent la perte osseuse. Et chez celles de plus de cinquante ans présentant des risques de crise cardiaque supérieurs à la moyenne, une consommation légère à modérée semble faire baisser ces risques. Cependant, même au vu de ces avantages, il est sage de limiter votre consommation d'alcool à un verre par jour.

LES COMPLÉMENTS NUTRITIONNELS

Le débat reste ouvert sur la nécessité ou l'utilité des compléments nutritionnels tels que vitamines et sels minéraux pendant la ménopause. Si certains experts les estiment indispensables, d'autres sont plus sceptiques. Cela dit, presque tous s'accordent pour déclarer que les compléments ne peuvent en aucun cas remplacer une alimentation saine et équilibrée. Cependant, tant que vous en prenez avec discernement, ils ne peuvent pas faire de mal et se révèlent parfois utiles.

QUE FAUT-IL PRENDRE ET COMMENT ?

La vitamine E

Selon certaines études, la vitamine E peut contribuer à lutter contre les maladies cardio-vasculaires en empêchant le cholestérol LDL (« mauvais » cholestérol) de se déposer sur la paroi des artères. Par ailleurs, certaines femmes trouvent qu'elle soulage contre les bouffées de chaleur, la sécheresse vaginale et la tension mammaire, tout en améliorant l'état de la peau et des ongles.

Dose : 250 mg deux fois par jour. Les compléments contenant de la vitamine E naturelle (tocophérol d-alpha) sont plus actifs.

Attention : consultez votre médecin si vous prenez des anticoagulants ou en cas de diabète insulino-dépendant. À long terme, la dose à ne pas dépasser est de 800 mg par jour.

Le calcium

Une prise régulière de calcium limite les risques d'ostéoporose. Les AJR pour les femmes de plus de dix-neuf ans sont de 900 mg. De nombreux experts pensent qu'ils devraient être révisés à la hausse pour les femmes ménopausées, en particulier si elles ne sont pas sous THS. En France, les AJR pour les femmes ménopausées correspondent à 1000 mg pour celles sous THS et à 1 500 mg pour les autres.

Dose : l'organisme absorbe mieux le calcium s'il est réparti en petites prises tout au long de la journée plutôt qu'en une seule. L'idéal est de ne pas dépasser 600 g par prise. Mieux vaut prendre les compléments de calcium avec de la nourriture, car la présence d'autres vitamines et sels minéraux, notamment le magnésium, en améliorera l'absorption. Si vous prenez aussi des compléments de fer, ne le faites pas à la même heure que le calcium. L'organisme assimile mieux le citrate de calcium ou le malate de calcium que le carbonate de calcium.

Attention : ne dépassez pas une dose de 1 900 mg par jour à court terme et de 1 500 mg par jour à long terme.

Le magnésium

Si vous prenez des compléments de calcium, associez-les à du magnésium, car tout déséquilibre entre les deux peut nuire à leur efficacité. Selon certaines études, les compléments de magnésium peuvent réduire les risques de maladies cardio-vasculaires et faire baisser la tension artérielle.

Dose : les AJR pour les femmes de plus de trente ans sont de 320 mg. Il faut prendre deux fois plus de calcium que de magnésium ; pour 250 g de magnésium, votre apport en calcium sera donc de 500 mg. Pour optimiser leur assimilation, les compléments de magnésium doivent être pris pendant les repas. Le citrate de magnésium est celui que l'organisme assimile le mieux. Un dosage important de magnésium peut provoquer des diarrhées et des nausées ; si c'est le cas, essayez de le réduire et prenez plutôt du gluconate de magnésium, moins agressif pour l'appareil digestif.

Attention : en cas de maladie rénale, demandez conseil à un médecin avant de prendre des compléments de magnésium. Il ne faut pas dépasser un dosage de 400 mg par jour à court terme et de 300 mg par jour à long terme.

La vitamine D

La vitamine D est essentielle à l'assimilation du calcium. Une exposition quotidienne au soleil de 15 à 20 minutes en constitue une source naturelle. Mais si vous prenez des compléments de calcium, il faut y associer de la vitamine D. Une étude exhaustive a révélé que chez les femmes ménopausées prenant 800 UI (unités internationales) de vitamine D par jour (en associant alimentation et compléments), le risque de fracture du col du fémur était inférieur de 37 % par rapport à celles qui prenaient moins de 200 UI par jour.

Dose : les compléments de vitamine D de 600 UI se prennent à tout moment de la journée, avec ou sans nourriture.

Attention : il ne faut pas dépasser une dose de 400 mg par jour à court terme et de 300 mg par jour à long terme. Ce qui permet aussi de s'exposer au soleil.

La vitamine C et les flavonoïdes

Selon quelques études, la vitamine C et les flavonoïdes peuvent réduire les forts saignements menstruels qui ont lieu vers l'époque de la ménopause. Par ailleurs, certaines personnes trouvent que les flavonoïdes agissent contre les bouffées de chaleur et l'humeur instable.

Dose : 500 mg de vitamine C avec 250 mg de flavonoïdes deux fois par jour.

Attention : pour les compléments de vitamine C, ne dépassez pas une dose de 3 000 mg par jour à court terme et de 2 000 mg par jour à long terme.

Isoflavones

Selon des recherches récentes, les isoflavones ont des effets nettement plus bénéfiques s'ils proviennent d'aliments naturels plutôt que de compléments concentrés.

Dose : 50 mg par jour, choisissez des produits contenant du genistein et de la daidzéine.

Attention : les femmes qui ont eu un cancer du sein ou présentent un risque élevé devraient consulter un médecin avant de prendre des compléments d'isoflavones.

LES PHYTOESTROGÈNES
UN TRAITEMENT NATUREL

Voilà plus de 2 000 ans, Hippocrate, le père de la médecine moderne, écrivait : « Que l'alimentation soit votre remède. » Aujourd'hui, de nombreux médecins, naturopathes et nutritionnistes commencent à comprendre qu'elle joue un rôle clé dans la prévention et la gestion de plusieurs problèmes de santé associés à la ménopause. Il est de mieux en mieux établi que les phytoestrogènes, un groupe de substances chimiques présentes dans des aliments tels que le soja et les graines de lin, peuvent soulager une grande partie des troubles de la ménopause, ainsi que réduire les risques d'ostéoporose et de maladies cardiovasculaires, qui augmentent terriblement à cette période de l'existence.

Les phytoestrogènes ou estrogènes végétaux se trouvent dans plusieurs végétaux et aliments d'origine végétale, mais n'existent pas en quantités significatives dans les denrées d'origine animale telles que la viande ou les produits laitiers. Ils ont une structure similaire à celle des estrogènes et peuvent se fixer sur les récepteurs d'estrogènes répartis dans tout le corps, où ils imitent les effets de ces hormones.

Les trois principaux groupes de phytoestrogènes sont les isoflavones, les lignanes et les coumestanes. Les deux premiers sont les plus fréquents dans l'alimentation humaine.

LES AVANTAGES DES PHYTOESTROGÈNES
Les estrogènes aident à réguler la température corporelle et, quand leur taux baisse, il devient difficile de contrôler les mécanismes de réchauffement et de refroidissement. Si 70 à 80 % des Occidentales souffrent de bouffées de chaleur pendant la ménopause, seulement 18 % des Chinoises, 14 % des habitantes de Singapour et moins de 5 % des Japonaises en font l'expérience. Pour de nombreux experts, le fait que l'alimentation occidentale typique comporte environ 1 mg d'isoflavones par jour, alors que le régime asiatique en fournit entre 50 et 100 mg, pourrait expliquer ces différences incroyables. Si plusieurs études ont démontré qu'inclure entre 40 et 50 mg d'isoflavones dans l'alimentation peut réduire la fréquence et la gravité des bouffées de chaleur, plusieurs d'entre elles ont été critiquées, à cause du fort

Phytoestrogènes	Présents dans
Isoflavones	Le soja et les produits dérivés du soja, les lentilles, pois chiches, haricots secs, arachides, millet
Coumestanes	Germes d'alfalfa, de luzerne, de haricot mungo, ou soja, et autres graines germées
Lignanes	Graines de lin, son de seigle, blé complet, orge, graines de sésame, graines de courge. En petites quantités dans d'autres céréales, fruits et légumes

effet de placebo. Les régimes riches en phytoestrogènes aboutissent en général à une baisse de 40 à 50 % des bouffées de chaleur, contre 25 à 35 % si l'on ne prend rien, et 80 à 90 % sous THS. Tandis que les experts continuent à discuter le pour et le contre des régimes riches en phytoestrogènes, de nombreuses femmes les considèrent une aide.

Soulager la sécheresse vaginale

Les estrogènes stimulent les cellules qui permettent au vagin de s'humidifier et de se lubrifier sous l'effet de l'excitation sexuelle et, quand cette sécrétion hormonale chute, le nombre de ces cellules suit le mouvement. D'après certaines études, consommer des aliments riches en isoflavones peut prévenir leur disparition.

Augmenter le « bon » cholestérol

Pendant la ménopause, les risques de maladies cardiovasculaires augmentent de façon inquiétante. Les estrogènes encouragent la production de bon cholestérol (HDL), qui protège contre ces maladies. Or, la baisse du taux d'estrogènes met fin à cet effet protecteur. Des études ont prouvé que chez les femmes ménopausées complétant leur alimentation par des protéines de soja, le cholestérol HDL s'améliore de 14 % en seulement 4 semaines. Les preuves de l'efficacité des protéines de soja contre les maladies cardiovasculaires sont si convaincantes que la FDA aux États-Unis et les autorités sanitaires britanniques ont autorisé les fabricants de denrées alimentaires à faire figurer sur leurs emballages : « Inclure au moins 25 g de protéines de soja par jour dans une alimentation contenant peu d'acides gras saturés peut aider à réduire le taux de cholestérol dans le sang. » Ce conseil vaut pour tous les aliments qui fournissent un minimum de 6,25 g de protéines de soja tout en conservant leurs phytoestrogènes naturels.

Diminuer les risques d'ostéoporose

À la ménopause, la baisse du taux d'estrogènes accélère le rythme de la perte osseuse, ce qui rend les femmes ménopausées plus vulnérables à l'ostéoporose. Chez celles dont le régime alimentaire comporte beaucoup de phytoestrogènes, le risque est nettement plus faible.

Une peau plus épaisse et plus humide

Les estrogènes contribuent à l'hydratation de la peau et au maintien de son épaisseur naturelle. Quand leur taux baisse, la peau devient plus fine, plus rugueuse et moins élastique. Certaines études suggèrent qu'un régime riche en phytoestrogènes peut prévenir ces effets.

Les phytoestrogènes dans votre alimentation

La plupart des études cliniques qui ont démontré les avantages d'une alimentation riche en phytoestrogènes se fondaient sur un apport quotidien de 30 à 50 mg d'isoflavones. Il semble qu'il faille viser un apport quotidien de 45 mg, soit 2 à 3 portions d'aliments riches en isoflavones par jour. Cependant, ne vous laissez pas tenter par l'idée que « si une petite dose fait du bien, une dose importante fait encore plus de bien ». Il ressort de certaines études que si vous augmentez votre apport en phytoestrogènes, la proportion assimilée par l'organisme décroît. Grâce à ce mécanisme de sécurité, vous courez fort peu de risques de surdosage alimentaire. Or, il n'en va pas de même avec les compléments et l'on a remarqué certains effets secondaires négatifs chez les personnes prenant de trop fortes doses de compléments d'isoflavones.

Votre régime alimentaire peut aussi comporter certains phytoestrogènes qui, bien que naturels, ne sont pas forcément bons pour vous. Le premier d'entre eux est le café, qui peut interférer avec la progestérone et provoquer des migraines (voir p. 43).

LES ALIMENTS RICHES EN PHYTOESTROGÈNES

Fève de soja vert (edamame)

Le soja vert est récolté dans sa gousse, quand il est jeune et tendre. Cuit à la vapeur et salé, il est parfait pour une petite faim. Il s'achète dans les supermarchés chinois.

▶ 20 mg d'isoflavones pour 100 g

Fève de soja en conserve

Il se mange en salade, en gratin ou mixé avec de l'huile d'olive, du jus de citron et de l'ail, ce qui donne une sorte d'houmous.

▶ 80 mg d'isoflavones pour 100 g

Le tofu

À base de purée de soja compressée, le tofu contient peu de matières grasses et est une bonne source de protéines. Il en existe trois types : ferme, mou et velouté. Le tofu ferme a la texture du fromage ; on peut le faire mariner et l'utiliser en brochette ou le couper en cubes et le faire frire. Le tofu mou se mixe ou s'emploie dans les soupes orientales. Le tofu velouté ressemble à du yaourt ferme ; il sert à la préparation de mousses, assaisonnements, crèmes ou desserts.

▶ 11 à 30 mg d'isoflavones pour 100 g

Les protéines végétales

Les substituts de viande à base de farine de soja contiennent peu de matières grasses mais beaucoup de protéines. Ils se présentent sous forme déshydratée ou hachée, dans des aliments préparés tels que biftecks ou saucisses. Le substitut de bœuf haché s'utilise dans les sauces pour pâtes ou les lasagnes.

▶ 114 à 245 mg d'isoflavones pour 100 g (poids égoutté)

Le lait de soja

Il est sucré ou non sucré, avec toutes sortes de goûts. Prenez-en enrichi en calcium. Il est sans cholestérol et existe en versions allégées. Il ne contient pas de lactose. Il s'utilise de la même manière que le lait de vache, en boisson, avec des céréales, en cuisine ou dans les jus de fruits.

▶ 10 à 20 mg isoflavones pour 25 cl (1 verre)

Tempeh

Cette sorte de gâteau plat à base de soja fermenté a un goût de champignon légèrement fumé. Il se grille, remplace la viande, convient aux ragoûts, plats gratinés ou sauces pour les pâtes.

▶ 35 à 191 mg d'isoflavones pour 100 g

Protéine isolée de soja

Mélangez cette poudre à des boissons, à des sauces ou à du pain maison.

▶ 46 à 100 mg d'isoflavones pour 100 g

Farine de soja

Elle existe en version 100 % de matières grasses ou allégée. Elle peut remplacer la farine blanche dans les muffins et les gâteaux. Son goût étant prononcé, mieux vaut la mélanger avec un autre type de farine ; essayez de remplacer 20 à 30 % de farine de froment par de la farine de soja.

▶ 188 à 276 mg d'isoflavones pour 100 g

Miso

Issu de graines de soja fermentées, le miso sert d'assaisonnement ou de condiment. Il est très salé.

▶ 8 à 28 mg d'isoflavones par cuillerée à soupe rase (1,5 cl)

Les desserts au soja

Il en existe de toutes sortes, sans oublier les yaourts et glaces. La teneur en isoflavones varie.

▶ Glace au soja – 4 à 5 mg d'isoflavones pour 100 g
▶ Crème de soja – 5 mg d'isoflavones pour 10 cl (1 petit verre)
▶ Yaourt au soja – 16 mg d'isoflavones pour 10 cl (1 petit verre)

Pain au soja et aux graines de lin

▶ environ 7 mg d'isoflavones par tranche

La sauce au soja, l'huile de soja et la margarine de soja ne contiennent pas d'isoflavones.

DES SUPERALIMENTS

Les superaliments sont des aliments d'origine végétale bénéficiant d'un profil nutritionnel supérieur à la moyenne. Ce sont des nutriments individuels spécifiques (comme l'iode des algues ou du rhodyménie palmé), parfois mélangés pour former des compléments de nutriments essentiels, sels minéraux, vitamines, oligo-éléments et micro-nutriments tels que le superoxyde dismutase, le coenzyme Q10 et divers agents antioxydants. Nous avons établi, ci-dessous, la liste de ceux qui sont les plus faciles à trouver en indiquant leurs avantages nutritionnels. Tous ont des vertus revitalisantes, revigorantes et purificatrices sur l'ensemble du système, et sont très précieux pour conserver son énergie et ses fonctions physiologiques essentielles jusqu'à un âge avancé.

LA SPIRULINE

Sans doute la plus connue des algues d'eau douce (avec la chlorelle et l'algue bleu verdâtre), la spiruline, extrêmement riche en nombreux nutriments essentiels, dont le bêta-carotène (provitamine A), le sélénium (que l'on pense indispensable contre l'arthrite) et la vitamine B12, constitue la plus puissante source naturelle de protéine complète connue (75 %). Cet aliment, l'un des plus purs qui soient, est cultivé en général dans des lacs de haute altitude.

L'HERBE DE BLÉ

L'herbe de blé offre un bon exemple des effets bénéfiques de la germination sur la valeur nutritionnelle d'une graine ou d'une céréale (voir l'encadré p. 116). Excellente source de vitamines, de sels minéraux et de chlorophylle, elle est aussi légèrement dépurative et détoxiquante. Il s'agit en général d'épeautre, une variété qui provoque moins de réactions allergiques et convient aux personnes ne tolérant pas le froment.

LES ALGUES

La mer abonde en sels minéraux, ce qui explique les vertus du sel de mer pour la santé. Ce n'est pas seulement du chlorure de sodium, et, dans sa forme originelle, il devrait contenir aussi la plupart sinon tous les sels minéraux et oligo-éléments nécessaires à la vie. Malheureusement, les océans sont de plus en plus pollués et ce qui était autrefois une source cruciale de nutriments comporte désormais des risques inacceptables. Cependant, il existe encore quelques régions relativement peu polluées, dont la Scandinavie, où l'on trouve l'excellent rhodyménie. L'iode et les sels minéraux présents dans les algues peuvent avoir une action bénéfique sur la thyroïde et donner un coup de fouet au métabolisme.

LA MYRTILLE ET AUTRES BAIES

Les baies, aux qualités nutritionnelles incomparables, étaient autrefois un aliment de base que l'on allait cueillir dans les forêts. Elles sont connues surtout pour renforcer le système immunitaire grâce à leurs taux importants de bioflavonoïdes, des substances chimiques d'origine végétale qui agissent de diverses

manières, notamment comme antioxydants, et contribuent à éliminer les radicaux libres et à régénérer les cellules détériorées. Parmi elles, la myrtille possède d'autres propriétés remarquables. Elle tonifie et renforce le pancréas et les glandes surrénales, ce qui permet de réguler la glycémie et maintient l'énergie. On dit également qu'elle contribue fortement à restaurer une vision défaillante.

LE MACA

Ce superaliment péruvien est en fait une tubéreuse semblable à la pomme de terre. Avec son goût sucré, il convient à la perfection aux personnes qui ont du mal à stabiliser leur taux de sucre sanguin, y compris les diabétiques, car il satisfait leur envie irrépressible de sucreries tout en aidant à réguler la glycémie. En fait, il bénéficie à tout le système endocrinien ou hormonal. Comme le ginseng, il est adaptogène, renforce et améliore la résistance. De même, il a la réputation d'être un tonifiant sexuel bénéfique à la fécondité et, plus tard dans la vie, de faire renaître une libido défaillante, chez l'homme comme chez la femme.

COMMENT ET QUAND PRENDRE DES SUPERALIMENTS

Les superaliments, souvent vendus en poudre, se mélangent par exemple aux jus de fruit, dont le parfum peut masquer un goût parfois déroutant. Pour préparer une boisson fruitée aux superaliments, choisissez quelques fruits mous — une moitié de banane, quelques fraises, une tranche ou deux d'ananas, un peu de papaye ou de mangue — et un bol de jus de pomme, et versez dans un mixer. Rajoutez le superaliment ou mélange de superaliments de votre choix en respectant les instructions figurant sur l'emballage, mixez et buvez.

Le meilleur moment pour déguster cette boisson est le matin, avant le petit-déjeuner — voire pour le remplacer, si vous suivez une cure dépurative. Certains fruits sont non seulement nourrissants (ananas, mangue, papaye), mais ils permettent de mieux assimiler les nutriments en apportant des enzymes qui aident à digérer.

Cultivez vos germes de haricots, graines et légumes secs

Faites germer haricots, graines ou légumes secs, c'est un excellent moyen de les consommer. La germination va jusqu'à quintupler la valeur de certains nutriments, en particulier les vitamines. Par ailleurs, les germes de haricots ou autres sont des aliments vivants détenant un potentiel considérable d'énergie vitale brute.

Vous aurez besoin d'un germoir — une série de plateaux empilables en plexiglas transparent ou en verre percés d'orifices pour le drainage — et d'un bac qui recueillera l'eau. Les magasins de produits diététiques vendent ces accessoires, ainsi que les graines.

Étalez une poignée de graines dans chacun des plateaux. Vous pouvez ne cultiver qu'une variété par niveau ou mélanger. Empilez les plateaux les uns sur les autres et arrosez. L'eau sera filtrée par les différentes couches jusqu'au bac du fond, qu'il ne faut pas oublier de vider ensuite. Placez le tout sur le rebord d'une fenêtre, dans votre cuisine ou à un endroit recevant assez de lumière naturelle. Arrosez deux fois par jour. Au bout de deux à trois jours, vous verrez les premières pousses.

Un pot classique peut aussi faire l'affaire. Placez au fond les graines, puis recouvrez d'un morceau de mousseline de coton ou de toile à beurre et fixez-le avec un élastique. Versez l'eau à travers le tissu, puis retournez le pot pour évacuer le trop-plein. Arrosez et drainez deux fois par jour ; bientôt, votre pot sera rempli de germes vivants.

LES NUTRIMENTS ESSENTIELS POUR LA SANTÉ DES OS

La baisse du taux d'estrogènes qui accompagne la ménopause accélère la décalcification du squelette, d'où un risque accru d'ostéoporose. Pour y remédier, veillez à consommer suffisamment de calcium et autres nutriments essentiels.

LE CALCIUM

Nos os sont constitués d'une enveloppe extérieure épaisse et d'une structure interne rigide remplie de collagène, de calcium et d'autres substances minérales. Le calcium assure la rigidité et la force des os. Ceux-ci sont des tissus vivants, les vieux os étant sans cesse éliminés et remplacés par de nouveaux ; chaque jour, du calcium se dépose sur le squelette et s'en détache, au cours d'un processus appelé remodelage osseux.

Après la ménopause, le squelette perd davantage de calcium qu'il n'en gagne, ce qui fragilise les os et les rend susceptibles de se briser. Par ailleurs, les estrogènes aident à assimiler le calcium présent dans les aliments, mais leur action diminue avec la baisse de leur sécrétion.

S'il est crucial, pendant la croissance, de s'assurer un bon apport en calcium, cela reste essentiel par la suite, et plus particulièrement à la ménopause. En France, les AJR de calcium pour les adultes sont de 900 mg, mais passent de 1 000 mg à 1 500 mg pour les femmes au moment de la ménopause (voir p. 110).

Respecter ces AJR revient à consommer trois portions de produits laitiers par jour (voir p. 107).

Si vous n'aimez pas les produits laitiers ou ne les tolérez pas, veillez à adopter d'autres sources valables de calcium (voir l'encadré p. 118).

Certaines marques d'eau minérale, à forte teneur en calcium, peuvent en apporter des quantités significatives dans l'alimentation, en particulier pour les femmes qui ne consomment ni lait ni produits laitiers.

Quatre inhibiteurs de calcium

Les protéines : étant donné qu'une consommation supérieure à 100 g par jour augmente l'excrétion de calcium dans l'urine, les nutritionnistes hésitent à recommander des régimes amincissants riches en protéines et faibles en glucides.

Le sel : tout excès de sodium entraîne un risque de décalcification. En règle générale, si la nourriture contient plus de 0,5 g de sodium par 100 g ou par portion, elle est très salée ; si elle contient 0,1 g ou moins, elle est pauvre en sodium.

L'alcool : plus de 2 à 3 unités d'alcool par jour peuvent détériorer les ostéoblastes, les cellules qui renouvellent les os.

Les boissons gazeuses : le phosphate, sous forme d'acide phosphorique, sert de conservateur dans la plupart des boissons non alcoolisées en canettes. Le phosphore est nécessaire à la bonne formation des os, mais son apport doit s'équilibrer avec celui de calcium. Tout excès de l'un empêche d'assimiler l'autre. Quand le taux de phosphore dans le sang dépasse celui de calcium, l'organisme réagit en stimulant la dégradation osseuse pour libérer du calcium dans le sang.

La teneur en calcium des aliments

100 g de tofu	480 mg
100 g de sardines en conserve à la sauce tomate	460 mg
100 g de saumon en conserve (avec les arêtes)	300 mg
20 cl de lait écrémé	249 mg
20 cl de lait demi-écrémé.	248 mg
20 cl de lait entier	237 mg
1 petit pot (150 g) de yaourt allégé	225 mg
100 g de gruyère	216 mg
100 g de brie à 45 % de MG	252 mg
100 g de cresson	170 mg
50 g d'amandes	120 mg
100 g d'abricots secs	92 mg
115 g de haricots blancs à la sauce tomate	59 mg
85 g de brocolis cuits à la vapeur	34 mg
1 orange	58 mg

Eau en bouteille (1 litre)

Quézac	241 mg
San Pellegrino	208 mg
Badoit	190 mg
Vittel	91 mg

Si vous vivez dans une région où l'eau est dure, celle du robinet contiendra des quantités utiles de calcium ; le service des eaux local (vous trouverez ses coordonnées sur votre facture) devrait pouvoir vous renseigner sur sa teneur exacte en calcium. Dans certaines zones, l'eau contient jusqu'à 250 mg de calcium par litre.

De nombreux experts recommandent aux femmes postménopausées, parallèlement à une alimentation riche en calcium, de prendre des compléments de calcium. Reportez-vous p. 110-111 pour de plus amples informations sur les compléments.

LA VITAMINE D

Essentielle à l'assimilation du calcium, la vitamine D s'obtient par l'exposition au soleil. Il en existe très peu de sources alimentaires : les poissons gras tels le hareng et le maquereau, les œufs, les margarines enrichies et certaines céréales du petit-déjeuner. Pour la plupart des femmes, le soleil en est le principal fournisseur. Il suffit d'exposer ses mains, ses bras ou son visage 15 à 20 minutes plusieurs fois par semaine pour que l'organisme en fabrique suffisamment pour tout l'hiver. Les AJR pour les femmes et les hommes de moins de cinquante ans sont de 5 mg par jour, mais si l'exposition au soleil est suffisante. On suppose que les personnes de cette tranche d'âge se procurent toute la vitamine D nécessaire grâce au soleil. Après cinquante ans, les AJR passent à 10 mg, dose qui impose une supplémentation.

LE MAGNÉSIUM

Le magnésium, qui convertit la vitamine D en une forme active que l'organisme peut utiliser, a sans doute un rôle important pour la protection du capital osseux.

Il se trouve en abondance dans la noix du Brésil, les graines de tournesol et de sésame, les bananes, les pignes, les noix de cajou et les légumes verts comme les épinards.

LA VITAMINE K

Elle aide l'organisme à tirer parti du calcium et en améliore la fixation. De récentes études ont démontré que les femmes bénéficiant d'un bon apport en vitamine K ont une ossature plus dense et moins de fractures du col du fémur. Parmi les aliments riches en vitamine K, citons le chou frisé, les brocolis et les épinards.

LE BORE

Ce sel minéral aux légères propriétés estrogéniques stimule la fixation du calcium. Il se trouve dans les fruits (pommes, pêches et poires, par exemple), les pois, les haricots, les lentilles et les graines de sésame.

BIEN S'ALIMENTER POUR PROTÉGER SON CŒUR

Les maladies cardio-vasculaires sont les premières causes de décès chez les femmes de plus de quarante-cinq ans. Avant la ménopause, les estrogènes stimulent la production de cholestérol HDL, c'est-à-dire de « bon » cholestérol qui protège le cœur. Quand le taux d'estrogènes commence à baisser, cette protection diminue. Si un cholestérol élevé n'est que l'un des nombreux facteurs connus pour augmenter les risques de maladies cardio-vasculaires (les autres étant le tabagisme, un mode de vie sédentaire, une tension artérielle élevée et les antécédents familiaux), il est possible de prendre des mesures pour le faire baisser.

LE « BON » ET LE « MAUVAIS » CHOLESTÉROL

Le cholestérol n'est pas toujours nuisible ; il joue un rôle essentiel dans le fonctionnement de chaque cellule, et la fabrication de certaines hormones et autres sécrétions importantes, dont la bile, qui sert à digérer. Transporté dans l'organisme par le sang, le cholestérol s'associe à des protéines pour former les lipoprotéines. Celles de faible densité (LDL) acheminent le cholestérol du foie vers les cellules, tandis que celles de haute densité (HDL) ramènent celui qui est superflu aux cellules vers le foie, où il est excrété. Quand ce dernier fabrique trop de cholestérol, le cholestérol LDL se met à tapisser la paroi des vaisseaux sanguins, un peu comme le calcaire qui bouche les tuyaux. Cette accumulation qui réduit le diamètre des artères, l'athérosclérose, empêche le sang de bien circuler jusqu'au cœur. Si ensuite un caillot bouche une artère, le cœur n'est plus oxygéné, d'où un risque majeur d'infarctus. Le cholestérol HDL, en revanche, contribue à nettoyer les artères.

Votre alimentation influe non seulement sur les taux de cholestérol LDL et HDL, mais aussi sur les risques d'oxydation du cholestérol LDL. L'oxyda-

tion change sa structure, augmente les risques d'adhérence sur la paroi des vaisseaux sanguins et, selon certaines études, le cholestérol LDL qui a été oxydé se dépose beaucoup plus facilement dans les artères. Certains aliments fluidifient le sang, qui est donc moins disposé à former des caillots, ce qui réduit les risques d'obstruction des artères.

Si les experts médicaux connaissent les liens entre un taux élevé de cholestérol et les maladies cardio-vasculaires depuis de nombreuses années, quelques études récentes suggèrent que le cholestérol n'est pas le seul coupable. Il a été démontré qu'un taux élevé d'homocystine, une substance présente dans le sang, augmente les risques de maladies cardio-vasculaires et d'AVC. L'homocystine est un acide aminé (un constituant des protéines) dont la présence est normale

UNE ALIMENTATION BONNE POUR LE CŒUR

CONSOMMEZ-EN PLUS

Les fruits et légumes

Riches en composants protecteurs détenant une puissante action anti-oxydante, ils préviennent l'oxydation du cholestérol LDL et réduisent ses chances de se déposer sur les artères.

▶ Consommez au moins 5 portions de fruits et légumes par jour.

Les fibres alimentaires solubles

L'avoine, le son, les pois et les haricots secs, et les pommes contiennent des fibres alimentaires solubles qui se dissolvent dans l'estomac, où ils produisent une sorte de gel qui absorbe le cholestérol LDL et aide l'organisme à l'évacuer.

▶ Mangez du porridge, du muesli ou des céréales à base d'avoine au petit-déjeuner, ou saupoudrez une cuillerée à soupe de son d'avoine sur vos céréales habituelles.

Les noix

Riches en acides gras monoinsaturés et en autres composants bénéfiques au cœur, elles font baisser le taux du cholestérol LDL et monter celui du cholestérol HDL. Une étude récente a démontré que les risques de contracter une maladie cardio-vasculaire baissent de 50 % chez les personnes consommant au moins cinq fois par semaine de petites quantités de cacahuètes, noix ou beurre de cacahuète. Les noix

sont toutes bonnes pour la santé, mais il ne faut pas oublier qu'elles sont aussi très caloriques ; aussi, n'en abusez pas.

▶ Le matin, tartinez votre toast de beurre de cacahuètes ou ajoutez quelques noix hachées à des plats savoureux, tels les sautés.

Le soja

25 g de soja dans l'alimentation tous les jours peut faire baisser de 10 % le cholestérol LDL.

▶ Versez du lait de soja sur vos céréales du matin ou mangez des yaourts au soja. 25 g de protéines de soja correspondent à 60 cl de lait de soja.

L'alcool

Selon certaines études, l'alcool en quantité modérée (1 unité par jour de vin rouge, d'alcool ou de bière) peut faire monter le cholestérol HDL et réduire de 30 % les risques de maladie cardio-vasculaire chez les femmes qui ont passé le stade de la ménopause (voir p. 109). Le vin rouge est aussi riche en flavonoïdes, des phytonutriments qui préviennent l'oxydation du cholestérol LDL. On en trouve aussi dans le thé, les raisins, les oignons et les pommes.

Les produits faisant baisser le cholestérol

On trouve sur le marché des margarines, pâtes à tartiner, fromages

frais, yaourts, barres de céréales, etc., qui contiennent un type spécial d'acides gras bloquant l'absorption du cholestérol. Il a été démontré que ces produits réduisent le taux global de cholestérol, notamment LDL. Selon des tests cliniques, en consommer 2 à 3 portions par jour peut aboutir à une baisse de 10 à 15 % du cholestérol LDL en trois semaines. Regardez, dans votre supermarché, ce qu'il propose aux rayons produits laitiers et goûters.

Les poissons gras

Le thon frais, ainsi que les sardines et le saumon frais ou en conserve, sont riches en acides gras oméga 3, qui aident à prévenir les crises cardiaques, ont un effet bénéfique sur la coagulation sanguine et assouplissent les muscles tapissant la paroi des vaisseaux sanguins, ce qui améliore le flux sanguin vers le cœur.

▶ Essayez de consommer au moins 2 portions par semaine, dont un poisson gras.

CONSOMMEZ-EN MOINS

Les acides gras saturés d'origine animale

Si une part du cholestérol présent dans l'organisme provient de la nourriture, le foie en fabrique la majeure partie. Un des facteurs connus pour encourager cet organe à en produire plus est une alimentation riche en acides gras saturés — produits laitiers entiers et viandes grasses —, qui augmente le taux de cholestérol LDL.

▶ Les acides gras saturés se trouvent principalement dans les aliments d'origine animale : beurre, crème, lard, produits laitiers entiers, viandes grasses, beurre clarifié, tartes et pâtisseries, de même que dans l'huile de palme et l'huile de noix de coco.

Les acides gras trans

Ces substances existent à l'état naturel en petites quantités dans la viande et les produits laitiers. Elles se forment aussi par hydrogénation, processus qui donne une consistance plus ou moins ferme à des huiles insaturées, pour fabriquer de la margarine par exemple. On pense que les acides gras trans ont un effet similaire à celui des acides gras saturés sur le cholestérol et qu'ils peuvent faire baisser le « bon » (HDL).

▶ On les trouve dans les aliments contenant des huiles végétales hydrogénées, notamment certains types de biscuits, pâtisseries, margarines et des plats cuisinés ou surgelés, ou la restauration rapide.

dans l'organisme, mais dont l'excès dans le sang peut provoquer dans les artères des changements générateurs de thrombose (formation d'un caillot). On ne sait pas bien pourquoi certaines personnes en ont plus dans le sang que d'autres. Pour les uns, ce serait la conséquence d'une maladie héréditaire qui provoque un déséquilibre du système contrôlant le niveau d'homocystine. L'alimentation est également soupçonnée. Un taux d'homocystine élevé s'accompagne souvent d'une carence en acide folique et en vitamines B6 et B12 dans le sang. Il est possible de faire baisser un taux d'homocystine élevé et persistant avec des compléments d'acide folique (voir p. 110-111). Les légumes verts tels que les brocolis et les choux, le foie, les pois et les haricots secs, les œufs, les produits à base de céréales complètes, la levure de bière, le jus d'orange et les germes de blé sont de bonnes sources d'acide folique.

LE SAVIEZ-VOUS ?

Les acides gras

Les acides gras polyinsaturés, telles l'huile de maïs et l'huile de tournesol, peuvent réduire le cholestérol LDL, mais, si vous en mangez trop, ils feront également baisser le cholestérol HDL.

Les acides gras monoinsaturés, comme l'huile d'olive, de noix et de soja, peuvent faire baisser le cholestérol LDL mais n'ont aucun effet sur le cholestérol HDL.

SURVEILLER SON POIDS
PENDANT LA MÉNOPAUSE

Si grossir n'est pas une conséquence inéluctable de la ménopause, la plupart des femmes ont plus de difficultés à contrôler leur poids pendant cette phase. On accuse souvent le THS, mais sans apporter de preuves véritables. En fait, une étude a démontré que les femmes sous THS prennent moins de poids que les autres. Certains types de THS peuvent provoquer de la rétention d'eau et des ballonnements, ce qui donne la sensation d'avoir grossi, d'autres aiguisent l'appétit, mais si c'est le cas, demandez simplement à votre médecin de vous prescrire autre chose.

En revanche, il est avéré que la baisse du taux d'estrogènes change la forme du corps. La graisse s'accumule autour de la taille plutôt que sur les hanches et les fesses, ce qui donne une impression d'embonpoint.

Si le rythme du métabolisme ralentit avec l'âge, l'effet très ténu ne suffit pas à expliquer le gain de poids constaté chez beaucoup de femmes. Il semblerait plutôt que certains des autres changements qui ont lieu à cette époque influent sur les habitudes alimentaires. La moindre perturbation de l'équilibre énergétique (voir l'encadré ci-contre) suffit à faire monter le poids. S'il est important de se faire à l'idée que la silhouette change avec l'âge et qu'il est normal de prendre un peu de poids, il est sage de ne pas perdre le contrôle des opérations. L'obésité accroît les risques de maladies cardio-vasculaires, de certains types de cancer, d'arthrose et de tension artérielle. Si vous remarquez une réelle hausse de votre poids, mieux vaut affronter le problème le plus tôt possible. Mais ne paniquez pas ; il est inutile de vous jeter sur un régime miracle. Même si tous promettent monts et merveilles, ils se révèlent, en général, inefficaces à long terme. Ceux qui sont draconiens favorisent une courbe de poids en dents de scie, qui nuit tant à votre santé qu'à votre confiance en vous-même. Pour mincir, il est beaucoup plus sûr et efficace de modifier légèrement vos habitudes alimentaires, ce qui réduit l'apport énergétique, et d'y associer davantage d'activité, ce qui augmente la dépense d'énergie.

La répartition de la graisse

AVANT LA MÉNOPAUSE   APRÈS LA MÉNOPAUSE

ÉVITEZ LES GRAISSES

Tout régime destiné à faire perdre du poids se fonde sur la réduction du nombre de calories consommées. À poids égal, les matières grasses contiennent deux fois plus de calories que les protéines ou les hydrates de carbone, ce qui explique que les aliments riches en acides gras soient également très caloriques.

Quel que soit le type d'acides gras — qu'il s'agisse de l'excellente huile d'olive ou de crème et de beurre, moins diététiques —, ils contiennent le même nombre de calories au gramme. Les matières grasses étant très riches en calories, de nombreux régimes, hypolipidiques, cherchent à les supprimer le plus possible. S'ils font bien perdre du poids, on les trouve souvent ennuyeux et difficiles à suivre sur une longue période.

Il a été démontré que les régimes à apport modéré en lipides (soit moins de 30 % des calories consommées) sont bien plus faciles à suivre et produisent davantage d'effets à long terme. Pour quelqu'un consommant 1 400 calories par jour, cela revient à 47 grammes de matières grasses quotidiennes.

COMPTEZ VOS CALORIES

Les besoins énergétiques de la femme varient selon son âge, son activité et son poids. On les estime en moyenne à 1 940 calories de dix-neuf à cinquante ans et à 1 900 calories après cette limite. Pour maigrir d'un kilo par semaine, il faut réduire son apport énergétique d'environ 500 calories, ce qui signifie que la plupart des femmes devraient pouvoir perdre du poids en consommant quelque 1 400 calories par jour. Il est important de répartir les rations sur toute la journée ; manger peu et souvent est le meilleur moyen de stabiliser sa glycémie et d'éviter la faim. On peut s'offrir 300 calories au petit-déjeuner, par exemple, 400 au déjeuner, 500 au dîner, avec deux en-cas de 80 calories chacun et 20 cl de lait écrémé en boisson chaude.

Boire plus est une solution pour manger moins. Selon une étude, les amateurs de soupe consomment moins de calories, car ils se sentent rassasiés plus vite.

L'équilibre énergétique

Le poids reflète l'équilibre entre la consommation d'énergie (calories) et la dépense. L'apport énergétique est déterminé par la quantité et le type des aliments. La dépense en énergie est fonction d'une combinaison entre le métabolisme basal (au repos) et la quantité de calories brûlées lors des activités quotidiennes.

Le métabolisme basal est la quantité d'énergie nécessaire à l'organisme pour assurer les fonctions vitales, un peu comme l'essence consommée par le moteur d'une voiture au point mort. Même si nous restions au lit toute la journée, nous aurions besoin d'énormes quantités d'énergie pour maintenir le corps en état de marche. Chez presque tout le monde, le métabolisme basal représente 50 à 75 % de l'énergie quotidienne. L'autre composante du rythme métabolique est la quantité d'énergie dépensée en exercice physique et activités quotidiennes.

Si la consommation d'énergie est égale à la dépense, le poids reste stable, mais si elle la dépasse, les calories en surnombre se transforment en réserves de graisse.

Il suffit de manger juste un peu trop pour prendre du poids lentement mais sûrement. Pour en perdre, on inverse simplement la tendance pour brûler davantage de calories que l'on en consomme ; l'organisme puisera alors dans ses réserves de graisse pour trouver l'énergie nécessaire. Pour y parvenir, on peut réduire le nombre de calories consommées ou en brûler plus, mais, sans le moindre doute, le meilleur moyen est d'associer régime et exercice physique.

✗ Aliments dont l'indice glycémique est supérieur à 50

Glucose
Miel
Sucre raffiné
Muesli (caramélisé)
Céréales au blé complet
Corn-flakes
Pain blanc
Gaufre
Beignet
Pain suédois
Gâteau de riz

Riz
Biscuits
Pomme de terre
Frites
Chips
Melon
Mangue
Banane
Potiron
Ananas
Glace

Barre chocolatée
Soda

BIEN CHOISIR SES GLUCIDES

Étant donné le battage fait autour des régimes hypo-glucidiques et hyperprotéiques, il est tout à fait légitime de se poser des questions. Ils aident vraiment certaines personnes à perdre du poids, mais de nombreux experts se posent des questions à leur sujet et sont très préoccupés par leurs conséquences à long terme sur la santé.

Il semble notamment que les régimes hyperprotéiques nuisent aux reins et favorisent la décalcification, d'où un risque accru d'ostéoporose. Cependant, il peut être valable d'associer certains de leurs éléments à un régime amincissant plus traditionnel. Plutôt que d'éliminer les glucides, mieux vaut les choisir avec discernement.

L'indice glycémique (IG) sert à classer les glucides selon leur vitesse de conversion en glucose. Les aliments ayant un IG élevé sont rapidement transformés en glucose. L'organisme réagit en produisant de l'insuline pour chasser le sucre du système sanguin. Or, en excès, celle-ci encourage l'organisme à constituer des réserves adipeuses ; de plus en plus d'études suggèrent que les régimes contenant beaucoup d'aliments affichant un IG supérieur à 50 font monter le taux d'insuline, donnent faim et font prendre du poids. Le système sanguin assimile plus lentement les aliments ayant un IG inférieur à 50. Fonder son régime sur des glucides à faible IG peut aider à maîtriser son appétit et son poids.

AUGMENTER L'APPORT EN PROTÉINES

De nombreux nutritionnistes sont désormais partisans d'augmenter légèrement la teneur en protéines dans l'alimentation. Les aliments riches en protéines, tels que la viande, le fromage et les œufs, sont réputés assouvir plus vite la faim que les glucides. En d'autres termes, un repas riche en protéines aide à se sentir rassasié plus longtemps, donc à éviter de craquer pour satisfaire une petite faim. Cependant, il est important de ne manger que jusqu'à satiété. On prend souvent du poids simplement parce que les portions sont trop grandes.

De nombreux aliments riches en protéines contiennent des acides gras saturés, qui augmentent les risques de maladies cardio-vasculaires. Avant d'augmenter la part des protéines, mieux vaut en choisir contenant peu de matières grasses : viande maigre, et fromages et produits laitiers allégés.

FAITES PLUS DE SPORT

Associer régime et exercice physique est, de loin, le meilleur moyen de perdre du poids. Le sport brûle

✔ Aliments dont l'IG est inférieur à 50

Fructose	Pâtes
Raisin	Pain complet
Orange	Avoine
Pomme	Son
Poire	Carotte
Cerise	Tomate
Jus de fruits	Brocoli
Abricot (frais et sec)	Cresson
Lait	Courgette
Yaourt	La plupart des haricots
Noix	

des calories et développe le tissu musculaire. Le métabolisme des muscles est plus actif que celui de la graisse (il utilise davantage de calories). Autrement dit, plus on a de muscles, plus l'organisme brûle de calories. Enfin, l'exercice physique améliore la ligne et le tonus (voir p. 130-151).

COMPRENDRE SA RELATION AVEC LA NOURRITURE

Nous mangeons tous pour diverses raisons, et très souvent par habitude ou pour satisfaire des besoins émotionnels plutôt qu'une faim réelle. Nous ne nous rendons pas toujours compte de ces raisons qui nous font manger sans faim. Pour les identifier, il peut être utile de tenir un journal de ses habitudes alimentaires.

Achetez un carnet, divisez les pages en colonnes et notez la date, le lieu, la compagnie (ou ce que vous faisiez), votre humeur, les aliments consommés et votre faim réelle.

Consignez tout ce que vous mangez et buvez, ainsi que votre état psychique pendant un mois. À la fin de cette période, lisez votre journal et dressez la liste de ce qui vous pousse à manger sans faim réelle.

Une fois que vous avez cerné ces facteurs, il vous sera plus aisé de réfléchir à des solutions pour que ces situations ne se reproduisent pas. À l'aide d'une technique que les psychologues appellent amélioration du comportement, vous mettrez au point des stratégies pour les éviter ou pour modifier vos réactions quand vous y êtes confrontée.

Si, par exemple, vous mourez tellement de faim en rentrant chez vous après votre travail que vous dévorez un paquet de biscuits pour l'apéritif en préparant le dîner, prenez vos précautions. Avant de quitter votre bureau, prévoyez un en-cas diététique, banane ou yaourt, par exemple, afin de ne pas défaillir une fois à la maison.

Si, d'après votre journal, vous vous servez de la nourriture pour vous sentir mieux quand vous êtes malheureuse ou déprimée, notez les activités non alimentaires qui vous redonnent le moral. Louez une vidéo, allez vous faire manucurer ou prenez un long bain voluptueux au lieu de vous jeter sur une tablette de chocolat.

Nous savons tous que lorsqu'il s'agit de perdre du poids, il n'existe ni réponse facile ni remède miracle. Il n'est pas évident d'oublier ses vieilles habitudes ni de changer de comportement du jour au lendemain. Pourtant, avec les techniques d'amélioration du comportement, vous pouvez apprendre à votre corps à réagir différemment aux déclencheurs de faim.

QUELQUES IDÉES DE MENUS

Manger raisonnablement ne signifie pas se priver.
Ces menus étalés sur une journée vous donnent
une idée des aliments que vous devriez adopter
pour profiter d'un vaste éventail de nutriments
bénéfiques et déborder d'énergie du matin au soir.

PETIT-DÉJEUNER

Le jus de canneberges contient un antibiotique
naturel qui empêche les bactéries responsables
de la cystite d'adhérer aux parois de la vessie.
Le muesli, agrémenté de graines de lin et de
myrtilles, constitue un petit-déjeuner sain, riche en
fibres et en phytonutriments. Servez-le avec
du lait de soja enrichi en calcium, pour protéger
votre capital osseux.
Le pain de soja et de graines de lin fournit
des phytoestrogènes, des fibres alimentaires
et une série de vitamines B. Tartinez-le de confiture
allégée.

DÉJEUNER

Un sandwich au saumon et au cresson
contient d'excellents nutriments.
Le saumon en conserve est une bonne
source d'acides gras oméga 3 (écrasez
les arêtes molles pour augmenter
la teneur en calcium).
Le cresson renferme 12 fois plus
de vitamine C que la laitue et plus
de fer que les épinards. Par ailleurs,
il offre en abondance diverses vitamines
B, du bêta-carotène, du magnésium,
du potassium et une quantité de
phytonutriments.
Le yaourt au soja contribue à faire
baisser le cholestérol LDL.
Un verre de jus de pomme s'inscrit
dans votre ration quotidienne de fruits.

EN-CAS DE ONZE HEURES
Yaourt fouetté à la banane et au soja

- Si vous utilisez des bananes mûres, vous n'avez pas besoin de sucrer. Pelez, découpez et placez les fruits au congélateur avant emploi ; ils feront épaissir la boisson.

GOÛTER
Fruits frais ou barre de céréales enrichie au soja

- Les barres de céréales ne sont pas toutes aussi saines ou peu caloriques qu'elles en ont l'air ou que vous le croyez. Choisissez-en une de 150 calories, ou moins, et évitez les ingrédients du style acides gras hydrogénés ou trans.
- Manger des fruits entre deux repas aide à remplir l'objectif de deux fruits par jour.

DÎNER

Le sauté de tofu et de légumes au riz complet fournit un repas délicieux, faible en lipides, et riche en protéines et phytoestrogènes. Faire sauter des légumes tels que carottes et poivrons dans un peu d'huile d'olive permet au sang de mieux assimiler certaines de leurs vitamines et phytonutriments.

Une salade de fruits exotiques apporte toutes sortes de vitamines, de sels minéraux et de phytonutriments. Jouez sur les couleurs pour composer un cocktail de vitamines et de sels minéraux.

6

LE SPORT
ET LA GYMNASTIQUE

Bouger et faire du sport, rien de tel pour garder la forme !
L'exercice physique stimule la fréquence cardiaque,
la circulation sanguine et la capacité respiratoire.
Et, en prime, vous vous sentez mieux. Ce chapitre vous
propose différentes possibilités de sport et de gymnastique,
étudie leurs avantages et leurs inconvénients, puis conseille
des stratégies simples pour rester en bonne santé, être bien
dans sa peau et multiplier les activités.

LE SPORT IDÉAL POUR CHACUN

Nous savons tous que l'exercice physique est bon pour la santé, et nous aide à vivre plus longtemps et mieux. Pourtant, à mesure que nous traversons les différentes étapes de la vie, nous devons reconsidérer, et parfois de beaucoup, le type de sport qui nous convient et le niveau que nous souhaitons atteindre. Quand nous prenons de l'âge, l'exercice physique procure des avantages importants et, plus nous vieillissons, plus ces atouts deviennent essentiels à notre qualité de vie. Si certaines disciplines sont plus bénéfiques que d'autres, en fait, toutes celles pratiquées en plus d'activités normales ont des conséquences favorables sur la santé à court terme.

Si vous faites du sport régulièrement, mis à part les avantages physiques, telle la baisse de la tension et des taux de cholestérol, vous risquez moins de problèmes psychiques, type dépression, tout en conservant une sensation de bien-être et votre vivacité. L'exercice peut agir comme un antalgique et un euphorisant, puisqu'il incite l'organisme à produire des substances chimiques, les endorphines, qui non seulement bloquent les signaux de douleur, mais influent aussi sur l'hypothalamus, la région du cerveau qui contrôle le psychisme.

ÉVALUEZ VOTRE FORME

Avant de vous lancer, évaluez votre forme. Vous devez calculer de combien vous devez majorer votre métabolisme afin de pouvoir pratiquer le sport souhaité. Il existe différentes manières de mesurer l'activité physique. Nos muscles fonctionnent comme des chaudières ; ils brûlent des glucides pour produire les calories nécessaires à l'exercice. Pour augmenter votre activité, vous devez en fabriquer davantage.

Pour que la combustion se déroule mieux, le sang doit apporter plus d'oxygène aux muscles. Le premier mécanisme qui stimule l'oxygénation est l'augmentation des pulsations cardiaques et de la fréquence respiratoire, qui à son tour accélère l'afflux de sang et d'oxygène aux muscles, tout en éliminant le CO_2 et l'acide lactique.

Faites ce que vous dites

Le « test de marche » est une méthode rapide et simple pour évaluer sa forme. Repérez un trajet, chemin ou parcours sportif, d'environ 800 mètres. Suivez-le aussi vite que possible sans vous arrêter, mais sans trop perdre haleine.

Consultez votre montre pour vous chronométrer ; vous ne devriez pas mettre plus de 20 minutes. Mais si ce n'est pas le cas, ne vous en faites pas, ce n'est qu'un début. Une fois que vous vous êtes mis à faire du sport avec régularité, répétez ce test de façon périodique pour vérifier vos progrès et essayez de noter vos constatations.

raisons de faire du sport

▶ Grâce à l'exercice physique, qui augmente les capacités cardiaques et respiratoires, vous courez moins de risques de crise cardiaque et autres maladies cardio-vasculaires.

▶ C'est un moyen de contrecarrer l'ostéoporose, car il préserve la force et la solidité du squelette.

▶ Mieux lubrifiés, les cartilages gardent leur souplesse et posent moins de problèmes d'articulations.

▶ Il tonifie les muscles au niveau des articulations, ce qui fait baisser les risques de chutes et de traumatismes.

▶ En cas d'accident, les conséquences sont moins graves et la guérison plus rapide.

Ensuite, il vous faut connaître le niveau d'intensité de l'activité choisie. Le plus simple moyen d'y parvenir est d'effectuer le talk test, qui se décompose en trois étapes.

L'activité légère : vous pouvez chanter et ne percevez, normalement, aucune augmentation de la fréquence cardiaque ou respiratoire. Pour la plupart des gens, cela correspond à de légers travaux domestiques ou de jardinage.

L'activité modérée : au cours de l'exercice physique, vous parlez sans problème. Vous ressentirez sans doute une légère augmentation de la fréquence cardiaque et respiratoire.

Le niveau d'entraînement nécessaire pour parvenir à ce stade varie considérablement d'une personne à l'autre, selon l'âge et la forme physique. Néanmoins, presque tout le monde parvient à marcher et à monter un nombre acceptable de marches dans cette catégorie.

L'activité intense : vous êtes trop essoufflée pour bavarder. La plupart des gens sont hors d'haleine après avoir fait du jogging ou un sport qui exige une dépense énergétique presque continue, comme la danse, les sports de raquette ou le cyclisme.

La fréquence cardiaque maximale

Déterminer sa fréquence cardiaque maximale est une autre manière de mesurer le niveau d'activité. Comme nous l'avons signalé plus haut, pour se procurer plus d'oxygène, l'organisme commence par augmenter la fréquence cardiaque — la vitesse de circulation du sang — et stimuler les échanges dans les tissus, en particulier les muscles, afin que le sang apporte plus d'oxygène et de glucose, et élimine le CO_2 et l'acide lactique.

Cependant, pour que les battements de cœur soient efficaces, la cavité cardiaque doit se remplir de sang

LE SAVIEZ-VOUS ?

L'acide lactique

En cas de mauvaise oxygénation du sang, la dégradation du glucose produit un déchet, l'acide lactique. Après la pratique de certains sports, celui-ci, en excès, provoque des crampes et des raideurs musculaires.

qui sera envoyé dans tout le corps, ce qui prend du temps. Si le cœur bat trop vite, il envoie moins de sang à chaque battement, ce qui entraîne des risques de défaillance du mécanisme. De plus, des pulsations électriques doivent traverser le cœur et, après chacune d'elles, les cellules qui se sont contractées ont besoin de récupérer ; ce processus impose une limite à la vitesse des battements du cœur.

La fréquence cardiaque maximale correspond donc à la vitesse maximale de circulation du sang sans défaillance du cœur.

Trouvez votre fréquence cardiaque maximale

Pour déterminer votre fréquence cardiaque maximale, prenez 220 et soustrayez votre âge. Si vous avez cinquante-six ans, cela donne 164. Une fois que vous connaissez ce chiffre, vous pouvez fixer les divers niveaux d'effort à atteindre. Ainsi, pour une activité physique moyenne, votre fréquence cardiaque devrait se situer entre 50 et 70 % de son maximum ou, dans notre exemple, entre 82 et 115 battements à la minute pour la durée de la séance.

Si vous visez une activité physique intense, votre objectif correspondra à 70-85 % de votre fréquence cardiaque maximale. Dans notre exemple, la fréquence cardiaque d'une femme de cinquante-six ans sera de 115 à 139 battements à la minute (voir le tableau p. 132). Prendre son pouls est le moyen le plus simple de vérifier sa fréquence cardiaque. Pour le trouver,

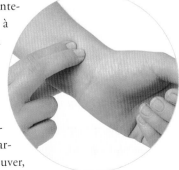

placez l'index et le majeur juste au-dessous de la base du pouce. Une fois que vous sentez l'artère radiale, comptez le nombre de pulsations par minute ou comptez pendant 15 secondes et multipliez par 4.

Il est déconseillé de pousser sa fréquence cardiaque au-delà de 85 % du maximum estimé, pour plusieurs raisons. Tout d'abord, vous n'améliorez pas vos performances. Ensuite, vous tolérez l'effort beaucoup moins longtemps. Enfin, vous risquez d'accroître les risques de problèmes cardiaques type épisode ischémique et arythmie pendant l'effort.

Tirez parti de votre FCM

Respecter votre fréquence cardiaque maximale est une manière très efficace, sans doute une des meilleures, pour tirer le meilleur parti de l'exercice physique choisi. Si, par exemple, vous souhaitez perdre du poids, il est probablement beaucoup plus rentable de maintenir l'effort pendant une période prolongée dans la zone moyenne que de faire une incursion de quelques minutes dans la zone intense.

Si, en revanche, vous voulez accroître votre capacité sportive et votre endurance, restez le plus longtemps possible dans la zone « intense ». Au fur et à mesure que l'endurance et la capacité augmentent, votre fréquence cardiaque de base reste stable. Vous remarquez, au contraire, qu'il faut plus de temps et plus de dépense physique pour atteindre la fréquence cardiaque voulue.

L'essentiel

Selon des chercheurs américains, si vous pensez que vous vous dépensez assez, c'est sans doute le cas. En résumé, si une personne estime sa pratique sportive suffisante, cela va vraisemblablement réduire ses risques de maladies cardiaques, même si le niveau recommandé n'est pas atteint. Ainsi, se mettre à un sport dans lequel on se sente à l'aise suffit à diminuer les risques.

L'EXERCICE PHYSIQUE SANS DANGER

Si vous admettez que l'exercice vous fait du bien et acceptez de faire le point sur vos habitudes, la ques-

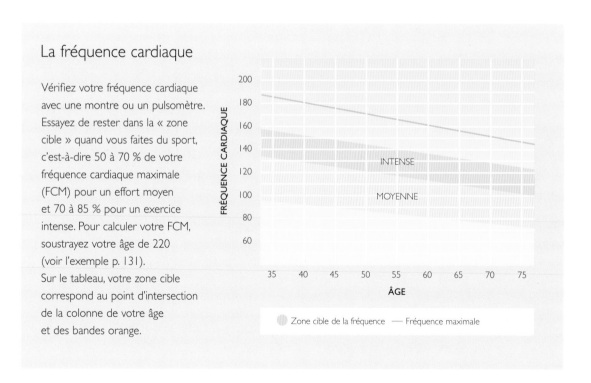

La fréquence cardiaque

Vérifiez votre fréquence cardiaque avec une montre ou un pulsomètre. Essayez de rester dans la « zone cible » quand vous faites du sport, c'est-à-dire 50 à 70 % de votre fréquence cardiaque maximale (FCM) pour un effort moyen et 70 à 85 % pour un exercice intense. Pour calculer votre FCM, soustrayez votre âge de 220 (voir l'exemple p. 131).
Sur le tableau, votre zone cible correspond au point d'intersection de la colonne de votre âge et des bandes orange.

FRÉQUENCE CARDIAQUE

INTENSE

MOYENNE

ÂGE

Zone cible de la fréquence — Fréquence maximale

tion suivante est : quel programme me convient ? Tout bon programme comprend des exercices pour augmenter la capacité respiratoire, la force musculaire, l'équilibre et la souplesse. Avant tout, il doit être sans danger et vous plaire. L'infinie variété des combinaisons possibles devrait vous permettre de trouver votre bonheur. Cependant, la sécurité est primordiale.

Restez à l'écoute de votre corps

Il a été dit que le plus grand risqué lié au sport, c'est de ne pas en faire du tout. Tout le monde a entendu parler d'accidents, ce qui sert souvent d'excuse pour ne pas bouger. Pourtant, les morts subites dues à des maladies cardio-vasculaires sont d'une extrême rareté, en particulier chez les personnes ayant une activité physique d'une intensité moyenne. Il est évident qu'après un grave accident cardio-vasculaire, il faut passer un examen clinique avant de faire du sport et choisir un programme correspondant à ses possibilités.

Quand vous faites du sport, hydratez-vous en buvant de l'eau par petites quantités, mais régulièrement ; vous vous sentirez plus à l'aise et vous rendrez mieux compte de ce que vous faites. Par temps très chaud et après une activité astreignante, vous risquez l'hyperthermie, qui se manifeste par une sudation excessive, de la fatigue et des étourdissements. Presque toujours, l'accès prend fin si vous réagissez vite : allez au frais et à l'ombre.

Dans tous les cas, si vous vous sentez mal à un moment quelconque pendant l'activité physique, en particulier si vous éprouvez des douleurs thoraciques, arrêtez tout de suite et allez chez votre médecin.

Si vous êtes plus étourdie ou essoufflée que ce qui correspond à votre niveau d'activité physique, arrêtez-vous aussi sans attendre et consultez. Cependant, même en cas de pathologie, votre médecin devrait pouvoir vous aider à mettre au point un programme sportif adapté à votre cas.

Pour faire du sport en toute sécurité, ne surestimez pas vos capacités, et tenez compte de votre âge et de votre état physique. Pour la plupart des adultes,

---

Checklist cardiaque

Si vous êtes concernée par un des problèmes suivants, consultez votre médecin avant d'entamer un programme d'exercice physique :

- vous avez une maladie cardiaque et votre médecin impose une surveillance médicale ;
- pendant ou juste après l'exercice physique, vous avez fréquemment des douleurs ou des tensions dans la partie gauche de la poitrine, du cou, l'épaule ou le bras gauche ;
- vous éprouvez des douleurs thoraciques depuis un mois ;
- vous avez tendance à perdre conscience ou à tomber à la suite d'étourdissements ;
- vous vous sentez extrêmement essoufflée après un effort moyen ;
- vous suivez un traitement pour votre tension artérielle ou une maladie cardiaque ;
- vous avez des problèmes aux os ou aux articulations, que l'activité physique envisagée pourrait aggraver ;
- vous souffrez d'une pathologie non décrite ici, mais qui pourrait exiger une attention particulière dans le cadre d'un programme sportif (diabète insulino-dépendant, par exemple) ;
- vous avez dépassé la quarantaine, n'avez jamais fait de sport et avez l'intention de suivre un programme d'exercice physique relativement intense.

---

plus d'une heure de sport par jour n'augmente pas les performances cardio-vasculaires, mais parfois les risques de complications, y compris de traumatismes. Ceux-ci, bien que rarement graves, sont sans doute le danger le plus courant. La plupart se soignent simplement par quelques jours de repos.

La tenue adéquate

Pour éviter les traumatismes et vous sentir à l'aise, portez des vêtements appropriés. Si vous faites du sport dehors par temps froid, superposez plusieurs couches minces et retirez-les à mesure que vous vous échauffez.

Portez des chaussures adéquates, qui soutiennent les chevilles et amortissent l'impact. Si elles sont conçues spécialement pour votre activité, ce sera l'idéal.

Le taï chi

Les mouvements fluides et lents du taï chi, sorte de « méditation par le mouvement », sont un antidote au stress et à la fatigue, et améliorent l'équilibre, la souplesse, le tonus musculaire et la santé générale. Mieux vaut commencer par des cours avec un professeur qualifié, mais, une fois que vous maîtrisez cette discipline, vous en profiterez toute la vie.

QUEL EST LE SPORT QUI ME CONVIENT ?

En fait, le meilleur des sports, c'est celui qui vous plaît. Autrement dit, une activité qui vous procure du plaisir, que vous aurez envie de pratiquer avec régularité, ou que vous souhaitez découvrir ou approfondir.

Si vous êtes débutante, progressez avec lenteur et régularité. À un bon niveau d'effort, vous devez être essoufflée mais rester capable de parler. Commencez la séance par des échauffements et terminez par des étirements (voir p. 136-137). Le temps passé à s'échauffer dépend du type d'activité envisagé, mais, en général, un échauffement dure une dizaine de minutes, avec quelques exercices aérobies pour augmenter les rythmes cardiaque et respiratoire, suivis d'étirements pour assouplir les articulations et les muscles.

Pendant la période de récupération, qui prend à peu près deux fois moins de temps que les échauffements, vous réduisez peu à peu l'intensité de l'activité. En prenant l'habitude de faire des mouvements de récupération, vous permettez aux rythmes respiratoire et cardiaque de ralentir progressivement, et évitez les courbatures et les raideurs — détail plus qu'important pour les novices.

Même si vous avez peu de temps à consacrer au sport et à la gymnastique, il reste important de faire des mouvements d'échauffement et d'assouplissement. Ils permettent au cœur et aux poumons de mieux fonctionner, et assouplissent les articulations et les muscles, ce qui améliore la forme physique. De plus, vous courez moins de risques de tendinite, entre autres.

L'EXERCICE PHYSIQUE ET VOUS

Du point de vue physique, il existe quatre grandes raisons de faire du sport : augmenter ses capacités cardiaque et respiratoire ; accroître sa force musculaire ; s'assouplir ; améliorer son équilibre.

Toute activité physique ou sportive permet, dans une certaine mesure, d'atteindre ces objectifs, mais certaines y parviennent mieux que d'autres. On distingue différentes catégories : exercices aérobies, exercices anaérobies ou de musculation, étirements ou assouplissements et travail de d'équilibre.

Plus nous commençons tôt dans la vie, plus nous en récoltons les fruits. Cela dit, il n'est jamais trop tard pour bien faire.

Votre âge, votre forme physique ou les années d'inactivité n'ont pas la moindre importance, car, selon les chercheurs, changer de mode de vie en vous mettant à faire de l'exercice physique avec régularité et modération peut améliorer votre santé et votre qualité de vie.

COMBIEN DE TEMPS FAUT-IL Y CONSACRER ?

Il n'existe pas de réponse précise à cette question, mais si vous êtes inactive, n'importe quelle activité vaut mieux que rien du tout. Les adultes devraient tenter de pratiquer une activité physique d'une intensité moyenne pendant au moins 30 minutes cinq fois par semaines ou plus. Par ailleurs, la plupart tireront profit d'une activité physique intense de 20 minutes ou plus, trois fois ou plus par semaine.

Si vous voulez dépasser un niveau moyen de forme physique, il faut faire du sport trois ou quatre fois par semaine pendant 30 à 60 minutes à 50-80 % de votre fréquence cardiaque maximale.

Le secret est dans la variété

Selon le sport pratiqué, vous développerez telle ou telle compétence physique. La marche et la nata-

plus du sport

- ▸ Il donne plus d'énergie.
- ▸ Il fait mieux dormir.
- ▸ Il aide à lutter contre l'angoisse et la dépression.
- ▸ Il détend.
- ▸ C'est un outil contre le stress.
- ▸ Il améliore la confiance en soi.
- ▸ Il donne l'occasion de faire des rencontres.

tion, par exemple, ont une excellente réputation, parce qu'elles font travailler les muscles de façon équilibrée, tout en augmentant la capacité cardio-vasculaire.

Les exercices de raffermissement ou de musculation, fondés sur des mouvements répétés avec des charges ou contre une résistance, augmentent la masse musculaire, mais de façon plus localisée. Si, par exemple, vous faites des mouvements du bras droit, seuls les muscles de cette région seront touchés et votre capacité cardio-vasculaire en tirera assez peu de profit. Cela dit, une force musculaire accrue constitue un atout à long terme, puisqu'elle augmente la capacité de faire du sport.

Les étirements, qui assouplissent, devraient faire partie de tout programme bien équilibré, de préférence pour commencer et pour finir. Enfin, beaucoup de femmes profitent des exercices d'équilibre, qui sont particulièrement importants quand vient l'âge, car ils évitent les chutes.

ÉCHAUFFEMENT ET RÉCUPÉRATION

Échauffez vos muscles et assouplissez vos articulations. Les échauffements font disparaître les douleurs persistantes avant l'exercice physique lui-même. Quand vous récupérez, réduisez progressivement l'effort et arrêtez en douceur. Terminez éventuellement par quelques minutes de respiration contemplative et profonde.

1 Pour vous échauffer, mettez de la musique rythmée et marchez pour assouplir les membres. Faites du sur-place, sans vous presser, en levant bien le bras du côté opposé au genou levé. Tenez deux minutes.

3 Les muscles de la face postérieure des cuisses sont trop souvent négligés. Tenez-vous droite, les pieds légèrement écartés. Faites passer votre poids sur une jambe, puis glissez l'autre pied en avant en le maintenant à plat sur le sol. Placez les mains en haut de la jambe portante et pliez le genou en vous penchant en avant à partir des hanches jusqu'à ce que vous sentiez un étirement dans la jambe tendue. Tenez quelques secondes et recommencez avec l'autre jambe.

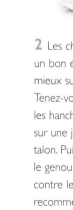

2 Les chevilles souples donnent un bon équilibre car elles réagissent mieux sur les surfaces inégales. Tenez-vous droite, les mains sur les hanches. Faites passez votre poids sur une jambe et avancez l'autre talon. Puis relevez le pied en pliant le genou et en appuyant les orteils contre le sol. Répétez six fois, puis recommencez avec l'autre pied.

4 Faites bouger vos triceps, situés à l'arrière des bras, pour conserver la souplesse des épaules. Restez droite et mettez une main sur l'épaule. Avec l'autre, appuyez sur le bras levé jusqu'à ce que vous sentiez un étirement. Essayez de placer les doigts du bras levé entre les omoplates. Tenez quelques secondes et recommencez avec l'autre bras.

5 Gonflez votre cage thoracique et étirez-la. Placez les mains sur les fesses, tenez-vous droite, soulevez la poitrine et rapprochez les coudes jusqu'à ce que vous sentiez un étirement dans la poitrine. Tenez quelques secondes.

6 Haussez les épaules pour éliminer toute raideur. Tenez-vous droite, les pieds légèrement écartés. Détendez les épaules et laissez les bras retomber le long du corps. Faites avancer les épaules, puis soulevez-les jusqu'aux oreilles avant de les tirer vers l'arrière en dessinant un grand arc de cercle, pour retrouver la position initiale. Recommencez six fois.

7 Étirez les muscles latéraux de la poitrine. Tenez-vous droite, les pieds écartés. Placez une main sur la hanche et levez l'autre sur le côté. Étirez la colonne vertébrale, puis le bras et la poitrine vers le haut, et penchez-vous sur le côté jusqu'à ce que vous sentiez un léger étirement. N'étirez pas trop. Tenez quelques secondes, puis recommencez de l'autre côté.

LE CARDIO-TRAINING

Les exercices de cardio-training augmentent l'endurance. Ils assurent un fonctionnement efficace du cœur, des poumons et de la circulation. Les efforts, soutenus ou moyens, brûlent les graisses et, associés à un régime amincissant, aident à la maîtrise du poids. Si tous les aspects du fitness sont importants, une meilleure endurance aura les effets les plus directs et les plus immédiats sur votre santé.

LE CŒUR DU PROBLÈME

S'ils sont effectués avec régularité, les exercices d'endurance renforceront les muscles du cœur, ce qui permettra à celui-ci d'envoyer plus de sang dans le corps à chaque battement. Le cœur travaillant avec plus d'efficacité, il bat moins souvent. Les sportifs remarquent que leur pouls ralentit, même au repos, et qu'il revient plus vite à son rythme normal après l'effort. Par ailleurs, faire régulièrement des exercices d'endurance accroît la capacité pulmonaire, ce qui permet d'aspirer davantage d'oxygène et de mieux éliminer le CO_2, donc de s'essouffler moins vite. De plus, le sang frais et oxygéné alimente mieux le reste des muscles, des organes et des tissus.

Avant d'en arriver là, le cœur, les poumons et la circulation doivent travailler plus dur pendant une période d'exercice régulier jusqu'à ce qu'ils soient en meilleure forme qu'au début, tout comme vous. Les médecins du sport conseillent une pratique saine et régulière des exercices aérobies. Nous devrions en faire trois à cinq fois par semaine, en commençant par 5 à 10 minutes d'échauffement, avant de passer à un rythme plus intense. Celui-ci, qui durera de 30 à 45 minutes, nous maintiendra dans la zone d'intensité voulue. Ensuite, il faut réduire progressivement l'intensité de l'effort, avec des étirements et des exercices de récupération dans les 5 à 10 dernières minutes. Si vous souhaitez avant tout perdre du poids, pratiquez au moins 30 minutes, cinq fois par semaine.

Bien sûr, les exercices aérobies augmentent aussi la masse musculaire dans une certaine mesure, puisque les muscles travaillent contre une résistance, fournie par la gravitation, l'eau (si vous nagez) ou même votre propre équilibre musculaire. Beaucoup de nos muscles forment des paires qui travaillent en antagonisme, c'est-à-dire dans des directions opposées. Les extenseurs et les fléchisseurs du poignet en sont un bon exemple. Ils sont sans cesse en action pour permettre toutes sortes de mouvements souples et contrôlés ; ainsi, les fléchisseurs doivent contrer la force stabilisante des extenseurs quand on fléchit la main. Des mécanismes similaires existent dans tout le corps. Tant que ces deux muscles travaillent autant l'un que l'autre, chacun résiste à l'étirement de son homologue, ce qui préserve l'équilibre.

Une grande variété

Cyclisme, danse, step : les sports d'endurance ne manquent pas. Ils sont efficaces si vous maintenez l'effort au moins 20 minutes ou jusqu'à ce que vous ressentiez une légère fatigue. Vous pouvez aussi les associer à un programme à faire chez vous. Quoi qu'il en soit, la marche reste le plus facile des exercices physiques.

LA MARCHE

La marche rapide, où un pied est toujours en appuis au sol, tient la comparaison avec d'autres activités de cardio-training comme le jogging ou l'aérobic. Si vous n'avez jamais fait de sport, un programme progressif de marche ne peut que vous faire du bien. Par ailleurs, si votre médecin vous a conseillé de faire davantage de sport ou si vous êtes convalescente, la marche est parfaite.

Les avantages

Non seulement la marche renforce le cœur, mais elle peut faire monter le taux de cholestérol HDL dans le sang, baisser la tension artérielle et fluidifier le sang, qui risque moins de former des caillots. Elle réduit les risques d'AVC. Autre avantage, elle peut retarder, voire empêcher la survenue du diabète chez les personnes en surpoids. Par ailleurs, elle renforce les muscles et les os, ce qui assouplit et stimule le système immunitaire (la résistance aux maladies). Selon certains chercheurs, elle pourrait même avoir un effet positif sur la dépression. On peut marcher partout et à tout moment. Il suffit d'une bonne paire de chaussures et de vêtements confortables, adaptés au climat de la région.

N'oublions pas la variété ; nature, magasins ou parcours sportif conviennent aussi bien les uns que les autres.

La marche sportive

Les règles de la marche sportive ne diffèrent en rien de celles des autres sports : essayez d'atteindre un rythme qui augmente votre fréquence cardiaque et votre capacité respiratoire. La marche sportive fait travailler la plupart des muscles, mais plus particulièrement le groupe des membres inférieurs, c'est-à-dire les muscles des cuisses et les fessiers. Quel que soit le type de marche, il convient de garder une bonne posture. Regardez droit devant vous, le menton relevé. Bougez les bras à un rythme naturel, en les balançant sur les côtés ou en les pliant à 90 degrés. Avant de partir, faites des étirements et des exercices d'échauffement, puis de récupération au retour ; et surtout, amusez-vous !

Peu à peu, la forme vient et vous ressentez moins la fatigue, même si vous travaillez désormais plus dur. C'est la preuve que le cœur, les poumons, la circulation sanguine et les muscles s'adaptent à l'effort, deviennent plus forts et plus efficaces. Vous serez peut-être surprise de constater que vous transpirez davantage, mais c'est parfaitement naturel. En effet, le système régulateur de la température corporelle réussit mieux à éliminer la chaleur générée par la marche. Le programme de marche (voir p. 140-141) vous propose de développer votre endurance en 12 semaines. Si vous le suivez jusqu'au bout, quel que soit votre

niveau au départ, vous noterez une nette amélioration de votre santé et de votre état général.

La course d'endurance

Si vous êtes devenue une marcheuse confirmée, pourquoi ne pas essayer la course à pied ? Il a été prouvé qu'elle stimule la densité minérale osseuse (voir p. 66-72), en particulier dans la colonne vertébrale et les hanches, raffermit les muscles, réduit le risque de maladies cardio-vasculaires et aide à perdre du poids. Il est recommandé, en général, de courir 20 à 30 minutes trois fois par semaine, mais selon certaines études, des temps plus courts ou l'alternance entre course et marche procurent les mêmes avantages. Encore une fois, vous n'êtes pas obligée de vous astreindre à un programme structuré. Vous pouvez choisir de marcher vite pour faire une course ou de courir en sortant le chien. Échauffez-vous bien avant de courir : détendre ses muscles et ses articulations est aussi important que dans toute autre discipline.

3 types de marche

La marche à vitesse moyenne : vous marchez à environ 5 km/h, les bras ballants.

La marche rapide : votre allure est d'à peu près 6,5 km/h et vous remuez les bras énergiquement.

La marche sportive : vous faites du 8 km/h, avec des pas plus rapides et les bras pliés à 90°.

LE PROGRAMME DU MARCHEUR DÉBUTANT

Pour profiter au maximum de la marche en tant que sport, le mieux est de s'exercer tous les jours et d'augmenter peu à peu la fréquence, la durée, la longueur et l'intensité. N'oubliez pas que le simple fait de vous rendre à pied au supermarché peut compter dans votre programme quotidien et hebdomadaire. Si vous allez à votre salle de sport, ne prenez pas la voiture ! Si vous n'avez pas fait le moindre exercice physique ces trois derniers mois, ou moins de 30 minutes par semaine, si vous n'avez pas l'habitude de marcher ou souffrez de surcharge pondérale, ce programme s'adresse à vous. L'objectif est la régularité et un niveau vous permettant de marcher 30 minutes à une allure moyenne à rapide sans vous essouffler, au moins cinq fois par semaine.

PREMIÈRE SEMAINE

PREMIER JOUR Marchez dans les rues de votre quartier ou dans un parc pendant 20 minutes environ. Vous pouvez vous reposer au bout de 10 minutes ou, si vous préférez, diviser votre promenade en deux séances de 10 minutes. Essayez de marcher à un rythme « facile à moyen », ou à environ 55-65 % de votre fréquence cardiaque maximale (voir p. 131-132).

DEUXIÈME JOUR Suivez le même parcours, en réfléchissant à votre position et à votre technique, sans vous préoccuper trop de la vitesse.

TROISIÈME JOUR Si les deux premiers jours vous ont paru fatigants, contentez-vous de 10 minutes à un rythme moyen. Sinon, explorez les environs pendant 30 minutes.

QUATRIÈME JOUR Marchez 10 minutes à un rythme moyen. Prenez une carte et repérez les endroits déjà explorés, pour tracer un trajet que vous pouvez suivre en toute occasion. Il devrait faire une longueur de 1,5 à 3 kilomètres, avec des surfaces planes praticables par tous les temps. Le mieux est qu'il commence et se termine devant chez vous, et longe quelques rues tranquilles et des espaces verts.

CINQUIÈME JOUR Essayez votre trajet habituel en vous chronométrant. Marchez à environ 55-65 % de votre fréquence cardiaque maximale.

SIXIÈME JOUR Marchez 10 minutes à un rythme moyen.

SEPTIÈME JOUR Suivez votre trajet habituel à un rythme facile à moyen, à 55-65 % de votre fréquence cardiaque maximale, et chronométrez-vous.

DEUXIÈME SEMAINE

Marchez tous les jours 10 minutes à un rythme moyen.

Par ailleurs, suivez votre trajet habituel à un rythme facile à moyen, en accroissant votre fréquence cardiaque jusqu'à 60-75 % de son maximum. Notez votre temps et essayez de l'améliorer, ne serait-ce que de quelques secondes.

À un moment ou à un autre, suivez à un rythme facile à moyen un autre parcours de 40 minutes à une heure, si possible différent du trajet habituel.

TROISIÈME À CINQUIÈME SEMAINE

Marchez tous les jours au moins 10 minutes à un rythme moyen.

Suivez votre trajet habituel au moins une fois par semaine. La cinquième semaine, essayez d'améliorer votre temps d'une minute. Marchez 5 à 10 minutes à un rythme moyen à intense, soit 70-75 % de votre fréquence cardiaque maximale. Vous devez être légèrement essoufflée.

Au cours de ces trois semaines, faites deux sorties plus longues de 45 minutes et une heure. Essayez de marcher au moins 20 minutes en étant un peu essoufflée.

SIXIÈME À ONZIÈME SEMAINE

Marchez tous les jours au moins 10 minutes à un rythme moyen.

Suivez votre trajet habituel au moins deux fois par semaine, en vous chronométrant chaque fois et en maintenant le rythme atteint. Voyez comment allonger votre trajet pour les semaines à venir.

Chaque semaine, faites au moins une marche supplémentaire d'environ une heure. Pendant cette séance et en suivant votre trajet habituel, tentez de rester un peu essoufflée pendant au moins 20 minutes, à un rythme moyen à intense.

APRÈS LA DOUZIÈME SEMAINE

Maintenant, la marche devrait être une habitude. Vous devriez pouvoir marcher 1,5 kilomètre en moins de 18 minutes, sans être épuisée. Si vous n'y parvenez pas, reprenez le programme de la sixième à la onzième semaine jusqu'à ce que vous vous sentiez à l'aise.

Cherchez à intensifier l'effort — en bougeant plus les bras, en gravissant des collines. Peu à peu, augmentez votre temps et la distance parcourue. Essayez de marcher à un rythme moyen à intense pendant 15 à 25 minutes au cours de chaque sortie.

manières de rester en forme

- Prenez rendez-vous avec un professeur de gymnastique qui mettra au point un programme adapté à vos besoins.
- Inscrivez-vous à un club de gym. Si vous aimez la variété, essayez différents appareils.
- Faites de l'aquagym. Excellente pour la santé générale, elle permet de développer sa force musculaire, son endurance et sa souplesse.
- Si vous voulez faire du sport chez vous, achetez-vous un DVD ou une vidéo.
- Fondez un club. Encouragez les autres membres à organiser chacun son tour une promenade dans des endroits différents.
- Essayez un nouveau sport ou remettez-vous à une discipline que vous aviez laissée tomber.
- Dansez tant qu'il vous plaira. Toutes les danses, orientale ou de salon, sont énergisantes et amusantes et, si on les pratique avec régularité, donnent des résultats.

Enfin, si vous doutez que votre santé ou votre forme physique vous permettent de pratiquer un sport d'intensité moyenne, si vous avez de l'arthrite, des douleurs dans le dos ou les jambes, des problèmes cardio-vasculaires ou de l'asthme, parlez-en à votre médecin avant de vous mettre à la course à pied ou choisissez la marche rapide (voir l'encadré p. 139).

LA NATATION

Autre sport aérobie de premier plan, la natation fait travailler presque chaque muscle du corps. Si la plupart des mammifères savent nager d'instinct, les humains ont besoin de (ré-)apprendre. Si c'est votre cas, prenez des leçons.

L'eau est l'élément idéal pour une remise en forme complète. À cause de la résistance qu'elle offre, tous les exercices aquatiques développent la force musculaire, ainsi que l'endurance et la souplesse. Étant donné la poussée exercée par l'eau, l'impact sur les articulations est atténué, ce qui rend ce type de sport particulièrement approprié pour les personnes en surpoids, ou ayant des problèmes d'os ou d'articulations.

La bonne technique

Pour tirer le meilleur parti de la natation, trouver son rythme est primordial. Cela importe tant pour l'efficacité que pour l'endurance. Les éclaboussements exagérés, souvent un indice de mauvaise technique, risquent de vous épuiser très vite. Par ailleurs, il est bon d'apprendre plusieurs nages et, si possible, de varier, pour ne pas risquer de s'ennuyer et pour faire marcher des groupes musculaires différents. Le crawl, le plus rapide, reste le grand favori, mais l'endurance a son importance, aussi n'oubliez pas la brasse, la nage indienne et le dos crawlé.

Allez près de chez vous vous renseigner sur les cours d'aquagym. Ces exercices sans heurt tirent parti de la résistance de l'eau pour développer l'endurance, la force musculaire, la souplesse et l'équilibre. Sans doute trouverez-vous plus agréable de vous joindre à un groupe travaillant dans un cours structuré plutôt que de faire des longueurs. Vous pouvez aussi acheter une ceinture en polystyrène, qui ne coûte pas cher et vous permettra de courir dans l'eau. C'est une excellente solution pour faire du sport en restant au frais.

LES APPAREILS DE CARDIO-TRAINING

La gamme de ces appareils à usage domestique va du mini-stepper au matériel pour salle de gymnastique. Ils sont appelés appareils cardio-vasculaires ou de cardio-training en raison de leur action particulièrement bénéfique pour le cœur et les vaisseaux. Vous avez le choix entre différents tapis de jogging, vélos d'appartement, grimpeurs, simulateurs de ski de fond, rameurs ou escaliers d'exercice (steps).

Vous pouvez les acheter dans un magasin de sport ou par correspondance. Avant l'achat, définissez vos objectifs et, si possible, essayez différents modèles dans un club de gym près de chez vous, jusqu'à ce que vous trouviez celui qui répond à vos besoins et vous offre une certaine latitude pour progresser. Dans les boutiques spécialisées, les vendeurs sont en général capables de vous conseiller et de vous recommander ce qui vous convient le mieux.

Un défi constant

L'avantage des machines perfectionnées est que vous pouvez les régler pour augmenter l'effort et qu'elles vous font donc progresser au fur et à mesure que votre forme s'améliore. Sur les vélos d'appartement, vous pouvez accroître la friction appliquée sur la roue pour rendre le pédalage plus difficile. Les tapis de jogging et les grimpeurs sont souvent inclinables, ce qui revient à marcher ou à courir sur une pente de plus en plus raide. Les appareils à roue d'inertie sont en général plus chers mais moins éprouvants que ceux à système hydraulique. Vous pouvez les utiliser plus longtemps sans vous fatiguer.

Les gadgets électroniques

Les équipements haut de gamme sont souvent dotés d'ordinateurs d'entraînement qui contrôlent aussi bien les performances que l'amélioration de la forme physique, ce qui facilite la mise au point d'un programme. Ils comportent fréquemment des capteurs mesurant la distance parcourue en théorie, par exemple, ou le nombre de calories brûlées pendant l'effort. Investir dans ces accessoires, qui font beaucoup monter le prix de vente, ne se justifie que si vous avez besoin de ce niveau de précision et si vous êtes capable d'utiliser ces informations dans votre programme de fitness.

Quels sont les appareils les plus efficaces ?

En terme de travail aérobie, il n'y a pas beaucoup de différences entre les appareils, puisqu'ils ont tous les mêmes objectifs et dépendent de l'effort fourni. Cela dit, les équipements d'endurance offrent aussi des avantages pour améliorer le tonus musculaire. Les escaliers d'exercice, les pistes et les vélos d'appartement, par exemple, tonifient les muscles jambiers et fessiers. En revanche, ils n'agissent pas sur la musculation de la moitié supérieure du corps. Si vous en utilisez, n'oubliez pas de faire travailler d'autres parties essentielles.

Les appareils à ramer ou à skier sont sans doute les plus efficaces pour acquérir de l'endurance, parce qu'ils s'adressent à la partie supérieure du corps, bras, poitrine et abdomen, autant qu'aux jambes, et proposent ainsi un entraînement complet.

Équilibrez vos efforts

Si vous concentrez vos efforts sur le tapis de jogging ou le vélo d'appartement, vous risquez de muscler essentiellement vos jambes et vos fessiers, au détriment de vos épaules, de votre buste et de vos bras. Prévoyez également des exercices qui font travailler le haut du corps.

PROGRAMME DE YOGA POUR DÉBUTANT

Pratiqués en douceur et avec lenteur, les étirements et les flexions du yoga en font une excellente thérapie qui, à la ménopause, vous apporte énergie et équilibre. Le nombre des postures dépasse le cadre de cet ouvrage, mais cette séquence en continu fournit un bon départ, et peut vous inciter à pratiquer cette discipline avec régularité et à trouver un coach qui vous fera dépasser ce stade.

1 Commencez par vous asseoir sur les jambes, le dos droit mais détendu. Essayez de faire le vide dans votre tête. Respirez, soufflez.

2 Respirez, puis abaissez le torse et les bras en soufflant. Posez le torse sur les cuisses, les bras étendus et touchant le sol devant vous.

3 En respirant, relevez-vous sur les mains et la pointe des pieds. Soufflez. Respirez en restant sur la pointe des pieds, et avancez pour faire passer le poids du corps sur les mains et les orteils. Soufflez en abaissant le bassin vers le sol.

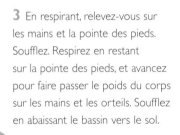

4 Respirez. Soufflez et mettez-vous à quatre pattes, les genoux bien écartés, les poignets dans l'axe des épaules. Avec les mains et les genoux, faites pression sur le sol et faites le dos rond en abaissant les hanches. Tenez quelques secondes. Soufflez.

5 Respirez. Avec les mains et les genoux, faites pression sur le sol, creusez le dos et relevez la tête en remontant les hanches. Tenez quelques secondes.

6 Respirez. Soufflez. Asseyez-vous les jambes tendues devant vous, puis ramenez le talon droit sous la poitrine, le tibia contre le sol, en vous tournant pour faire face à la jambe gauche. Respirez, levez les bras le long des oreilles et tenez quelques secondes. Soufflez.

7 Respirez. Soufflez, penchez-vous au-dessus de la jambe gauche. Si votre tête ne touche pas le genou, relevez-le. Soufflez.

8 Respirez. Relevez la tête et le torse. Prenez appui sur la main droite, relevez le bras gauche dans l'axe du torse et regardez vos doigts. Soufflez, appuyez sur le sol avec la main et le tibia du côté droit tout en relevant les fesses.

9 Respirez. En soufflant, ramenez votre bras gauche en bas à gauche tout en pliant le genou gauche jusqu'à ce qu'il touche le droit. Asseyez-vous sur les talons. Respirez, étendez les bras devant vous. Soufflez, croisez les doigts derrière le dos et appuyez sur les mains en les abaissant vers les talons. Respirez, relevez le menton. Soufflez, avancez le torse et la tête vers les cuisses, en relevant le plus possible les bras derrière le dos.

LE TRAVAIL DES MUSCLES ET DE L'ENDURANCE

Travailler sa force et sa musculation, afin d'améliorer sa forme physique générale et de tonifier les muscles pour les petites tâches quotidiennes, est aussi important que renforcer son endurance par des exercices aérobies.

FORCE OU ENDURANCE ?

La force est l'aptitude à soulever, abaisser, pousser ou porter un objet d'un poids et d'une masse tels que l'on ne peut fournir cet effort que pour une durée limitée. Il faut de la force musculaire pour mettre une valise lourde dans sa voiture ou dévisser le bouchon d'un bidon. L'endurance, en revanche, est l'aptitude à maintenir un certain niveau d'activité pendant une période prolongée. Vous en avez besoin

pour porter des sacs de provisions lourds, par exemple, ou bêcher votre jardin. Plus de force musculaire et d'endurance offre de nombreux avantages pour la santé tout en améliorant la qualité de vie.

Tout comme les exercices aérobies renforcent le cœur et les poumons, l'entraînement musculaire développe la musculation. Les muscles qui ne sont pas utilisés régulièrement perdent de leur tonicité et s'affaiblissent. Ceux en mauvais état sont davantage menacés par les traumatismes, se fatiguent vite et limitent votre champ d'action. Il vaut vraiment la peine de consacrer un peu de temps à travailler sa musculation.

Tout programme complet comporte un entraînement musculaire et des exercices anaérobies ou avec charge. Bien qu'ils n'augmentent pas la capacité cardiorespiratoire par eux-mêmes, ils accroissent la puissance musculaire. Ce qui est particulièrement important, puisque celle-ci permet de faire davantage d'exercices aérobies, de réduire les réserves adipeuses et d'augmenter la masse maigre — ce qui fait mieux brûler les calories.

Le Gyrotonic

Mise au point par un ancien danseur classique, cette discipline complète associe des éléments de danse, de yoga, de taï chi et de natation. Le Gyrotonic se sert de poulies, de charges et de roues qui étirent et renforcent les muscles tout en assouplissant et en stimulant les articulations. Il se pratique uniquement en cours particuliers, avec un professeur qui élabore avec vous un programme sur mesure.

LES AVANTAGES POUR LES FEMMES

Les femmes profitent autant que les hommes, sinon plus, d'une musculature vigoureuse, en particulier après la ménopause, pour diverses raisons.

• Le mouvement des muscles renforce l'os s'il lui fait subir une pression adéquate. Les exercices de musculation, ou avec des sauts, sont les plus efficaces pour augmenter la masse osseuse ou réduire la perte osseuse.

• Après la ménopause, on tend à perdre de sa masse musculaire et, avec moins de muscles, l'organisme brûle moins bien les calories. Ce qui peut se traduire par un gain de poids.

• La musculation réduit les risques de chutes et améliore l'équilibre, détails essentiels pour les femmes souhaitant conserver leur indépendance.

• Une musculature plus forte et efficace protège contre les accidents de la vie quotidienne, notamment lors de la pratique d'autres types d'exercices aérobies. Ceux destinés au renforcement du tronc stimulent les abdominaux et les muscles du dos, ce qui prévient les lombalgies et améliore le maintien. Du fait de sa variété, l'entraînement musculaire s'adapte sans peine aux besoins de chacune, tout comme les exercices aérobies. On peut le pratiquer dans une salle ou un club de gymnastique, avec des haltères ou des appareils à charges guidées, qui font travailler en résistance avec des poids et des poulies. La musculation convient aux femmes de tous les âges, et il n'est pas nécessaire d'être forte pour en tirer profit. N'ayez pas peur, non plus, de vous retrouver avec des muscles saillants : il s'agit de musculation, pas de body-building. L'important est de bien suivre le programme. Mettez-le au point avec un professeur du club. Étudiez tous les appareils et leur fonctionnement. La plupart des clubs offrant une première séance gratuite, essayez avant de vous décider.

Combien de fois par semaine ?

Au début, c'est la question à se poser. Avec l'entraînement musculaire, mieux vaut éviter les excès ! Comme les exercices sont ciblés sur les différents groupes musculaires, vous pourriez avoir une séance

par jour, vous concentrer sur les bras un jour, les jambes le lendemain, puis le torse. Pourtant, si vous voulez optimiser les résultats, accordez deux jours de repos à vos muscles. C'est le temps qui leur est nécessaire pour réagir à la stimulation et augmenter leur masse. Si, par exemple, vous travaillez les bras le mercredi, mieux vaut attendre au moins vendredi pour recommencer. La fréquence maximale est donc de trois séances par semaine.

Quel programme suivre ?

Le programme doit être bien équilibré, et faire travailler les muscles du tronc, des membres supérieurs et du cou, ainsi que des membres inférieurs, soit au cours de la même séance, soit en alternance.

Les muscles du torse, abdominaux et dorsaux, sont essentiels, car ils soutiennent le corps pendant toutes les activités. Si vous voulez marcher, nager, faire du vélo ou autre, un torse bien musclé augmentera votre capacité, et réduira les douleurs et la fatigue, y compris les lombalgies.

Il est important de se rappeler que les muscles travaillent par paires et ont besoin d'être équilibrés. Chaque fois qu'un se contracte, celui qui lui est opposé se détend, et réciproquement si le mouvement est inversé. La perte de l'équilibre entre des muscles opposés peut déstabiliser le corps. Si, par exemple, vous avez des abdominaux musclés mais des dorsaux faibles, vous risquez une lombalgie.

Tout programme complet comprendra donc des abdominaux, des étirements verticaux pour le haut du torse et les bras, des flexions des jambes pour la région pelvienne et les cuisses, des flexions des biceps et des triceps, et des exercices de renforcement musculaire de la main et de l'avant-bras, ainsi que des muscles des cuisses et des mollets.

Les haltères et les poids

Choisissez des haltères et des poids que vous maniez aisément et sans danger. Au début, vous devez pouvoir répéter 12 à 15 fois le

même mouvement assez facilement. Quand vous êtes à l'aise, augmentez peu à peu le poids, par tranches de 200 grammes. Une charge excessive fatigue les muscles et entraîne des risques de traumatismes. À l'inverse, si elle est trop faible, elle constitue un défi insuffisant.

N'oubliez pas que les exercices de musculation n'augmentent pas beaucoup votre capacité à eux seuls et qu'il est essentiel d'alterner avec des séances d'exercices aérobies. Par ailleurs, il est important de s'échauffer, encore plus qu'avec les activités aérobies, et de terminer par des étirements. Si vous ne faites pas d'exercices en isométrie, vos fibres musculaires auront tendance à se raccourcir pendant les mouvements répétés en résistance.

Si vous voulez en savoir plus sur le travail avec des charges, renseignez-vous dans une salle de sport, où un professeur vous aidera à mettre au point un programme de musculation. Reportez-vous p. 150-151 si vous souhaitez commencer à faire des exercices de travail en résistance chez vous.

Travaillez votre technique

Une bonne posture est essentielle pour l'entraînement musculaire. En conséquence, choisissez des haltères qui ne vous gênent pas. Si vous prenez une mauvaise position parce qu'ils sont trop lourds ou que vous vous tenez mal, vous allez au-devant des problèmes et perdez une partie du bénéfice de l'entraînement. Une fois encore, demandez à un professeur si votre posture est correcte, afin de ne pas vous faire plus de mal que de bien.

accessoires de musculation

▶ Les haltères et les poids : seuls ou par paires, ils sont parfois réglables pour ajouter des charges.

▶ Les barres à disques renforcent les muscles qui soutiennent la colonne vertébrale ainsi que les principaux groupes musculaires.

▶ Les haltères pour chevilles et poignets font davantage travailler en résistance pendant les exercices habituels de musculation.

▶ Les élastiques font plus travailler en résistance pour certains exercices simples à faire chez soi.

▶ Les appareils de gymnastique sont faciles à utiliser et simples à régler si vous voulez augmenter l'effort. Servez-vous de toute la gamme pour travailler correctement les différents muscles et réduire les risques de déséquilibre.

LES EXERCICES D'ÉQUILIBRE ET DE SOUPLESSE

Avec l'âge, l'équilibre devient de plus en plus important. Votre aptitude à le conserver dépend des informations que le cerveau reçoit des trois organes de perception de la position (oreille interne, yeux, récepteurs musculaires et articulaires). Les messages renvoyés par votre cerveau permettent aux muscles de rectifier imperceptiblement votre posture. Il est donc important de consacrer au moins une partie de votre gymnastique quotidienne à l'entraînement des muscles pour qu'ils réagissent automatiquement aux signaux émis par le cerveau et vous aident à conserver votre équilibre.

Même si les personnes âgées risquent davantage de tomber, les chutes se produisent à tout âge et à tout instant. Si vous n'avez jamais fait d'exercices d'équilibre, la ménopause est le bon moment pour vous y mettre, à cause des risques accrus d'ostéopénie, d'ostéoporose, donc de fractures. La posture debout sur un pied est facile pour débuter et vous pouvez contrôler vos progrès de semaine en semaine. Vous pouvez même exercer encore plus votre équilibre en relevant les bras sur les côtés. Une fois que vous y arrivez bien, essayez de fléchir la jambe levée jusqu'à ce qu'elle soit parallèle au sol. En gardant la jambe qui porte légèrement fléchie, quand vous sentez que vous avez un bon équilibre, accroupissez-vous en fléchissant cette jambe. Descendez aussi bas que possible puis remettez-vous debout et recommencez avec l'autre jambe.

Si vous en éprouvez le besoin, tenez-vous d'une main à une table, un mur ou une chaise lourde quand vous commencez ces exercices. Une fois que vous êtes plus sûre de vous, essayez de conserver votre équilibre en

ne vous appuyant que du bout d'un doigt sur cette surface, puis faites-le sans vous tenir du tout. Si vous êtes mal assurée, demandez à un proche de rester près de vous. Enfin, une fois que vous êtes bien solide sur vos pieds sans vous tenir à rien, tentez de faire ces exercices les yeux fermés.

Les exercices de souplesse comme les étirements, le Gyrotonic, la méthode Pilates et le yoga (voir p. 144-145) améliorent aussi l'équilibre et la coordination.

Ces exercices, qui vous feront le plus grand bien à cette époque de la vie, vous sont présentés à titre d'exemples et il en existe bien d'autres.

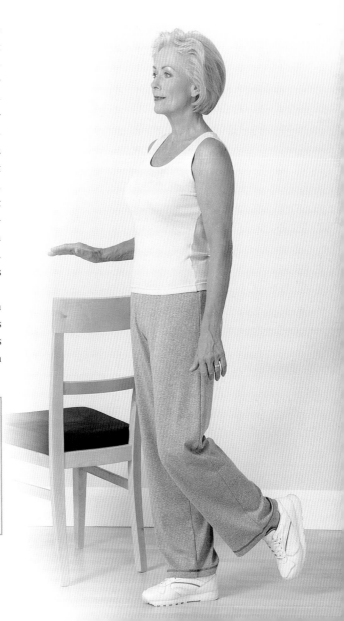

La pose du flamant
Pour vérifier votre équilibre, restez debout en équilibre sur un pied et voyez combien de temps vous tenez. Continuez plusieurs semaines, jusqu'à ce que vous teniez 30 secondes.

AMÉLIOREZ VOTRE TONUS MUSCULAIRE

Voici des exercices pour conserver vos muscles en bon état, afin qu'ils travaillent efficacement et que vous puissiez poursuivre vos activités très longtemps.

1–3 Les flexions des bras avec des haltères renforcent non seulement les muscles à l'avant des bras, mais peuvent contribuer à une augmentation de la densité minérale osseuse des poignets, très susceptibles de fractures. Prenez des haltères adaptés à votre niveau, légers au début, et augmentez peu à peu le poids. Tenez-vous droite, les pieds écartés et les genoux légèrement fléchis. En tenant les haltères par en dessous, les paumes tournées vers l'avant, tirez les épaules vers l'arrière et le bas, et tendez les bras, puis fléchissez-les en les remontant au niveau des épaules. En soulevant, comptez jusqu'à 3, puis baissez en comptant jusqu'à 3. Faites une pause et recommencez 6 fois.

LE TRAVAIL DE LA TONICITÉ AVEC UN BALLON

À l'origine, cet outil efficace et divertissant servait pour la remise en forme après un traumatisme. On s'est vite rendu compte qu'il est excellent pour la forme physique générale. Cette base instable fait travailler beaucoup plus de muscles que si l'on prend appui sur ses deux pieds. Vous pouvez soulever le ballon, vous allonger dessus, vous asseoir ou même vous tenir debout. Il existe des dizaines d'exercices progressifs, convenant à tous les niveaux de forme physique.

4 Soulever les talons améliore le tonus des muscles des mollets et assouplit les chevilles. Restez debout près d'un mur, posez une main dessus pour vous appuyer et relâchez l'autre main sur le côté. Redressez-vous et soulevez les talons, en faisant passer votre poids sur la plante des pieds. Tenez quelques secondes et abaissez les talons jusqu'au sol. Recommencez.

6 Travaillez la tonicité des bras et du torse. Placez-vous face à un mur, les pieds écartés. Posez les paumes sur le mur, à la hauteur des épaules. Veillez à ne pas bloquer les coudes en allongeant les bras. Contractez les abdominaux, puis pliez les coudes ; penchez-vous vers le mur en comptant jusqu'à 3. Appuyez sur le mur et tenez quelques secondes, puis allongez de nouveau les bras et revenez en position de départ en comptant jusqu'à 3. Faites une pause et recommencez.

5 Musclez vos poignets, vos avant-bras et vos épaules. Les mains écartées dans le prolongement des épaules, saisissez un bâton ou un manche à balai (comme sur la photo), en passant une main par en dessous et l'autre par-dessus. Appuyez vers le haut avec la paume posée en dessous et vers le bas avec l'autre. Changez de prise et recommencez.

7 Musclez vos cuisses et vos genoux en fixant des haltères à vos chevilles pour progresser. Asseyez-vous au bord d'une chaise, les jambes écartées et les genoux juste au-dessus des chevilles. En tenant la chaise pour soutenir votre dos, faites glisser une jambe vers l'avant. Allongez-la le plus possible en poussant avec le talon. Comptez jusqu'à 3 en soulevant le pied, tenez quelques secondes, puis reposez le pied en comptant jusqu'à 3. Faites une pause et recommencez.

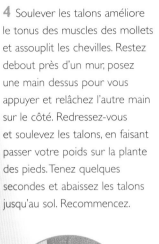

7

LES RÈGLES
DU BIEN-ÊTRE

Le mode de vie a, sans aucun doute, des répercussions
sur notre manière de vivre la ménopause. Nous sommes
en mesure de modifier, d'adapter ou d'éviter certaines
des manifestations qui agissent sur notre bien-être.
Ce chapitre se veut une réflexion
sur les différentes attitudes que les femmes
peuvent adopter durant cette période,
afin qu'elles décident en connaissance de cause.

LES EFFETS PSYCHOLOGIQUES DE LA MÉNOPAUSE

Les principaux effets de la ménopause se font sentir non seulement sur l'organisme, mais aussi sur le psychisme. Cette phase de la vie représente un bouleversement psychologique considérable. Vous vous croyez jeune et séduisante, vous avez l'avenir devant vous, puis, l'instant d'après, vos perspectives se réduisent à pas grand-chose et vous n'existez plus. Le regard des autres semble impitoyable, d'autant plus que votre personnalité est restée intacte — sinon votre corps — et que vous vous sentez toujours la même.

Si la ménopause constitue une étape psychologique naturelle qui fait naître quelques regrets (pour votre vie précédente), pensez aussi à ses bons côtés. 15 % des femmes ne ressentent pas le moindre désagrément pendant la ménopause et, sur les 85 % restant, la grande majorité éprouve des troubles relativement bénins, qui disparaissent d'eux-mêmes. Beaucoup ont l'impression de s'émanciper. Il peut être réconfortant de penser aux femmes célèbres ou aux stars qui ont connu leur période de plus grande gloire bien après la ménopause.

LA PART DU PHYSIQUE ET DU PSYCHIQUE

Il est difficile de faire la part entre les effets psychiques et physiques de la ménopause. En fait, ils dépendent complètement les uns des autres. Tout comme vous aviez noté des perturbations psychiques distinctes et régulières lors de vos cycles menstruels, le vague à l'âme semble l'emporter au cours de ces années de transition.

Il est important de comprendre que l'organisme et le psychisme traversent une phase de sevrage hormonal. Dans ce sens, vous pouvez vous assimiler à un drogué en cure de désintoxication. L'organisme souffre de la disparition des estrogènes qui, pendant les 40 dernières années, ont régulé son fonctionne-

Ménopause et hérédité

Votre patrimoine génétique vous prédispose à vivre ce changement d'une certaine manière. Les femmes pensent donc souvent qu'il n'y a rien à faire pour remédier à des situations figées et durables, ce qui peut être particulièrement déprimant. En fait, rien n'est plus faux. Si vous savez à quoi vous attendre, préparez-vous ! C'est toujours une bonne idée de réunir autant d'information que possible. Mieux vaut prévenir que guérir !

ment et ses rythmes. Il n'y a donc rien de surprenant à ce qu'une nouvelle relation s'établisse entre vous, votre corps et vos émotions.

En prime, tous les aspects de la vie peuvent influer sur votre vécu de cette transition majeure. Le psychisme, les hormones, la vie sexuelle, les attentes de la ménopause, tous s'allient pour agir sur les changements physiques. À vous de prendre les choses en main pour que cela aille pour le mieux.

LE PATRIMOINE GÉNÉTIQUE

Impossible d'échapper à nos prédispositions génétiques, mais si nous savons ce qu'elles nous réservent, nous pouvons prendre nos précautions. Aussi, comment nous préparer ? Commencez par étudier l'historique familial. Comment les femmes des lignées maternelle et paternelle ont-elles vécu la ménopause ? L'ont-elles traversée sans s'en rendre compte ? Ou l'ont-elles trouvée pénible ? Il est probable que leur expérience vous donnera un avant-goût de ce qui vous attend.

Votre évolution au cours de vos cycles menstruels passés vous fournira aussi des indices. Si vous êtes mère, votre réaction après la naissance peut vous en apprendre beaucoup. Les femmes qui ont souffert de dépression lors des grands déficits hormonaux risquent de reproduire ce schéma quand survient la ménopause.

Ces prédispositions sont des sources d'informations. Si les nouvelles sont mauvaises, réfléchissez (à l'avance) aux actions préventives qui sont à votre portée — THS, phytothérapie, soutien familial —, à moins que vous ne parliez de votre état à vos amis et à votre famille. Vous pouvez modifier votre alimentation, faire plus attention à votre vie de couple ou prendre des dispositions pour, le moment venu, suivre vite un traitement.

Faire chambre à part ?

C'est parfois une conséquence difficile et douloureuse de l'évolution physique. Si vous partagez le même lit, il peut vous arriver d'avoir trop chaud, de bouger trop ou de ne pas dormir assez. Peut-être est-il sage d'acheter des lits jumeaux ou même de faire chambre à part, mais vous aurez tout de même le sentiment qu'une époque est révolue. L'intimité est menacée. Pour mieux accepter cette séparation nocturne, vous pouvez convenir avec votre partenaire de poursuivre les câlins avec régularité, voire de vous endormir ensemble. Attachez-vous au bon côté des choses. Il est étonnant que faire chambre à part soit si mal vu. Tant que vous ne négligez pas les autres aspects de votre vie privée, une chambre à soi change la vie. C'est un tel soulagement, que vous ne comprendrez pas pourquoi vous ne vous y êtes pas résolue des années plus tôt !

LE PSYCHISME FÉMININ PENDANT LA MÉNOPAUSE

Il est normal de regretter un peu le passé et de s'inquiéter du futur. L'important, c'est votre manière de gérer ces sentiments et de réagir.

Les idées noires

Peut-être vous trouvez-vous moins séduisante, ce qui vous fait redouter l'abandon. Malheureusement, à en juger d'après l'attitude de certains hommes face aux angoisses de leur propre crise de la cinquantaine, cela arrive. Et c'est bien sûr un coup terrible. Mais pour chaque homme qui quitte sa partenaire à ce stade de la vie, il y en a beaucoup d'autres qui restent. De plus, la vie continue après un tel événement. Les femmes qui se retrouvent seules vers la cinquantaine, qui sont peut-être restées avec leur partenaire pour élever les enfants, se rendent compte qu'il est possible de retomber amoureuse et découvrent un nouveau type de relation, riche de sensations juvéniles, mais

régi par des attentes matures. Elles sont nombreuses à déclarer que c'est la meilleure chose qui leur soit arrivée. C'est une ineptie de croire que l'on a perdu sa séduction parce que l'on n'a plus ses règles. Une femme est aussi attirante qu'elle le ressent et ce sentiment se cultive. Complétez votre garde-robe, investissez dans du maquillage, faites-vous des amis.

Par ailleurs, si parfois vous ne vous sentez pas bien, vous risquez de donner dans l'hypochondrie. Pendant les années de la ménopause, votre corps vous rappelle à l'ordre. Évitez d'apaiser vos craintes en suivant le premier régime de santé venu. Cela dit, si votre alimentation laissait à désirer, c'est maintenant le moment de rectifier le tir. Si vous ne faisiez pas beaucoup d'exercice physique, commencez. La méthode Pilates, le yoga, la marche et la natation sont des activités qui stimulent la sécrétion d'endorphines. Et l'exercice physique ne fait pas qu'améliorer la santé ; on se sent tellement mieux !

Il arrive aussi que les femmes craignent de perdre leur emprise parce qu'elles sont épuisées. Dans le monde entier, les études sur les femmes ménopausées révèlent que la fatigue est leur premier souci. Pour y remédier, on peut prendre des dispositions pour dormir (voir l'encadré p. 155) et suivre un traitement hormonal substitutif ou une thérapie alternative. Une fois la fatigue partie, il est probable que la déprime disparaîtra.

Le regard que pose la société occidentale sur les seniors, en particulier les femmes, peut parfois faire mal. Certaines ont l'impression de ne plus exister. Alors qu'auparavant les hommes les admiraient, elles ont désormais l'impression que les jeunes des deux sexes ne remarquent même pas leur présence. Cela peut être dur, surtout pour celles qui ont bénéficié d'un physique exceptionnel. Il est possible qu'en société vous vous soyez trop reposée sur l'apparence. Une fois la beauté fanée, que pouvez-vous faire ? Vous aurez du mal à la retrouver, à moins de mesures extrêmes et d'un recours à la chirurgie esthétique, par exemple. Mais vous pouvez développer votre personnalité, pour être plus directe, plus drôle et plus sympathique. Vous pouvez adopter un nouveau look. Écouter est une grande qualité à découvrir. Enfin, vous êtes libre de flirter. Les femmes mûres sont parfois ravies que leur âge les autorise à jouer les séductrices.

manières de vous faire comprendre

▶ Dites à votre partenaire ce qui l'attend.
S'il ne sait pas que votre irritabilité a une raison d'être, il est normal qu'il s'impatiente.

▶ Expliquez-lui que votre état psychique sera un peu comme il l'était avant vos règles, mais que cette fois-ci, les fluctuations hormonales sont différentes et qu'une fois qu'elles se seront calmées, tout ira mieux.

▶ Expliquez-lui la différence entre la fatigue et la paresse.

▶ Faites-lui comprendre que les trous de mémoire n'ont rien de volontaire.

▶ Quand vous vous sentez vulnérable, faites-le savoir avec discrétion, au besoin par un signal convenu.

Soulignez les aspects positifs

Les changements physiques sont en général progressifs. Beaucoup de femmes ne savent pas que même quand les ovaires ont fini de sécréter des estrogènes, les glandes surrénales continuent à assurer cette fonction pendant cinq à dix ans, avec, en prime, de la testostérone. Autrement dit, sans l'effet adoucissant des estrogènes, vous vous sentez en fait plus séduisante, plus énergique et plus efficace.

Une autre chose que personne ne vous dira, c'est que même si une partie du désir sexuel s'éteint, ce n'est pas si grave, en fin de compte, car cela vous permet de voir la vie avec plus de sérénité.

Il est aussi important de rappeler que les couples solides durent parce que les deux partenaires s'aiment. En fait, à un stade avancé de la vie, ces liens forts sont doublement rassurants, parce qu'ils ont permis de surmonter une période houleuse.

Si vous rencontrez des obstacles physiques dans votre sexualité, plusieurs formes de THS ou de thérapies alternatives, à base de *dong quai* (angélique chinoise) ou de cimicaire (voir p. 195), peuvent vous sauver. Cela dit, les femmes n'aiment pas toujours penser que leur corps est voué à l'amour. Il faut vouloir rester séduisante, sinon l'acte perd de son

charme. En fait, certaines préfèrent se passer de sexe, mais en éprouvent de la culpabilité. Si leur partenaire pense, au contraire, que la sexualité est une composante de leur couple, cela pose un problème. Ce type de situation révèle, d'habitude, une insatisfaction qui était restée cachée. Mais si vous avez envie d'amour physique, il n'y a aucune raison de vous en priver tant que vous êtes en bonne santé et en forme.

La fin des règles est bien agréable, puisque vous ne connaissez plus ces troubles du psychisme qui survenaient chaque mois, sans parler du syndrome prémenstruel. Votre vie retrouve sa stabilité, ce qui fait le plus grand bien à vos relations, intimes ou autres. C'est le moment idéal pour vous lancer dans les affaires, faire des voyages, vous essayer à la politique. Certaines ont l'impression que leur vie était passée au second plan du début de l'adolescence à la cinquantaine et qu'elles la retrouvent brusquement.

LA GESTION DU STRESS

Toutes sortes d'événements et de circonstances peuvent perturber l'équilibre affectif à une époque ou une autre de la vie. Les soucis professionnels, financiers, les enfants ou le couple sont autant de causes de stress. Cependant, au moment de la ménopause, nous sommes parfois touchées par des faits particulièrement éprouvants, comme la fin de la fécondité et la crainte de changements physiques. De plus, c'est l'époque où les enfants quittent la maison, mais aussi où les parents, qui ont vieilli, ont des problèmes de santé et deviennent dépendants.

Pour conserver notre équilibre psychique pendant la ménopause, nous devons gérer tous nos problèmes, ainsi que les changements inhérents à cette phase.

LE STRESS

Personne n'y échappe. Il est possible qu'une certaine dose de stress, par exemple dans le milieu professionnel, nous stimule et même nous rende plus performantes. Cependant, subir un stress excessif et avoir du mal à y faire face se répercute sur le bien-être, tant physique que psychique. Comme il est impossible de l'éviter complètement, il est important d'intégrer des techniques de détente dans les activités quotidiennes. Si vous vous sentez dépassée, de nombreuses stratégies vous permettront d'y remédier (voir p. 162).

L'EXCÈS DE STRESS

Quand l'esprit et l'organisme luttent pour surmonter le stress quotidien, ils le manifestent de plusieurs façons. Vous reconnaissez-vous dans les symptômes figurant dans l'encadré ci-contre ? Les techniques de relaxation permettent de soulager les troubles émotionnels, les autres étant d'ordre physique. Si ces symptômes constituent des réactions normales à des situations particulières, réagissez, au cas où celles-ci se multiplieraient ou vous perturberaient, ou si les troubles se manifestent même en cas de stress anodin. Le comportement change souvent face à un stress excessif, notamment en société. Parfois, les amis proches et la famille s'en rendent mieux compte que la personne concernée.

Apprenez à déléguer

Vous n'avez pas besoin d'être tout le temps une battante. Apprenez à fixer des priorités et à déléguer, au bureau et chez vous, et à accepter de bonne grâce les offres d'aide.

L'étape suivante

Si vous présentez des symptômes de stress excessif, essayez d'atténuer cette tension. Dans les pages qui suivent, nous présentons diverses techniques de gestion du stress. Il est important, néanmoins, d'accepter de l'aide, en cas de besoin, qu'elle vienne de vos amis, de la famille, d'un thérapeute ou d'une association de soutien.

Un stress excessif peut se manifester par des symptômes physiques réels, qu'il est souvent difficile de distinguer de ceux qui relèvent d'une réelle pathologie.

C'est pourquoi vous aurez sans doute intérêt à consulter votre médecin, qui vous proposera éventuellement des tests et vous aidera à trouver des solutions.

À l'aide !

Si vous vous sentez stressée au point que votre santé en souffre et que vous avez besoin d'aide, consulter votre médecin de famille est un bon début. Ensemble, vous réfléchirez à l'étape suivante, une psychothérapie ou autre.

La psychothérapie permet de trouver les raisons du stress, d'aborder certains problèmes et de développer des stratégies pour surmonter son stress. Les programmes de gestion du stress sont également très appréciés. Vous pouvez envisager une thérapie cognitive si vous avez besoin d'aide pour faire évoluer des idées négatives qui ajoutent à votre anxiété.

Une médication se révèle parfois la bonne solution. De plus, nombre d'associations sont là pour vous écouter et vous aider.

Les exercices de relaxation

Il existe de nombreux exercices de relaxation : les techniques de respiration (voir p. 32), le yoga, notamment la posture du fœtus (voir p. 36), la respiration abdominale profonde (voir p. 40) et la méditation (voir p. 42). Par ailleurs, vous trouverez des cassettes et DVD ou des cours pour apprendre à apprécier la relaxation. L'aromathérapie (voir p. 160-161) est une méthode agréable pour faire fuir les idées noires.

Les signes de stress

Symptômes psychiques

- ▷ Se sentir crispée et sous pression
- ▷ Avoir du mal à se détendre
- ▷ Être capricieuse et irritable
- ▷ Se plaindre fréquemment
- ▷ Être angoissé(e)
- ▷ Pleurer pour un rien
- ▷ Réagir de façon disproportionnée
- ▷ Se mettre en colère
- ▷ Avoir du mal à faire face
- ▷ Avoir des problèmes de concentration
- ▷ Avoir des difficultés à prendre des décisions
- ▷ Préférer la fuite en cas de litige
- ▷ Avoir besoin de vérifier sans cesse
- ▷ Se sentir déprimée et incapable de profiter de la vie ; le stress et l'angoisse vont souvent de pair avec la dépression

Symptômes physiques

- ▷ Transpiration
- ▷ Tension musculaire
- ▷ Pouls rapide
- ▷ Respiration accélérée
- ▷ Tremblements
- ▷ Nausée
- ▷ Bouche sèche

Symptômes physiques se manifestant en permanence ou de façon sporadique sur une période prolongée

- ▷ Céphalées
- ▷ Fatigue et manque d'énergie
- ▷ Troubles du sommeil
- ▷ Perte ou excès d'appétit
- ▷ Douleurs
- ▷ Aggravation de certains problèmes, tels que pellicules ou colon irritable

Les symptômes sociaux peuvent :

- ▷ éviter les rencontres et se renfermer peu à peu
- ▷ boire ou fumer davantage

L'AROMATHÉRAPIE

Depuis des siècles, nous apprécions les parfums des huiles essentielles d'origine végétale, pour l'apaisement qu'ils procurent à l'esprit comme au corps. L'odorat est le plus affiné de nos cinq sens. Certaines fragrances nous procurent des sensations de paix, nous stimulent ou encore tonifient la peau. C'est pourquoi les huiles essentielles sont réparties en trois catégories : les analgésiques et antalgiques — cèdre, jasmin, néroli —, les tonifiantes — bergamote, basilic romarin, qui mettent de bonne humeur —, enfin les huiles régulatrices de l'organisme — citronnelle, myrrhe. On peut faire chauffer ces huiles sur un brûleur. Vaporiser du jasmin ou de la lavande crée une atmosphère de calme chez vous ou à votre bureau. Vous pouvez les utiliser dans votre bain, en masque pour le visage, en bain de pieds,

pour des inhalations ou des massages. N'oubliez jamais de les diluer. Si vous êtes enceinte, évitez-en certaines.

HUILE ESSENTIELLE	UTILISATION
Camomille	Soulage le stress et l'insomnie
Bois de santal	Apaise la tension et l'angoisse
Lavande	Soulage la dépression et l'insomnie
Cèdre	Apaise l'angoisse
Néroli	Soulage l'angoisse et la dépression
Ylang-ylang	Aphrodisiaque, ranime les sens

LE BAIN DE PIEDS

Remplissez à moitié une cuvette d'eau tiède et ajoutez jusqu'à 10 gouttes d'une huile essentielle (lavande, menthe ou romarin). Baignez les pieds 10 minutes, essuyez-les bien, puis massez-les doucement.

LES INHALATIONS

Versez de l'eau chaude dans un bol et 2 à 3 gouttes d'huile essentielle (cèdre ou genièvre). Placez votre visage au-dessus de la vapeur, coiffez-vous d'une serviette, puis respirez profondément jusqu'à ce que l'eau refroidisse.

LES BAINS

Assurez-vous que votre salle de bain est bien chaude, et que fenêtres et portes sont fermées, pour que les vapeurs ne s'échappent pas. Remplissez la baignoire et versez 6 à 10 gouttes d'huile, en remuant pour qu'une pellicule huileuse recouvre la surface de l'eau.

L'homéopathie : il existe de nombreux traitements.
La prescription dépendra de la personnalité
et du contexte.

La supplémentation : les nutritionnistes estiment
que le stress peut affaiblir les glandes surrénales.
Ils recommandent donc des compléments
de magnésium, censés améliorer le fonctionnement
de ces glandes et reconstituer les réserves
de l'organisme en magnésium, que le stress fait
parfois baisser.

Le massage : il est prouvé qu'il fait baisser le stress,
non seulement chez le bénéficiaire, mais aussi chez
le masseur. La réflexologie peut aussi avoir un effet
apaisant sur les personnes stressées.

L'acupuncture : une solution envisageable en cas
d'angoisse et d'insomnie. De plus, elle a la
réputation d'agir sur le bien-être général.

La technique de relaxation profonde : les
informations relatives au fonctionnement
de certains organes internes sont présentées sous
forme d'images ou de sons. Le biofeedback sert,
entre autres, à réduire le stress, qui se mesure
à l'aide de capteurs vérifiant la température
de l'épiderme, la sudation ou la tension musculaire.
On peut, par exemple, placer ces capteurs
sur les muscles du front ou sur les mâchoires.
Quand la tension augmente, on entend un
bourdonnement de plus en plus fort. Le sujet essaie
de relâcher ses muscles afin de s'apaiser, mais aussi
de supprimer ce bruit. Par la suite, il devra être
capable de reproduire ces effets sans appareil.

La phytothérapie

Plusieurs plantes sont capables de soulager le stress,
comme le ginseng de Sibérie (voir p. 196), le millepertuis (voir p. 197) et la verveine (voir p. 198), qui
aide aussi à dormir. Les infusions à base de mélisse, de
romarin, de verveine ou de camomille (voir p. 193)
permettent de se détendre, et de surmonter sautes
d'humeur et irritabilité.

façons de lutter contre le stress

Si, malgré les techniques globales décrites jusqu'à
présent dans ce chapitre, vous êtes toujours
stressée, essayez autre chose.

► Cherchez un soutien moral auprès de vos amis
et parents.
► Réfléchissez aux raisons de votre stress
et de vos préoccupations. Divisez-les entre
les insolubles et celles autorisant une
intervention. Puis songez aux mesures positives
que vous pouvez prendre et imposez-vous
un programme réaliste.
► Mettez au point un programme qui vous
permette de faire face.
► Affrontez vos problèmes.
► Pensez à l'avance aux motifs de stress
qui risquent de se présenter et aux moyens
d'y parer.
► Ne soyez pas trop dure avec vous-même ;
félicitez-vous quand vous le méritez.
► Prenez le temps de vous occuper de vous,
détendez-vous et amusez-vous tous les jours.
► Continuez à faire de l'exercice physique
régulièrement.
► Reposez-vous suffisamment.
► Buvez moins d'alcool ; en période de stress,
il n'est que trop facile de devenir dépendante.

DIAGNOSTIQUER LA DÉPRESSION

Le stress et l'anxiété sont deux aspects de la dépression, qui survient fréquemment à la ménopause, ainsi qu'à d'autres périodes d'instabilité hormonale. Il arrive qu'elle s'abatte sur les personnes les plus optimistes et les plus gaies, et cela sans prévenir. Ce problème psychique, l'un des plus courants, touche deux fois plus les femmes que les hommes.

La dépression peut s'installer à la suite d'une épreuve pénible, décès ou perte d'emploi, voire d'un heureux événement (naissance), mais la raison n'est pas toujours évidente.

Les symptômes de dépression

La dépression se manifeste par différents sentiments et états, tristesse (souvent plus profonde le matin), pleurs fréquents, sentiment de culpabilité, manque d'estime de soi, désintérêt, incapacité d'apprécier quoi que ce soit, troubles de la concentration, indécision, éveil très matinal et perte de libido. On peut également éprouver de l'angoisse. La dépression affecte aussi le bien-être physique, puisqu'elle fait baisser tant l'énergie que l'appétit.

Si vous vous reconnaissez dans certains de ces symptômes, et si votre dépression dure et perturbe gravement votre vie, parlez-en à votre médecin. Les personnes dépressives ont souvent du mal à imaginer qu'elles se sentiront de nouveau bien un jour. Ce qui est compréhensible avec une maladie qui fait voir tout en noir. Cependant, il existe de nombreuses possibilités de traitement, et beaucoup de thérapeutes expérimentés.

Les possibilités de traitement

Modifier certaines habitudes peut atténuer ou supprimer les symptômes de dépression. Les mesures les plus efficaces consistent à boire moins d'alcool, qui peut aggraver l'état dépressif, et à faire de l'exercice physique, dont les bienfaits pour le psychisme et le bien-être sont connus de tous. Bien se nourrir est également important (voir p. 106-127). Il a été démontré que les aliments contenant du sélénium (huîtres, champignons et noix du Brésil, par exemple), du zinc (œufs, fruits de mer et coquillages) et du chrome (sous forme de complément) ont des effets positifs sur la maladie.

Le soutien de la famille et des amis représente un aspect important du processus de guérison. Souvent, cacher sa dépression n'aboutit qu'à la faire empirer. Parlez à vos proches, faites-leur comprendre ce que vous ressentez et, si vous n'y parvenez pas, tentez une thérapie de groupe. Beaucoup de dépressifs apprécient l'échange avec des personnes confrontées à des difficultés semblables.

Une psychothérapie aide à résoudre des problèmes spécifiques dont on n'a pas toujours conscience. On peut en conseiller divers types, en particulier la thérapie cognitive, qui aide à modifier la perception de soi et de l'environnement. Cette technique permet d'identifier et de faire évoluer les pensées qui contribuent à la dépression.

Dans les cas graves, un traitement médicamenteux est à conseiller. Il existe de nombreux antidépresseurs, qui agissent sur les neuromédiateurs, en particulier la sérotonine, la noradrénaline et la dopamine, qui jouent un rôle crucial dans le système nerveux. Avant de vous prescrire quoi que ce soit, votre médecin tiendra compte de plusieurs facteurs, dont la nature et la gravité des symptômes. Ceux-ci commencent parfois à s'atténuer au bout d'une quinzaine de jours. Comme tous les médicaments, les antidépresseurs peuvent entraîner des effets secondaires, dont il est bon de discuter avec son médecin.

SAVOIR AFFIRMER SA PERSONNALITÉ

Les philosophes, les scientifiques et les chercheurs ont établi plusieurs classements de la personnalité, qui ont presque tous un rapport avec la santé. En d'autres termes, les êtres humains se répartissent en différentes catégories, d'après les traits de leur personnalité comme l'introversion ou l'extraversion et, en fonction de leur « type », ils auront plus ou moins tendance à souffrir de tel ou tel problème de santé. Il en va de même avec le stress ; certaines personnes y sont prédisposées et en souffrent davantage. En général passives, elles ont tendance à refouler leurs frustrations.

AFFIRMEZ-VOUS

Face à une situation délicate, le mieux n'est pas de refouler ou de maîtriser sa colère, mais de l'éviter en exprimant son sentiment avant d'atteindre un point dangereux. Cette technique très efficace est connue sous le nom d'affirmation de la personnalité. Ses adeptes apprennent à prendre la parole pour faire valoir leurs exigences et à mieux communiquer avec leur partenaire, leurs parents et leur employeur. Essayez, vous vous sentirez mieux. Vous pouvez suivre un cours, mais aussi prendre des mesures vous-même.

S'affirmer ne revient pas à écraser les autres, mais à reconnaître leurs droits tout en étant capable d'exprimer ses propres besoins et désirs. C'est parfois très simple, comme utiliser davantage la première personne du singulier et dire : « Je voudrais que tu fasses la vaisselle » ; « J'ai l'impression qu'on ne m'écoute pas. » Exprimez clairement ce que vous voulez.

Pour mieux y parvenir, entraînez-vous mentalement. Imaginez-vous en train d'expliquer à votre partenaire que certains aspects de sa conduite vous déplaisent ou à votre patron que vous souhaitez apporter quelques modifications à vos attributions. Là, vous avez peut-être intérêt à dresser une liste par écrit de vos succès professionnels. Regardez le schéma (à gauche) et suivez les étapes, de l'identification du problème à sa résolution.

COMMENT FAIRE VALOIR VOTRE OPINION

- Servez-vous de vos yeux. Si vous les baissez, vous avez l'air de vous soumettre ; regardez les gens à qui vous parlez.
- Parlez d'un ton ferme ; évitez de bredouiller ou d'élever la voix.
- Tenez-vous-en à votre argument ; évitez les longues explications.
- Soyez polie, mais ne commencez pas une phrase par : « Je suis désolée. »
- Écoutez le point de vue des autres, mais soyez tenace.

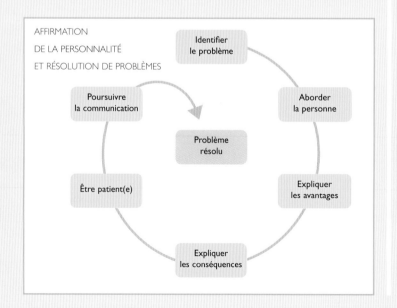

AFFIRMATION DE LA PERSONNALITÉ ET RÉSOLUTION DE PROBLÈMES

Identifier le problème

Aborder la personne

Expliquer les avantages

Expliquer les conséquences

Être patient(e)

Poursuivre la communication

Problème résolu

LUTTER CONTRE LES MAUVAISES HABITUDES

Chaque femme appréhende la ménopause à sa manière. Cela est dû à de nombreux facteurs sur lesquels il n'est pas toujours possible d'agir, comme les gènes. Néanmoins, il existe d'autres aspects que vous pouvez adopter, adapter ou éviter, et qui influeront sur d'éventuels symptômes et votre façon d'aborder cette phase de changement.

À la ménopause, il devient moins facile de fermer les yeux sur certaines de nos habitudes et leurs effets néfastes, tant pour l'organisme que pour nos perspectives d'avenir. Nous apprenons à nous assumer quand nous décidons de maîtriser l'une d'elles, et découvrons les bienfaits pour notre corps et notre bien-être.

LA CAFÉINE

C'est un stimulant du système nerveux central (qui agit sur le cerveau) présent dans le thé, le café, les boissons caféinées, au cola notamment, et le chocolat. On estime acceptable une dose modérée de caféine (moins d'environ 400 mg par jour ; voir p. 37 la teneur en caféine de différentes boissons). Au-delà, elle peut entraîner des effets indésirables :

trucs pour boire moins de café

▶ Buvez plutôt des boissons décaféinées, de l'eau ou du jus de fruit.
▶ Préférez le café instantané et le thé peu infusé, qui contiennent moins de caféine.
▶ Buvez moins de boissons caféinées et/ou réduisez la dose.
▶ Essayez de boire plus d'eau.
▶ Le sevrage doit être progressif, afin d'éviter des effets secondaires déplaisants.

maux de tête, angoisse, irritabilité et palpitations cardiaques (on entend battre son cœur, parfois très vite). Le besoin d'uriner devient plus fréquent, puisque la caféine est un diurétique. L'insomnie, et en particulier les problèmes d'endormissement, font partie des autres troubles (voir p. 37).

Toute consommation excessive de caféine entraîne une dépendance et donc, lors du sevrage, provoque des symptômes tels que céphalées, fatigue, angoisse et même somnolence. Si vous en consommez plus de 400 mg par jour, vous devriez peut-être vous restreindre.

L'ALCOOL

L'alcool produit des effets aussi bien psychiques que physiques. En quantité modérée, il peut avoir une action bénéfique et protéger contre les maladies coronariennes et les AVC. Toutefois, une consommation déraisonnable peut avoir des conséquences nombreuses et graves.

L'alcool descend dans l'estomac, où des enzymes en éliminent une petite quantité, puis dans l'intestin grêle, avant de passer dans le sang. Celui-ci l'achemine jusqu'au foie, qui le dégrade et le transforme en calories ou en réserve de graisse. Une partie est éliminée par exhalaison.

La vitesse d'assimilation de l'alcool dépend de plusieurs facteurs, notamment le poids corporel et le fait d'être ou non à jeun.

Les effets sur le cerveau

L'alcool réduit les angoisses et les inhibitions. Bu en quantité modérée, il aide à se détendre et donne confiance en soi en société. Cependant, étant aussi un sédatif, il peut ralentir les réactions et nuire à la coordination ainsi qu'à la concentration. Même une petite dose rend inapte à la conduite des machines et des véhicules. Une ingestion immodérée peut aboutir à une perte du contrôle de soi, à une somnolence

ou même à une perte de conscience. Une consommation continue et excessive peut entraîner angoisse et dépression, et augmenter les risques de démence.

Les effets sur le corps

L'alcool a une action diurétique et ouvre l'appétit. Il provoque une dilatation des vaisseaux sanguins de la peau, qui peut se manifester par une sudation excessive, des rougeurs et une déperdition de chaleur corporelle. Les excès de boisson se soldent par une « gueule de bois », accompagnée de maux de tête, de nausée et de sécheresse buccale. Cet état est dû aux effets de l'alcool et d'autres substances chimiques présentes dans les boissons alcoolisées. Boire

trucs pour boire moins d'alcool

▸ Veillez à ne pas boire au moins deux jours par semaine.

▸ Évitez de boire pendant la journée au bureau.

▸ En société, choisissez une fois sur deux une boisson non alcoolisée.

▸ Décidez à l'avance ce que vous voulez boire et tenez bon.

▸ Finissez votre verre avant de le remplir, afin de savoir quelle quantité vous avez bue.

▸ Entre deux gorgées, posez votre verre pour boire plus lentement.

à l'excès peut entraîner une perte de mémoire et de conscience. Par ailleurs, une consommation régulière fait prendre du poids.

À long terme, l'excès d'alcool peut déboucher sur diverses pathologies : ulcères à l'estomac, maladies du cœur et du foie, hypertension, AVC. En outre, il augmente aussi le risque des cancers de la bouche, de la gorge et de l'œsophage, en particulier chez les fumeurs. Il peut toucher les fonctions cérébrales et le système nerveux, en raison des carences vitaminiques continues qu'il provoque.

Il fait naître bien d'autres difficultés, relationnelles, de couple ou professionnelles. L'alcoolisme est un problème courant et grave ; les alcooliques ont besoin de boire et ne s'en privent pas, même s'ils savent que cela leur nuit. Leur organisme tolère des taux d'alcoolémie de plus en plus forts, ce qui déclenche un état de manque en cas de sevrage.

Avez-vous un problème avec l'alcool ?
QUESTIONNAIRE CAGE

Si vous répondez « oui » à deux questions au moins de ce questionnaire, vous avez peut-être un problème et devriez chercher de l'aide.

▸ Avez-vous déjà ressenti le besoin de diminuer votre consommation d'alcool ?

▸ Votre entourage vous a-t-il déjà fait des remarques sur votre consommation ?

▸ Vous sentez-vous parfois coupable de trop boire ?

▸ Avez-vous déjà eu besoin d'alcool dès le matin pour vous sentir en forme ?

Il n'est pas évident de faire le suivi de sa consommation d'alcool. Vous pouvez tenter de tenir un journal pendant deux semaines pour avoir une idée des quantités ingérées. De plus, chez vous, servez-vous d'un verre doseur pour éviter les rasades trop généreuses.

Si votre consommation dépasse la limite recommandée, réduisez-la.

L'étape suivante

Le test de dépendance à l'alcool CAGE sert à évaluer la situation personnelle. Si vous répondez par l'affirmative à plus de deux questions, sans doute avez-vous un problème de dépendance. Vous devriez chercher de l'aide le plus vite possible.

Votre médecin habituel pourra vous conseiller. Si votre problème est grave, adressez-vous à une association comme les Alcooliques anonymes (AA) ou envisagez une cure de désintoxication. Certaines cliniques spécialisées sont là pour vous aider. Parfois, un traitement médicamenteux facilite le sevrage.

Les très grands alcooliques risquent des troubles graves, voire mortels, s'ils arrêtent brusquement. Dans ce cas, une hospitalisation ou un séjour en clinique est à envisager. Reportez-vous p. 109 pour de plus amples informations.

LE TABAGISME

Plus personne n'ignore les méfaits de la cigarette et pourtant 25 % des femmes continuent à fumer. Or, il n'est jamais trop tard pour arrêter. Vous sentirez une amélioration de votre santé en quelques semaines seulement et, à long terme, courrez moins de risques de maladie grave — cancer, maladie cardio-vasculaire, AVC, pathologie pulmonaire. Les femmes parvenues au stade de la pré-ménopause et de la ménopause ont tout intérêt à savoir que le tabagisme accroît également le risque d'ostéoporose, favorise les bouffées de chaleur et l'insomnie. Son effet toxique sur les ovaires déclenche la ménopause deux ans plus tôt que chez les non-fumeuses. Enfin, il accentue l'évolution de la peau, en particulier les rides autour des lèvres et les cernes.

De quoi se compose une cigarette ?

La fumée de cigarette contient de la nicotine, qui provoque une dépendance, ainsi que diverses substances chimiques. Plusieurs d'entre elles, notamment le goudron, sont cancérogènes.

Arrêter la cigarette

Fumer n'est pas seulement une habitude, puisque la nicotine entraîne une dépendance.

La plupart des fumeurs ont besoin de l'aide de leur famille, et souvent de professionnels, pour arrêter. Une clinique spécialisée vous fournira, au besoin, des informations utiles et un soutien précieux.

Les méthodes

Pour arrêter de fumer, vous avez l'embarras du choix. Les substituts nicotiniques sont une aide précieuse puisqu'il est prouvé qu'ils doublent les chances d'arrêter. On les trouve sur ordonnance ou en vente libre. Cela dit, quelle que soit la méthode, le fumeur doit avant tout vouloir arrêter.

Tout comme la nicotine, les substituts nicotiniques entraînent parfois différents effets secondaires : nausées, céphalées ou insomnies. Les fumeurs ayant des antécédents de maladie cardio-vasculaire devraient consulter.

5 substituts pour arrêter de fumer

Plus ou moins forts, les patchs libèrent de la nicotine dans le sang pour stabiliser son taux, ce qui atténue l'envie de fumer.

Le chewing-gum à la nicotine existe en deux versions, l'une plus forte que l'autre ; le fumeur peut s'occuper à mâcher plutôt qu'à fumer.

L'inhalateur est un tube en plastique dégageant un mélange de menthe et de nicotine, que l'utilisateur mâchonne, comme s'il fumait.

Les pastilles de nicotine, de plus en plus courantes, existent en deux versions, dont l'une est plus forte. On les suce lentement et il ne faut pas les avaler.

Les sprays, réservés aux très grands fumeurs, ne sont pas en vente dans tous les pays. Ils donnent une bouffée instantanée de nicotine, mais peuvent irriter les muqueuses nasales.

Les substituts nicotiniques

Les médecins prescrivent souvent du bupropion. On ne sait pas trop comment la substance active du bupropion agit sur le fumeur, mais il est possible qu'elle fasse intervenir les neurotransmetteurs noradrénaline et dopamine dans le cerveau. (Les neurotransmetteurs sont des médiateurs chimiques qui envoient l'influx nerveux d'un neurone à un autre ou vers une cellule musculaire.)

Le médecin vérifiera les antécédents du patient avant de lui prescrire du bupropion, puisqu'on ne peut pas l'utiliser dans certaines conditions, en cas de maladie hépatique, par exemple. Il doit expliquer les effets secondaires du produit et ne pas le prescrire au-delà de 7 à 9 semaines.

Autre solution, les phytothérapies, sous forme de chewing-gum, par exemple. Les cigarettes à base de plantes ont un taux de réussite assez faible. Par ailleurs, comme elles font inhaler du goudron et du gaz carbonique, mieux vaut les éviter.

Cherchez à arrêter plutôt qu'à fumer moins. Si vous réduisez simplement le nombre de cigarettes, vous restez une fumeuse, avec tous les risques que cela comporte. De plus, il est assez probable que vous vous remettrez à fumer plus.

Les filtres, sortes de fume-cigarettes, réduisent la quantité de nicotine et de goudron inhalés. Néanmoins, vous restez une fumeuse.

Certaines personnes se sont trouvées bien d'avoir essayé l'hypnose. Cette thérapie agit sur l'inconscient pour réduire le désir de fumer.

Également efficace, la thérapie cognitive fait travailler le fumeur avec un thérapeute pour comprendre ce qui déclenche l'envie de fumer. Il peut tenir un journal, où il note le nombre de cigarettes fumées chaque jour, ainsi que ses activités parallèles. L'objectif est de trouver des solutions de remplacement quand l'envie le prend.

Enfin, l'acupuncture a aussi ses adeptes, mais, comme avec toutes ces thérapies, c'est la volonté d'arrêter qui prime. Selon les estimations, 30 % de fumeurs arrêtent du premier coup.

Après avoir arrêté

Vous éprouverez peut-être les symptômes du sevrage, qui commencent dans les 24 heures après la dernière cigarette. Angoisse, déprime, irritabilité, problèmes de concentration et insomnie risquent d'être du lot. Cela ne devrait pas durer plus de deux semaines.

Vous produirez sans doute plus de mucosités et tousserez davantage, parce que les cils qui tapissent les voies respiratoires se remettent à fonctionner, et à éjecter ce qui les encombre.

Il est fréquent de prendre du poids après avoir arrêté de fumer, à cause de l'ennui et du besoin de remplacer les cigarettes par des en-cas hyper-caloriques, gras ou sucrés, même si la prise de poids moyenne est de moins de cinq kilos. Pour éviter ce problème, achetez des chewing-gums sans sucre, grignotez des fruits et des légumes, buvez beaucoup d'eau, alimentez-vous bien et faites du sport.

Que faire en cas de rechute ?

La plupart des fumeurs rechutent dans les trois mois. Ne vous découragez pas ; essayez de nouveau. En général, il faut plusieurs tentatives avant d'arrêter pour de bon. Réfléchissez aux stratégies utilisées la fois précédente, à ce qui a marché et à ce qui a raté, et réutilisez vos meilleures idées.

Cependant, évitez les scénarios qui déclenchent l'envie de fumer. Réduisez votre consommation d'alcool, par exemple, puisque la cigarette accompagne souvent le verre et que, dans ce contexte social, vous avez beaucoup de chances de craquer.

Fuyez les autres fumeurs. Ce n'est pas évident si vous vivez au milieu de fumeurs, mais la fumée vous donnera envie de replonger. Demandez à vos proches de vous aider et d'avoir la gentillesse de ne pas fumer devant vous ni de laisser traîner leurs cigarettes.

Beaucoup de fumeurs prennent du poids quand ils arrêtent, mais ici, vous avez de nombreux moyens d'action à votre disposition : mangez mieux et bougez ! Il est utile de se rappeler que pour annuler les bénéfices de l'abstinence, il faudrait que vous preniez au moins 35 kilos. Ne vous laissez pas démonter par quelques kilos. Ce n'est pas une excuse valable.

Il arrive que l'on prenne pour prétexte une mauvaise humeur ou une petite déprime pour fumer une dernière cigarette. Pour retrouver le sourire, il existe des moyens bien plus efficaces. Détendez-vous en vous plongeant dans un bain chaud, lisez un livre, faites quelque chose que vous remettiez depuis longtemps ; vous vous sentirez vraiment mieux !

5 manières de gérer la ménopause

▶ **Informez-vous** : en savoir plus sur la ménopause, comprendre ce qui se passe dans le corps et pourquoi, facilite cette transition pour beaucoup de femmes. Identifiez les symptômes qui vous guettent et préparez-vous à réagir.

▶ **Maîtrisez-vous** : pour éviter d'être dépassée, prenez soin de votre corps et de votre psychisme. Mangez bien, restez sportive, faites le nécessaire pour être heureuse.

▶ **Gérez votre stress** : les femmes stressées risquent davantage de souffrir de troubles pénibles de la ménopause. Il est important d'apprendre à bien gérer son stress.

▶ **Cherchez de l'aide** : vous connaissez forcément des femmes ménopausées ou en phase de le devenir. Parlez avec elles, partagez leurs craintes et leurs soucis. Adressez-vous, au besoin, à un groupe ou à une association d'aide.

▶ **Voyez le bon côté des choses** : essayez de bien accueillir cette nouvelle phase de votre vie et tirez le meilleur parti de la liberté conquise ; changez d'objectifs professionnels ou de passe-temps.

8

LE TRAITEMENT HORMONAL SUBSTITUTIF

Décider ou non de prendre un traitement hormonal substitutif
(THS) est un choix important pour votre santé, mais qui
relève aujourd'hui de la gageure en raison
des informations, parfois contradictoires, ayant semé
le doute dans les esprits. L'essentiel est de connaître toutes
les options possibles avant d'envisager ce traitement
avec votre médecin traitant. Ce chapitre vous aidera
à mieux formuler vos questions et à en comprendre
les enjeux afin de prendre votre décision.

EN QUOI CONSISTE LE TRAITEMENT HORMONAL ?

En 2005, la prescription d'un traitement hormonal substitutif (THS) pour pallier les troubles de la ménopause concernait 14 % des femmes. Le THS vise à compenser la chute des hormones sexuelles féminines (estrogènes et, parfois, progestérone) liée à la ménopause. D'après le président de la Fédération des gynécologues obstétriciens des centres hospitaliers, le Pr Georges Robinet, le terme de traitement hormonal substitutif est impropre : « Le traitement hormonal substitutif, cela veut dire qu'on donne des hormones quand il en manque. Il serait plus adapté de parler de traitement hormonal des troubles de la ménopause. Parce qu'il ne faut pas oublier qu'un certain nombre de femmes n'ont pas de troubles et n'ont pas besoin de traitement. »

Les recommandations en matière de prescription du THS ont changé du tout au tout depuis les conclusions, en 2002, d'une étude américaine suivie d'une autre, britannique (voir p. 181). Son efficacité demeure reconnue, mais il faut désormais tenir compte des effets secondaires pouvant aller jusqu'au risque de survenue de problèmes graves. Par conséquent, chaque femme qui envisage un THS doit peser mûrement le pour et le contre avec l'aide de son gynécologue, qui lui apportera toutes les informations nécessaires. Si vous hésitez à suivre ce traitement ou si vous l'avez déjà commencé, ce chapitre vous aidera à y voir plus clair.

DE QUOI S'AGIT-IL ?

Le THS repose essentiellement sur les estrogènes. Avant la ménopause, ces hormones sont produites par les ovaires. C'est leur diminution, vers la ménopause, qui provoque parfois des troubles et augmente le risque de certaines pathologies.

L'administration d'un estrogène provoque dans certains cas un épaississement de l'endomètre (hyperplasie endométriale), un problème non cancéreux pouvant toutefois évoluer en cancer. C'est pourquoi seules les femmes ayant subi une ablation de l'utérus (hystérectomie) reçoivent une monothérapie estrogénique. En revanche, celles qui ont conservé leur utérus sont traitées par une association d'estrogène et de progestatif (une forme de synthèse de la progestérone) ou de progestérone naturelle, afin de contrer les effets de l'estrogène sur l'endomètre.

TYPES DE TRAITEMENT

Il existe un THS à base d'estrogène seul et un autre, qui combine un estrogène à un progestatif ou à de la progestérone naturelle.

Monothérapie estrogénique

Ce THS à base d'estrogène seul ne convient qu'aux femmes ayant subi une hystérectomie, car il n'y a alors aucun risque d'hyperplasie endométriale.

Association estroprogestative

On donne un progestatif ou de la progestérone naturelle avec un estrogène selon deux modalités possibles :
• THS séquentiel continu : l'estrogène est administré en continu tandis que le progestatif l'est sur une

base séquentielle, pendant 10 à 14 jours chaque mois ou durant une période similaire. Le progestatif induit des « saignements de privation », semblables à des règles (l'épaississement de l'endomètre est éliminé). Avec les nouveaux traitements, très faiblement dosés, la progestérone naturelle n'est parfois nécessaire que tous les six mois.

Ce type de traitement est conseillé pour une femme ayant eu ses règles au moins une fois durant l'année écoulée (le progestatif est alors pris chaque mois ou tous les trois mois).

• THS combiné continu : l'estrogène et le progestatif sont administrés en continu, tous les jours. Ce traitement est conseillé lorsque la femme n'est plus réglée depuis au moins un an. S'il était prescrit avant cette période, il y aurait un risque de saignements irréguliers. Du reste, il faut toujours rechercher la cause d'un saignement anormal survenant après la ménopause.

LES HORMONES

Le THS repose essentiellement sur deux hormones : estrogènes et progestatif (ou parfois progestérone naturelle). Les androgènes (voir p. 178) sont rarement prescrits.

Estrogènes

Il s'agit d'estrogènes naturels ou de synthèse. Les estrogènes naturels sont dérivés de plantes ou d'animaux (le plus utilisé est l'estradiol). Leur structure et leur action se rapprochent de celle des estrogènes sécrétés par l'organisme. Ils provoquent, par conséquent, moins d'effets secondaires.

Progestatif/Progestérone

La progestérone naturelle prise en comprimé est mal assimilée par l'organisme, via la barrière intestinale,

LE SAVIEZ-VOUS ?

Phytohormones

Il s'agit d'hormones de synthèse dérivées de sources végétales et dont la structure moléculaire est identique à celle d'une molécule humaine. Ce sont des compléments alimentaires qui ne bénéficient d'aucune autorisation de mise sur le marché, délivrée par le ministère de la Santé et réservée aux médicaments.

et se retrouve en quantité insuffisante dans la circulation sanguine. C'est pourquoi on a mis au point des molécules de synthèse, les progestatifs.

Ils sont principalement de deux types : ceux qui sont similaires à l'hormone sexuelle féminine, la progestérone, et ceux qui sont apparentés à l'hormone sexuelle mâle, la testostérone. Des effets secondaires sont possibles dans les deux cas (voir p. 178), mais les dérivés de la testostérone provoquent, en outre, des réactions spécifiques (acné rosacée et hirsutisme [pilosité excessive], notamment).

Il existe une progestérone naturelle micronisée, bien assimilée, dont la prise se fait par voie orale ou vaginale. Comme elle est purifiée à partir de cacahuètes, elle est contre-indiquée en cas d'allergie aux arachides.

▶ LA TIBOLONE

La tibolone est une hormone de synthèse qui agit sur les troubles de la ménopause, comme les bouffées de chaleur, et qui n'est généralement pas associée à des saignements (bien que ceux-ci soient possibles). Elle préviendrait également l'ostéoporose et améliorerait la libido grâce à son effet similaire à celui de la testostérone. Les effets secondaires possibles sont les suivants : œdèmes, céphalées, vertiges, augmentation de la pilosité faciale, dépression, douleurs articulaires et musculaires, troubles de la vue, acné rosacée, éruptions cutanées, démangeaisons et, parfois, modification du poids.

LES FORMES DE TRAITEMENT

Il existe de nombreuses manières de prendre un THS : si les Américaines préfèrent l'estrogénothérapie seule, les Européennes ont des traitements qui associent estrogène et progestatif. En France, le traitement hormonal de la ménopause est largement utilisé depuis une bonne quinzaine d'années. Il existe une spécificité hexagonale : les gynécologues conçoivent des traitements « à la carte » associant les deux hormones sous des formes différentes — par exemple, un gel aux estrogènes et des comprimés progestatifs. De fait, les besoins en hormones varient d'une femme à l'autre et également dans le temps. Les nombreuses formes et différents dosages proposés permettent de trouver la formule la plus adéquate.

ESTROGÈNE SEUL

La monothérapie estrogénique existe sous deux formes. Une forme systémique (comprimé, patch ou gel), qui permet à l'estrogène de circuler dans l'organisme. Une forme locale (crème ou capsule vaginale), qui libère une faible quantité d'estrogène. L'action est ciblée sur une région spécifique du corps, comme le vagin. On commence également à trouver des préparations individualisées, réalisées à partir d'une prescription médicale. L'estrogène utilisé en France est le 17 bêta estradiol, tandis qu'aux États-Unis, il s'agit d'estrogènes conjugués équins extraits de l'urine de jument.

COMPRIMÉS

Avec cette forme de traitement, l'hormone passe la barrière intestinale, se diffuse dans la circulation sanguine et arrive au foie, où elle est dégradée sous d'autres formes d'estrogène. Une grande partie du principe actif étant détruite dans le foie, il faut augmenter le dosage afin qu'une quantité suffisante circule dans le sang. Les recommandations actuelles préconisent la dose la plus faible permettant de supprimer les troubles liés à la ménopause. Elle est réévaluée au moins une fois par an afin de limiter les risques potentiels.

Avantages et inconvénients

Ce mode d'administration est particulièrement commode et peut être interrompu immédiatement en cas d'intolérance aux effets secondaires. Mais en cas d'oubli d'un comprimé, des saignements peuvent se produire. En outre, le passage de l'estrogène par le foie risque d'intensifier plusieurs effets secondaires (même si les réactions provoquées par des comprimés disparaissent généralement au bout de quelques mois). Enfin, une dose accrue d'hormone est nécessaire pour obtenir l'effet escompté. Du fait du métabolisme hépatique, les comprimés sont contre-indiqués en cas de facteurs de risque cardio-vasculaire (hypertension, hypercholestérolémie, tabagisme, etc.).

PATCHS

Le patch est un timbre, rectangulaire ou rond, qui s'applique sur la peau et renferme de l'estradiol naturel

---

▶ IMPLANTS ET TACHYPHYLAXIE

Rappelons qu'en France les implants (voir p. 176) ne sont pas commercialisés. Néanmoins, parmi les femmes qui, ailleurs, en utilisent, certaines souffrent parfois de tachyphylaxie. Cela peut aboutir à un besoin de doses plus fortes ou à des changements d'implants plus fréquents, ainsi qu'à une augmentation progressive du niveau hormonal. Il semble que l'organisme de ces patientes se soit habitué à une augmentation estrogénique. Par conséquent, des troubles apparaissent dès que ce niveau hormonal diminue — et non lorsqu'il est bas. Pour éviter un tel problème, il suffit de doser les hormones avant d'envisager la pose d'un implant.

mélangé à un produit adhésif. Il faut le changer une ou deux fois par semaine. L'estrogène se diffuse lentement par la peau pour se retrouver dans la circulation sanguine, sans être dégradé dans le foie.

Le patch s'applique sur une peau sèche, en haut du bras ou juste sous la taille. La peau doit être exempte de crème, d'huile ou de talc. Ne posez jamais un patch sur les seins ou toute zone en contact avec le soutien-gorge. Il peut rester en place lors d'un bain ou d'une douche, mais il faut le protéger du soleil. Il laisse un peu de produit adhésif sur la peau, qu'il est facile de retirer avec une huile de soin. Il irrite parfois la peau, mais cela disparaît très vite. Essayez, dans ce cas, plusieurs marques pour trouver celle qui convient.

Avantages et inconvénients

Le patch est facile à utiliser. L'estradiol est progressivement absorbé par la peau, ce qui évite l'augmentation hormonale soudaine qui se produit parfois avec un comprimé. Certains effets secondaires (voir p. 178) sont moins prononcés, car l'hormone n'est pas dégradée par le foie. En outre, une posologie moindre peut suffire pour obtenir l'effet désiré. Cependant, il ne faut pas oublier de changer le patch et celui-ci irrite parfois la peau. Par ailleurs, les utilisatrices se plaignent fréquemment qu'il n'adhère plus au bout de deux jours. Enfin, il est visible sur la peau nue et certaines femmes peuvent ne pas vouloir dévoiler leur ménopause.

GELS CUTANÉS

Avec les dispositifs transdermiques, les gels sont les formes de THS les plus prescrites en France — dans 58 % des cas contre 42 % pour les formes orales. Ils sont utilisés pour soulager les troubles de la ménopause et, également, pour prévenir l'ostéoporose post-ménopausique. Ils restaurent le taux d'estrogènes dans les tissus. Le gel s'applique chaque jour, sur une peau propre, sèche et saine, sur l'abdomen, les cuisses, les bras ou la région lombaire. Il est inutile de masser pour le faire pénétrer dans la peau. Il faut le laisser sécher deux minutes avant de mettre un vêtement, ne pas laver la peau pendant au moins une heure et éviter de mettre la partie enduite en contact avec autrui. L'application est contre-indiquée sur le visage, la poitrine et les

muqueuses. La posologie peut être augmentée au bout d'un certain temps si les troubles ne disparaissent pas.

Avantages et inconvénients

Il est facile à utiliser. Les hormones passent directement dans la circulation sanguine sans transiter par le foie et de ce fait, comme pour le patch, une posologie faible suffit. Les effets secondaires (voir p. 178) sont moindres qu'avec les comprimés. Le gel provoque parfois, comme le patch, une irritation de la peau. Il suffit alors de changer de partie du corps à chaque application.

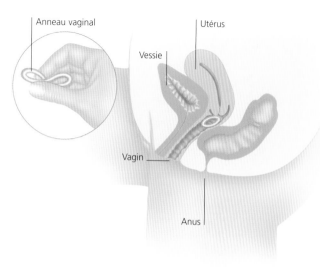

Anneau vaginal — Utérus — Vessie — Vagin — Anus

ANNEAU VAGINAL

La quantité d'estrogène qui se retrouve dans la circulation sanguine via le vagin est suffisante pour traiter, outre l'atrophie et la sécheresse vaginale, les bouffées de chaleur et les sueurs nocturnes. Il reste en place trois mois dans le vagin. Une femme non hystérectomisée a besoin, en outre, d'une prescription séquentielle de progestérone.

Pour le moment, il n'existe pas d'anneau vaginal spécifique au traitement des symptômes de la ménopause sur le marché français. Son évaluation est en cours.

Avantages et inconvénients

L'anneau soulage tous les troubles vaginaux. Il est, en outre, facile à poser et à retirer.

THS LOCAL OU FAIBLEMENT DOSÉ

Le traitement local est placé dans le vagin pour traiter une atrophie et/ou une sécheresse vaginale modérée à sévère ainsi que, dans certains cas, des troubles urinaires. Il se présente sous forme de crème ou de capsule vaginale contenant des estrogènes. Utilisé localement,, le produit se retrouve en petite quantité dans le sang. Les troubles vaginaux sont le plus souvent soulagés au bout de quelques semaines, et la prescription peut être renouvelée si les symptômes réapparaissent.

En revanche, dans le cas d'un dosage faible avec des comprimés, une quantité minime d'estrogène se retrouve dans la circulation sanguine, ce qui est considéré comme dépourvu de risque à long terme — néanmoins, on ignore les effets de l'estrogène circulant dans le sang si l'on en prolonge l'utilisation.

Avantages et inconvénients

Ces préparations soulagent les troubles vaginaux et urinaires, pénibles à vivre. Pour les crèmes, on observe, très rarement, des démangeaisons ou des irritations. Il faut alors écarter, par des tests, l'hypothèse d'une allergie à l'un des constituants.

MONOTHÉRAPIE INDIVIDUALISÉE

Une telle monothérapie estrogénique est préparée en pharmacie, à partir d'une prescription médicale. Le type et la posologie de l'estrogène sont variables. Quant au mode d'utilisation, il s'agit d'une crème cutanée. La monothérapie individualisée concerne principalement les femmes ayant subi une hystérectomie, soit 15 à 18 % de celles qui sont ménopausées.

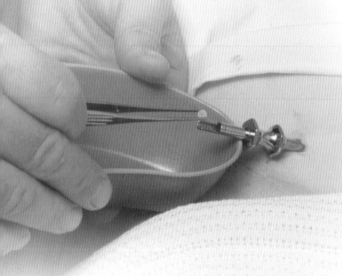

IMPLANTS

Ce type de THS repose sur l'implantation d'une pastille sous la peau de l'abdomen ou de la cuisse, qui libère progressivement de l'estrogène dans la circulation sanguine pendant une période maximale de huit mois (en fonction du dosage et de la femme). Comme pour un patch ou un gel, le produit n'est pas dégradé dans le foie. Les utilisatrices d'implant souffrent parfois de tachyphylaxie (voir l'encadré p. 174) : elles présentent des troubles propres à la ménopause alors que leur niveau hormonal est suffisant. En France, le système n'est pas commercialisé.

SPRAYS NASAUX

Cette méthode constitue une nouvelle voie dans l'administration d'un traitement hormonal, à côté des formes orale et transdermique (patch et gel). Le spray nasal d'estradiol s'utilise pour traiter les troubles de la ménopause, en débutant par une pulvérisation quotidienne et simultanée dans chaque narine pendant 21 à 28 jours. Le traitement est ensuite interrompu pendant 2 à 7 jours. La posologie étant fonction de l'importance des troubles, jusqu'à quatre doubles pulvérisations par jour, en doses fractionnées, peuvent être prescrites. Deux pulvérisations suffisent pour la majorité des femmes. Comme la muqueuse nasale est très vascularisée, le principe actif passe rapidement dans la circulation sanguine. Une femme non hystérectomisée prendra, en outre, un progestatif.

Avantages et inconvénients

L'utilisation est discrète et facile, tout comme l'interruption du traitement. Comme le produit ne passe pas par le foie, il y a moins de risque d'effets secondaires (voir p. suivante) qu'avec des comprimés, notamment la tension et la douleur ressenties dans les seins. Dans 93 % des cas, sur une étude clinique de 300 patientes, la tolérance nasale a été jugée excellente : le pulvérisateur d'estrogènes présente une certaine innocuité sur la muqueuse nasale. Il peut être utilisé que la femme soit fumeuse ou non, et même en cas de rhinite. Le pulvérisateur nasal n'est pas remboursé par la Sécurité sociale parce qu'il n'a pas été démontré qu'il présentait plus d'intérêt qu'un autre traitement.

ASSOCIATION ESTROPROGESTATIVE

Cette association est prescrite aux femmes n'ayant pas subi d'ablation de l'utérus (hystérectomie). Certains traitements, que nous venons de voir, ne reposent que sur un estrogène et il faut alors y ajouter un progestatif ou de la progestérone naturelle en comprimé. Celle-ci peut également être administrée par voie cutanée ou vaginale. Il existe des formules renfermant les deux hormones, sous forme de comprimés ou de patchs.

COMPRIMÉS ESTROPROGESTATIFS
Traitement séquentiel continu

Ce type de THS combine un estrogène et un progestatif. Bien souvent, le premier est administré quotidiennement, tandis que le second n'est pris que durant 10 à 14 jours. Dans une formule « séquentielle », l'estrogène n'est administré que pendant 25 jours. Il y a donc 3 à 6 jours sans traitement, pendant lesquels ont lieu des saignements de privation et où réapparaissent parfois les troubles liés à la ménopause, comme des bouffées de chaleur (lorsque le progestatif ne fait plus effet). Une autre possibilité consiste à augmenter la durée de la prise quotidienne d'estrogènes pendant une période définie par le médecin traitant. La prise de comprimés associant un estrogène et un progestatif reste limitée à deux semaines. Quant à la durée et au dosage des estrogènes, c'est au gynécologue de l'établir, en fonction de la situation particulière de la patiente.

Traitement combiné continu

La femme prend chaque jour un comprimé renfermant la même quantité d'estrogène et de progestatif. La prescription de ce traitement n'est possible que si la femme n'est plus réglée depuis au moins un an. Au début, des saignements sont possibles, mais ils vont en diminuant et, au bout d'une année, ont disparu dans 90 % des cas.

Traitement combiné intermittent

C'est une « spécialité française » : les gynécologues adaptent le traitement à la situation individuelle des patientes. Il s'agit donc d'un traitement « à la carte ».

Patch combiné

Il n'en existe qu'un type disponible en France. C'est une boîte de quatre patchs : deux semaines de patch à base d'estrogène, suivies par deux d'un patch renfermant un estrogène et un progestatif (THS séquentiel continu). On ne prescrit jamais de traitement continu si la femme n'a plus ses règles depuis moins d'une année.

▶ CRÈME À BASE DE PROGESTÉRONE

Il existe une crème à base de progestérone naturelle, vendue sans ordonnance, qui se présente sous forme d'un tube de 80 g. Elle ne s'utilise qu'en application locale sur la poitrine. Ce type de produit permet de diminuer les effets du déséquilibre de la balance estrogènes/progestérone au niveau mammaire, qui entraîne tensions et douleurs. Toutefois, cette option ne protège pas l'utérus et ne peut donc pas compléter une thérapie estrogénique. En effet, la crème est appliquée sur la peau et se retrouve en quantité insuffisante dans la circulation sanguine.

EFFETS SECONDAIRES ET ARRÊT

EFFETS INDÉSIRABLES

Un THS à base d'estrogène seul ou d'une association d'estrogène et de progestatif ou de progestérone naturelle s'accompagne parfois d'effets secondaires. Les conséquences indésirables de l'estrogène sont les suivantes : nausées, œdèmes accompagnés de ballonnements abdominaux, gonflement ou hypersensibilité mammaire, modification du poids, maux de tête, vertiges, état dépressif, altération de la libido et irritation des yeux en cas de port de lentilles. Plus rarement, on constate également des éruptions cutanées, une chute des cheveux et un ictère (coloration en jaune du blanc des yeux et de la peau).

Les effets secondaires dus au progestatif sont des saignements irréguliers, des symptômes de type prémenstruel comme des ballonnements, une hypersensibilité mammaire, une prise de poids, des nausées, des céphalées, des vertiges, des troubles du sommeil et un état dépressif voire, parfois, une chute de cheveux et des éruptions cutanées. Heureusement, une femme souffre rarement de tous ces effets indésirables et si un THS estroprogestatif provoque des saignements utérins, ceux-ci régressent avec le temps.

Remédier aux effets secondaires

Des remèdes simples pour contrer les effets indésirables, tels les maux de tête, l'hypersensibilité mammaire ou les ballonnements abdominaux, sont proposés au chapitre II. Limiter le sel et la caféine (café, thé ou chocolat) est généralement efficace en cas d'œdème, de troubles de l'humeur ou d'hypersensibilité mammaire. Il est également important de pratiquer une activité physique. Bien des effets secondaires sont provisoires. La situation s'améliore dès que l'organisme s'est habitué aux modifications hormonales.

À moins que les effets secondaires du THS ne soient insupportables, il faut le prendre pendant au moins trois mois avant d'envisager de le modifier ou de l'arrêter. Cependant, l'interruption du traitement permettra de voir si les désagréments sont la conséquence ou non des hormones prescrites.

▶ THÉRAPIE ANDROGÉNIQUE

Les androgènes sont, à l'origine, surtout une hormone mâle, mais les femmes en produisent également. Avec le temps, leur taux baisse et provoque des troubles tels que fatigue, altération de l'humeur et diminution de la libido.

Si le gynécologue soupçonne une insuffisance androgénique, il prescrit parfois un complément hormonal. Toutefois, étant donné que les androgènes provoquent parfois des effets indésirables chez la femme, ils sont administrés en combinaison avec une monothérapie estrogénique ou une association estroprogestative. En tout état de cause, ce traitement n'est pas commercialisé en France.

Les risques à long terme des androgènes sont inconnus. Cependant, on sait qu'une posologie trop élevée provoque parfois de l'agitation mentale, un état agressif ou dépressif, ainsi qu'une pilosité excessive sur le visage et le corps, de l'acné, une augmentation de la taille du clitoris, une voix plus grave, une augmentation de la masse musculaire et des modifications du taux de cholestérol.

TROUVER LA THÉRAPIE QUI CONVIENT

Certaines formes de traitement sont plus fréquemment associées à des effets secondaires et, en outre, chaque femme réagit différemment. Par conséquent, si vous êtes gênée par des manifestations indésirables, demandez à votre gynécologue s'il ne faudrait pas changer le THS ou sa posologie. Parfois, il suffit de prescrire un progestatif différent ou de modifier la manière dont les hormones sont administrées, en remplaçant, par exemple, les comprimés par le patch. La page ci-contre suggère plusieurs solutions, que pourra vous proposer votre médecin afin de pallier des problèmes spécifiques.

INTERROMPRE LE THS

Toute femme sous THS se demande, un jour ou l'autre, s'il ne vaut pas mieux arrêter. C'est une question dont il faut parler avec votre gynécologue. Les recommandations actuelles préconisent la prescription la plus courte, au dosage le plus faible, afin de minimiser les risques potentiels. Certaines données semblent indiquer, par exemple, une augmentation du risque de cancer du sein au bout d'une à deux années de traitement. Votre médecin tiendra compte des raisons qui vous incitent à arrêter, ainsi que des facteurs de risque qui existent dans votre cas.

Si le THS ne visait qu'à soulager des troubles liés à la ménopause, votre gynécologue vous conseillera peut-être de l'arrêter (de manière progressive), afin de voir si les problèmes réapparaissent. Si c'est le cas et si cela nuit à votre qualité de vie, le THS sera à nouveau prescrit.

L'interruption soudaine du THS risque de provoquer une réapparition des troubles liés à la ménopause. C'est pourquoi il vaut mieux diminuer progressivement la posologie, sur plusieurs semaines ou plusieurs mois, ou encore allonger peu à peu l'intervalle entre deux prises médicamenteuses. Avec un patch, il suffit de le couper pour n'en poser qu'une partie et recevoir une dose plus faible.

LE SAVIEZ-VOUS ?
Arrêt du traitement et ostéoporose

Interrompre le THS accélère la déminéralisation osseuse, en particulier dans la première année. Les femmes chez qui il existe un risque d'ostéoporose (voir p. 68-72) doivent, par conséquent, demander à leur médecin traitant d'autres mesures préventives ou un type de médicament différent.

Contrer les effets secondaires

Ballonnements : envisagez une diminution de la posologie de l'estrogène et/ou du progestatif ou une modification d'estrogène, ou encore le remplacement des comprimés par un patch ou un gel. Vous pouvez aussi demander à changer de progestatif ou à le remplacer par de la progestérone.

Hypersensibilité des seins : envisagez une diminution de la posologie de l'estrogène ou la prescription d'un autre type d'estrogène. Vous pouvez aussi demander à changer de progestatif ou à le remplacer par de la progestérone.

Céphalées : envisagez une diminution de la posologie de l'estrogène et/ou du progestatif. Vérifiez que le médicament ne renferme pas de l'acétate de médroxyprogestérone (si vous prenez un THS combiné continu ou séquentiel continu). Vous pouvez aussi demander à remplacer le progestatif par de la progestérone ou à prendre un THS en continu, ou sous forme de patch ou de gel.

Troubles de l'humeur : envisagez une diminution de la posologie du progestatif ou la prescription de progestérone. Vous pouvez aussi demander un THS en continu ou sous forme de patch ou de gel, ou un estroprogestatif par voie vaginale.

Nausées : prenez le comprimé d'estrogène au moment du repas ou en soirée. Envisagez une diminution de la posologie de l'estrogène et/ou du progestatif. Vous pouvez aussi demander la prescription d'un autre estrogène oral, d'un patch ou d'un gel.

Irritation cutanée sous patch : assurez-vous que la peau est bien propre. Changez d'endroit à chaque application ou demandez la prescription d'un THS avec un autre adhésif. Si le problème persiste, envisagez de prendre l'estrogène par voie orale ou en gel.

AU CŒUR DU DÉBAT

Un THS présente des bénéfices potentiels, mais également un risque accru de survenue de certaines pathologies, qu'il faut prendre en compte.

AVANTAGES DU THS

Le traitement hormonal substitutif de la ménopause soulage les troubles liés à l'arrêt des sécrétions ovariennes, notamment les sueurs nocturnes et les bouffées de chaleur, ainsi que des problèmes sur le plus long terme liés au manque d'estrogènes, comme la sécheresse vaginale.

Il protège aussi contre le risque d'ostéoporose, même si le THS n'est préconisé, dans ce cas, que pour les femmes qui ne peuvent pas prendre d'autres traitements contre l'ostéoporose, à commencer par les bisphosphonates, ou lorsque ces traitements de première intention ont échoué. (Le nombre de cas n'étant pas évalué, cela reste à prouver.) On sait, en outre, que l'administration d'un THS est associée à une réduction des fractures liées à l'ostéoporose. Cette protection apparaît peu après l'instauration du traitement et disparaît également rapidement après son interruption. L'association estroprogestative limiterait, de surcroît, le risque de cancer du côlon et du rectum.

On a souvent accusé le THS de faire grossir les femmes traitées. Cependant, d'après plusieurs études, la prise de poids liée au THS n'est probablement pas supérieure à celle qui survient normalement vers la ménopause. Nous manquons de données qui permettraient de savoir si le THS affecte ou non la transformation de la silhouette, qui passe de la forme en « poire » à celle en « pomme » (voir p. 20).

CANCER

Il semble établi que le THS augmente le risque de cancer du sein, de l'endomètre ou encore des ovaires. Ce risque est d'autant plus grand que le dosage est important et que la durée est longue. Vous devez absolument connaître le danger auquel vous vous exposez, dans votre cas, afin de voir si les bénéfices attendus valent la peine de suivre ce traitement.

Cancer du sein

L'étude américaine Women Health Initiative (WHI) et d'autres ont constaté un risque accru de survenue du cancer du sein chez les femmes sous THS, un à deux ans après le début du traitement. Celui-ci serait proportionnel à la durée du traitement.

Sur une période de 15 à 20 ans, on diagnostique un cancer du sein chez environ 32 femmes sur 1 000, âgées de cinquante à soixante-cinq ans et ne prenant aucun THS ; chez les femmes sous hormonothérapie depuis cinq ans, le taux passe à 33,5 sur 1 000 ; il monte à 37 sur 1 000 avec un traitement de 10 ans. Ces chiffres sont ceux de l'étude anglaise Million Women Study (MWS). Toutefois, les résultats de la WHI, menée sur des femmes sous monothérapie estrogénique, indiquent une diminution du risque de cancer du sein (quoique non significatif d'un point de vue statistique). C'est pourquoi d'autres études sont nécessaires. Quant aux femmes sous association estroprogestative pendant cinq ans, le taux passe à 38 sur 1 000 et atteint 51 sur 1 000 si le traitement dure 10 ans.

Lorsque le THS est arrêté, l'augmentation du risque de cancer régresse dans les 5 ans qui suivent l'interruption pour retrouver le même niveau que celui des femmes n'ayant pris aucun THS. Comme le montrent ces chiffres, le risque est majoré chez les femmes à qui l'on a administré à la fois un estrogène et un progestatif. Le risque de cancer du sein est similaire quelle que soit la méthode utilisée (comprimés, patch, gel), mais les données sont limitées.

Cancer de l'endomètre

On sait qu'un estrogène administré seul, sans progestatif associé, augmente le risque de cancer de l'endomètre. Cela semble également le cas (à un degré moindre) avec une association estroprogestative.

On diagnostique chaque année un cancer de l'endomètre chez environ 5 femmes sur 1 000, âgées de cinquante à soixante-quatre ans et ne prenant aucun THS. Chez les femmes sous monothérapie estrogénique depuis cinq ans, le taux passe à 9 sur 1 000. Il devient

L'ÉTUDE BRITANNIQUE MWS

La MWS est le fruit d'une collaboration entre
le centre pour la recherche sur le cancer (Cancer
Research UK) et le National Health Service (NHS),
dans le cadre de son programme de dépistage
du cancer du sein. Elle a analysé chez 1,3 million de
femmes de plus de cinquante ans les effets du THS
et d'autres facteurs majeurs en rapport avec la santé
féminine. On a demandé à celles qui participaient à
un dépistage du cancer du sein par mammographie
de répondre à un questionnaire : un quart du groupe
d'âge ciblé a collaboré à l'étude qui, contrairement
à la WHI, reposait sur l'observation. En effet, chaque
femme était parfaitement informée du traitement
qu'elle prenait.

En raison des résultats, une majorité de médecins
britanniques préconisent certaines recommandations.

▶ Un THS de courte durée est indiqué pour traiter
les symptômes de la ménopause (bienfaits
potentiels supérieurs aux risques courus). Il
convient de prescrire la dose minimale efficace
sur la durée la plus courte possible et de
réévaluer le traitement au moins une fois par an.

▶ Le THS n'est pas indiqué en première intention
pour prévenir l'ostéoporose (risques supérieurs
aux bienfaits potentiels) et ne doit être proposé
qu'en cas d'intolérance
ou d'échec aux traitements
initiaux.

▶ Il ne convient pas pour
une femme ménopausée
ne présentant aucun
trouble (risques supérieurs
aux bienfaits potentiels).

▶ Il est adapté pour une
femme ménopausée tôt
(avant cinquante ans), pour
soulager les troubles liés
à la ménopause et prévenir

l'ostéoporose (le risque étant accru en cas
de ménopause précoce). Le médecin peut
lui conseiller, à cinquante ans, d'arrêter le THS
ou de prendre d'autres types de traitement
pour prévenir l'ostéoporose.

L'ÉTUDE AMÉRICAINE WHI

La WHI a analysé les effets d'une association estroprogestative
chez 16 000 femmes non hystérectomisées de cinquante
à soixante-dix-neuf ans et d'une monothérapie estrogénique
chez plus de 10 000 femmes d'âge similaire et hystérectomisées.
Les effets sur la fracture du col du fémur, le cancer du sein
et les pathologies cardiaques ont été examinés, ainsi que
l'état général de la santé. Ces deux grands essais cliniques ont été
réalisés sous contrôle en double insu et randomisé : un tirage
au sort répartissait au hasard les femmes recevant un THS et
celles qui n'avaient qu'un placebo. Ce type de protocole empêche
que l'étude soit biaisée : ni les patientes ni les médecins chargés
de l'étude ne savent qui reçoit vraiment le médicament testé.

de 15 sur 1 000 avec un traitement de 10 ans. Chez les femmes sous association estroprogestative, le taux est de 7 sur 1 000 après 10 ans de traitement.

Cancer des ovaires

L'administration prolongée d'estrogène seul serait associée à une légère augmentation du risque de survenue de cancer des ovaires. On constaterait également une augmentation infime avec un traitement de courte durée. On ignore encore si l'association estroprogestative accroît ou non ce risque.

On diagnostique chaque année un cancer des ovaires chez environ 9 femmes sur 1 000, âgées de cinquante à soixante-neuf ans et ne prenant aucun THS. Chez les femmes sous monothérapie estrogénique depuis cinq ans, le taux passe à 10 sur 1 000. Il atteint 12 sur 1 000 avec un traitement de 10 ans.

On ignore quels sont les risques courus avec une association estroprogestative.

FONCTIONS INTELLECTUELLES

Plusieurs études ont montré que chez les femmes ménopausées sous THS et en bonne santé, les résultats des tests sur les fonctions cognitives étaient meilleurs que chez les femmes non traitées, notamment ceux sur la mémoire verbale. Toutefois, lorsque le traitement est instauré plusieurs années après la ménopause, il existerait un risque accru de démence sénile (maladie d'Alzheimer).

CAILLOT SANGUIN ET PATHOLOGIE CARDIAQUE

L'administration de THS (estrogène seul ou associé à un progestatif) augmente le risque de thrombose veineuse, en particulier dans la première année. Dans les deux cas, cela se traduit chaque année par environ 18 thromboses supplémentaires pour 10 000 femmes.

On parle de thrombose veineuse lorsqu'un caillot se forme dans une veine. Les veines profondes des jambes sont les plus touchées (d'où l'expression de « thrombose veineuse profonde »).

Lorsque ce caillot se brise en fragments, ceux-ci se retrouvent dans la circulation sanguine et arrivent à d'autres parties du corps, comme les poumons (pro-

voquant alors une embolie pulmonaire). Le risque de thrombose étant accru en cas d'intervention chirurgicale lourde, la plupart des médecins recommandent souvent d'interrompre le THS 4 à 6 semaines avant une intervention. C'est une question dont vous devez parler avec votre médecin traitant. En cas de poursuite du THS, on préconise le port de bas de contention et l'administration d'anticoagulants.

Le THS est également associé à un risque légèrement accru d'accident vasculaire cérébral (AVC).

Chez les femmes n'étant pas sous THS, environ 3 sur 1 000, âgées de cinquante à soixante ans, et 11 sur 1 000, entre soixante et soixante-dix ans, ont un AVC chaque année. Chez les femmes sous THS depuis cinq ans, le taux passe à 4 sur 1 000 entre cinquante et soixante ans, et à 15 pour 1 000 entre soixante et soixante-dix ans.

En outre, contrairement à ce que l'on croyait jusqu'à présent, il n'existe aucune preuve d'effet bénéfique sur les pathologies cardiaques. En moyenne, la majoration du risque pour les femmes sous association estroprogestative est de 29 % (pour des problèmes comme une angine de poitrine ou une crise cardiaque). Cela correspond à 7 cas supplémentaires par an pour 10 000 femmes.

On diagnostique chaque année une phlébite chez environ 3 femmes sur 1 000 âgées de cinquante à soixante ans, et chez 8 sur 1 000, de soixante à soixante-dix ans, ne prenant aucun THS.

Chez les femmes sous THS depuis cinq ans, le taux passe à 7 pour 1 000 entre cinquante et soixante ans et à 17 pour 1 000 de soixante à soixante-dix ans.

CONSEILS PRATIQUES

RECOMMANDATIONS SUR LE THS

Le résultat de plusieurs études étrangères, à commencer par la WHI et la MWS (voir p. 181), a donné lieu à des recommandations quant à l'administration du THS. Toutefois, ces données, si précieuses soient-elles, ne fournissent pas toutes les réponses, et la poursuite de la recherche permettra de mieux connaître les risques et les avantages liés au THS.

Avant de prendre votre décision, vous devez en parler à votre médecin traitant. Reportez-vous aux tableaux p. 184-185 pour y voir plus clair.

Votre médecin saura vous expliquer les risques courus, à la lumière de vos antécédents médicaux.

DEMANDER L'AVIS D'UN SPÉCIALISTE

Si vous n'êtes pas suivie régulièrement, une première consultation sera l'occasion de voir, avec votre nouveau gynécologue, si le THS est indiqué dans votre cas. Cela vous permettra également de lui poser toutes les questions qui vous préoccupent. N'oubliez pas, cependant, que nous ne disposons pas encore de toutes les réponses et que la recherche continue.

Votre gynécologue vous demandera quels sont vos antécédents médicaux — par exemple, si vous souffrez ou avez souffert d'une maladie coronarienne. Il voudra connaître vos antécédents familiaux et vérifiera les facteurs de risques liés à certaines pathologies, en particulier l'ostéoporose, le cancer du sein, la thrombose veineuse, l'embolie pulmonaire, l'insuffisance coronarienne et l'accident vasculaire cérébral. Il vous demandera également de décrire vos troubles — bouffées de chaleur, sueurs nocturnes, sécheresse vaginale, troubles urinaires, etc. — et fera le bilan de votre état général.

Il notera votre tension artérielle et votre poids, examinera vos seins et fera un toucher vaginal ainsi qu'un frottis cervical.

Si le traitement hormonal semble indiqué dans votre cas, la prescription initiale sera probablement de trois mois. Cela permettra à votre organisme de s'habituer au traitement et à d'éventuels effets secondaires.

À la consultation suivante, si tout va bien, la prescription sera de six mois et, ensuite, d'un an.

SURVEILLANCE

En cas d'administration de THS, vous serez suivie régulièrement, afin de surveiller comment vous réagissez au traitement et de voir si sa poursuite est indiquée.

Votre gynécologue vérifiera votre tension artérielle et votre poids, et examinera vos seins chaque année. Il demandera probablement un bilan sanguin, pour dépister, entre autres, un éventuel problème de cholestérol ou de glycémie. Un examen de la densité osseuse est recommandé en cas de risque d'ostéoporose (voir p. 67).

En France, certains spécialistes préconisent une mammographie bisannuelle pour toutes les femmes sous THS, indépendamment de leur âge, tandis que d'autres pensent qu'elle peut être plus espacée dans le temps s'il n'existe aucun risque de cancer du sein (voir p. 226).

EN CONCLUSION

Décider de prendre un THS est devenu un choix difficile.

Votre médecin traitant vous aidera à examiner les raisons qui vous poussent à faire cette demande en tenant compte de vos antécédents familiaux et des facteurs de risques mis en avant par plusieurs études étrangères sur le traitement hormonal substitutif. Celles-ci ont incité l'Afssaps à promulguer des recommandations.

L'efficacité réelle du THS pour soulager les troubles liés à la ménopause et prévenir l'ostéoporose est parfois contrebalancée par les risques potentiels courus.

LE THS EST-IL INDIQUÉ DANS VOTRE CAS ?

Le THS est indiqué :

▶ si vous souffrez de troubles liés à l'arrêt des sécrétions
ovariennes (bouffées de chaleur, sueurs nocturnes, etc.)
suffisamment sévères pour affecter votre qualité de vie ;

▶ si aucun autre traitement n'apporte une
amélioration (voir les chapitres II et IX) ;

▶ s'il existe un risque accru d'ostéoporose
et que les autres traitements de première intention
sont inefficaces ou mal tolérés (voir p. 68) ;

▶ si vous avez été ménopausée tôt et avez moins
de cinquante ans.

> Comme pour n'importe quel médicament, il faut peser
> les avantages potentiels avec les effets indésirables et
> les risques. Demandez conseil à votre médecin traitant.

CONTRE-INDICATIONS AU THS

Les contre-indications qui empêchent la prescription d'un traitement hormonal substitutif
sont les suivantes :

▶ cancer hormono-dépendant
(qui se développe en
réaction aux estrogènes,
comme le cancer de
l'endomètre) ;

▶ cancer du sein, actuel
ou en rémission ;

▶ thrombose veineuse
(formation de caillot dans
une veine) ou antécédent
de thrombose veineuse, ou

encore d'embolie pulmonaire
(migration d'un fragment
de caillot au poumon) ;

▶ angine de poitrine ou
antécédent récent d'infarctus,
ou d'accident vasculaire
cérébral ;

▶ certaines pathologies du foie ;

▶ saignements vaginaux
de cause inconnue ;

▶ hyperplasie endométriale
(épaississement de
l'endomètre) non traitée.

INDICATIONS AVEC DES PRÉCAUTIONS

Le THS n'est pas nécessairement contre-indiqué, à la condition
de prendre des précautions, dans les cas suivants :

▶ fibrome (tumeur bénigne constituée de tissu fibreux dans l'endomètre) pouvant augmenter de taille en réaction au THS (voir aussi p. 59) ;

▶ endométriose (des fragments du tissu qui tapisse l'utérus se retrouvent ailleurs dans le bassin), car il existe ,un risque d'aggravation ;

▶ risque accru de thrombo-embolie (les facteurs prédisposant sont des antécédents personnels ou familiaux, des varices importantes, l'obésité et un alitement prolongé) ;

▶ risque accru de maladie coronarienne ou d'accident vasculaire cérébral (les facteurs prédisposant sont des antécédents personnels ou familiaux, le diabète, l'hypertension artérielle, le tabac et l'obésité) ;

▶ migraine ou céphalée de type migraineux, car il existe un risque d'aggravation ;

▶ antécédents familiaux de cancer du sein, si cela semble indiquer une dépendance aux estrogènes ;

▶ otospongiose (un problème qui affecte l'oreille moyenne et altère l'ouïe), car il existe un risque d'aggravation ;

▶ antécédents de certaines pathologies hépatiques, car il existe un risque d'aggravation ;

▶ problème de vésicule biliaire, car il existe un risque accru de calculs ;

▶ diabète, car la glycémie peut être difficile à équilibrer ;

▶ antécédents d'hyperplasie endométriale.

Plusieurs pathologies (néphropathie, asthme, épilepsie, etc.) imposent une vigilance accrue si l'on prescrit un THS. En outre, une association estroprogestative nécessite une surveillance particulière en cas d'insuffisance hépatique ou de dépression. Il n'existe pas de liste exhaustive. Votre médecin traitant vous conseillera au mieux en tenant compte de votre état général, de vos antécédents médicaux et de l'existence d'éventuels facteurs de risque.

CIRCONSTANCES IMPOSANT L'ARRÊT DU THS

Dans les cas suivants, le THS doit être interrompu immédiatement
et vous devez voir avec votre médecin traitant :

▶ grossesse ;

▶ douleur thoracique brutale et importante ;

▶ difficulté soudaine à respirer ou toux avec expectoration de sang ;

▶ douleur intense à un mollet ;

▶ douleurs gastriques intenses ;

▶ céphalée intense, prolongée et inhabituelle ;

▶ perte soudaine, partielle ou complète, de la vue ;

▶ problème soudain d'ouïe ;

▶ problème soudain d'élocution ;

▶ perte de connaissance ou collapsus ;

▶ crise d'épilepsie inexpliquée ;

▶ faiblesse ou engourdissement d'une partie du corps ;

▶ hépatite (inflammation du foie) ou ictère (coloration en jaune de la peau et du blanc des yeux) ;

▶ dépression sévère ;

▶ hypertension artérielle.

9

LES AUTRES TRAITEMENTS

*Bien des femmes préfèrent éviter de prendre des médicaments
— et, dans ce cas, surtout des hormones de synthèse.
Une approche complémentaire de la ménopause repose
généralement sur des modifications diététiques.
Les vertus bénéfiques de certaines plantes médicinales
et aliments permettraient de préserver, voire de remplacer,
les hormones afin de corriger notamment les troubles
de l'humeur, de la digestion ou de la mémoire.
Les praticiens qui considèrent le corps dans sa globalité
proposent des thérapies et des techniques qui améliorent
le bien-être général, la santé et la vitalité.*

LES REMÈDES NATURELS

Un grand nombre d'aliments naturels et de plantes médicinales aident les femmes ménopausées. Il faut savoir que dans certaines cultures traditionnelles, le terme « ménopause » n'existe pas. En cas de trouble, le traitement fera référence à des principes énergétiques et préconisera des plantes ou d'autres thérapies pour restaurer l'équilibre du corps de manière naturelle, sans risque d'effet indésirable. La ménopause est tout simplement le début d'une nouvelle période, avec ses besoins spécifiques, qui fait partie intégrante de la vie d'une femme.

Les contraintes propres à notre monde moderne expliquent souvent pourquoi certaines femmes éprouvent tant de difficultés à aborder la ménopause. Notre capacité à l'accepter et à la vivre sereinement dépend en grande partie de la manière dont nous avons traité notre corps jusqu'à ce moment-là. Les troubles qui surviennent à la ménopause sont parfois le signe que nous avons trop malmené notre organisme, qui le manifeste alors par divers symptômes, dont une grande fatigue. Il y a tout lieu de penser que dans une culture plus traditionnelle, respectueuse du corps, ce type de désagréments n'a pas lieu d'être. L'alimentation est plus naturelle, dépourvue d'additifs, de graisses et de sucres transformés. L'air et l'eau sont moins pollués, et l'organisme n'est pas si exposé à des polluants environnementaux de type radiations, produits pétrochimiques, ondes électromagnétiques et bruit.

Nous ignorons encore l'étendue réelle des dégâts provoqués par tous ces facteurs de stress, mais le bon sens incite à penser qu'ils jouent un rôle non négligeable dans la survenue et la gravité de certaines pathologies inconnues dans les pays soi-disant « sous-développés » — à commencer par les troubles de la ménopause. Du reste, lorsque ces sociétés adoptent un mode de vie occidental, elles voient alors apparaître des maladies « de civilisation ».

Si nous voulons trouver des solutions à nos problèmes, nous ne devons pas nous contenter de choisir des remèdes « naturels ». Il nous faut également modifier notre mode de vie. La ménopause est peut-être le moment qui se prête le mieux à ce type de remise en cause. Après tout, ce n'est pas sans raison qu'elle est surnommée le plus grand chamboulement de la vie !

Il se peut également qu'en optant pour des solutions « naturelles », nous continuions de penser comme nous le faisions jusqu'alors. À l'évidence, il n'existe cependant aucune pilule magique capable de soulager nos problèmes physiques et de rendre nos vies plus agréables sans que nous ayons à fournir le moindre effort.

Décider d'adopter des solutions naturelles pour améliorer notre santé implique que nous y mettions du nôtre. Les autres parties de ce livre ont fait des propositions très concrètes sur la manière de prendre en charge notre santé.

Dans ce chapitre, nous vous invitons à voir dans les troubles de la ménopause un avertissement de la nature sur certains déséquilibres et à trouver par vous-même les solutions.

QU'EST-CE QU'UN « THS NATUREL » ?

La notion d'hormonothérapie ne suffit pas à décrire la manière dont agissent les plantes et les thérapies naturelles à la ménopause. Cela ne met l'accent que sur le fait que les estrogènes et la progestérone chutent à cette période de la vie. Il existe, bien évidemment, un grand nombre d'aliments et de plantes qui contribuent à préserver un bon niveau hormonal (voir p. 112-114) ou, du moins, à en ralentir le déclin — parfois soudain chez certaines femmes, et source de désagréments.

La phytothérapie repose souvent sur la pratique de la polymédication, qui associe plusieurs plantes en un cocktail. Elle concerne la santé du corps dans sa globalité et son action va bien au-delà d'un simple apport hormonal.

Un médecin phytothérapeute peut faire le bilan de santé d'une femme dans toute sa complexité et améliorer l'ensemble de ses fonctions, en ciblant parfois les organes qui souffrent de troubles. En agissant ainsi, il ne se contente pas d'atténuer les symptômes. Il accroît également la santé et la vitalité qui est indéniablement un droit, acquis à la naissance, de toute femme à n'importe quel âge.

On ne sait pas assez, par exemple, que le foie et les surrénales jouent un rôle essentiel dans la santé d'une femme ménopausée. En cas d'insuffisance, des troubles surviennent inévitablement.

En revanche, des surrénales en bonne santé augmenteront un peu la production d'estrogènes, ce qui contribuera à pallier légèrement la chute estrogénique des ovaires.

LE SAVIEZ-VOUS ?
La santé holistique

Le médecin phytothérapeute ne se contente pas des symptômes physiques. Il évalue également l'état physique, mental et psychique en remontant souvent à plusieurs années en arrière, afin de déterminer avec précision les besoins actuels et futurs.

Le foie, quant à lui, jouerait un rôle très important contre les bouffées de chaleur. Son action est mal connue, mais il semble que cela ait un lien avec la thermorégulation.

Même lorsque l'objectif est d'améliorer l'équilibre hormonal, les plantes ne se contentent pas d'apporter un complément.

Certaines plantes ont une action sur l'hypophyse, la principale glande endocrine du cerveau, ce qui influence la sécrétion de certaines hormones.

Cette approche constitue un des meilleurs traitements en matière de déséquilibre hormonal féminin et repose sur un cocktail de plantes dont l'action s'apparente à celle d'un traitement hormonal substitutif.

La question de la déminéralisation osseuse peut, là aussi, avoir plusieurs conséquences. Dans ce cas également, des plantes et des aliments permettent d'apporter du calcium (voir le cocktail pour les os, les chairs et le cartilage, p. 192), et d'améliorer l'assimilation et la bonne utilisation du calcium par le système digestif.

Une association de plantes visant à améliorer les troubles de la ménopause peut donc concerner à la fois des besoins de « routine » et d'autres, plus spécifiques, contribuant à une meilleure harmonie entre tous les systèmes du corps.

INDICATIONS

Les plantes médicinales qui améliorent les troubles de la ménopause conviennent à la plupart des femmes en raison de leur action sur plus d'un problème de santé associé. Par ailleurs, si une approche est contre-indiquée pour certaines raisons, elle présente toutefois des avantages pour d'autres.

Les remèdes naturels sont particulièrement utiles lorsque des contre-indications ou des intolérances empêchent votre médecin de prescrire un traitement hormonal substitutif classique, à base de médicaments. Il se peut également qu'une femme aille moins bien en prenant un traitement hormonal substitutif.

Le médecin cherchera alors un autre type de traitement hormonal substitutif, mieux toléré. Néanmoins, cela n'est pas toujours efficace et il sera tout indiqué d'essayer un traitement hormonal à base de plantes.

Il arrive enfin que, pour telle ou telle autre raison médicale, votre médecin juge nécessaire d'interrompre un traitement hormonal substitutif. Cela risque de provoquer l'apparition de plusieurs troubles liés à la ménopause. Une solution à base de plantes sera alors la bienvenue.

CONTRE-INDICATIONS

Les principales contre-indications d'un remède à base de phytoestrogènes sont des antécédents de cancer du sein ou l'administration de tamoxifène.

Ce dernier, qui supprime la production d'estrogènes chez les cancers hormono-dépendants, risque d'être moins efficace en raison de la présence de cette hormonothérapie naturelle et, par conséquent, de diminuer la protection contre une éventuelle récidive de la maladie. Hormis ce cas particulier, vous devez toujours vérifier, si l'on vous a prescrit d'autres médicaments, s'il n'existe aucune interaction avec une plante que vous envisagez de prendre.

Un exemple bien connu est celui du millepertuis qui aurait, selon plusieurs études, des réactions néfastes avec les antidépresseurs, les antihypertenseurs, les anticoagulants et les contraceptifs oraux. Cette plante a fait ses preuves depuis de nombreuses années et très peu de problèmes ont été signalés chez celles qui en prennent, mais vous devez toutefois vous assurer, auprès de votre médecin traitant ou d'un spécialisé en phytothérapie, qu'il n'existe pas de contre-indication.

Les plantes proposées ici sont données avec leurs contre-indications et les troubles qu'elles soignent. Il s'agit des espèces réputées les plus efficaces pour traiter les troubles de la périménopause et de la ménopause.

Elles sont également proposées sous la forme traditionnelle d'extrait, d'infusion, de poudre, de teinture ou de teinture-mère (extrait respectivement aqueux et alcoolique). Elles ne présentent, ainsi, aucun danger (hormis les contre-indications énumérées) et sont facilement disponibles. L'utilisation d'extrait standardisé (une préparation où le « principe actif » est garanti à un niveau souvent supérieur à celui présent dans la nature) est généralement déconseillée sans l'avis d'un spécialiste.

questions au phytothérapeute

▶ Qu'est-ce que la phytothérapie ?

▶ Depuis combien de temps exercez-vous ?

▶ Où avez-vous étudié la phytothérapie ?

▶ Au bout de combien de temps l'effet des plantes se fera-t-il sentir ?

▶ Y a-t-il un risque d'interaction entre les plantes que vous me proposez et les médicaments que je prends par ailleurs ?

▶ Quels sont les effets secondaires que peuvent provoquer les plantes prescrites ?

Consulter un médecin phytothérapeute

Le meilleur moyen de trouver les plantes qui vous conviennent est de consulter un médecin phytothérapeute. Cette personne a été formée pour évaluer au mieux vos besoins propres, ce qui va bien au-delà du simple fait de soulager des troubles qui sont, en définitive, le signe d'un déséquilibre et d'une insuffisance plus profondes.

Le phytothérapeute commencera par vous demander vos antécédents personnels et familiaux afin de se familiariser avec les divers aspects de votre histoire médicale et de votre mode de vie. Cela lui donnera une bonne indication des facteurs à l'origine de vos troubles.

Comme nous l'avons déjà dit, les désagréments physiques rencontrés au cours de votre vie auront un effet sur votre santé au moment de la ménopause, en particulier si votre alimentation était déséquilibrée ou en cas de prise de drogue, de tabagisme ou de consommation excessive d'alcool.

Le phytothérapeute vous conseillera probablement certaines modifications, même si votre état général est globalement satisfaisant.

Outre l'interrogation sur vos antécédents, le phytothérapeute utilisera des méthodes de diagnostic spécifiques, comme l'examen de la langue ou l'iridologie. Celle-ci permet de connaître le terrain héréditaire, les forces et les faiblesses de l'organisme, et le niveau probable d'intoxication dû à une mauvaise alimentation ou à un fonctionnement déficient d'organes de détoxication et d'élimination. C'est particulièrement important étant donné que l'accumulation et la congestion dans certaines parties du corps peuvent être responsables de vos troubles.

Le phytothérapeute sait également quand il ne faut pas prendre certaines plantes. Nous avons vu qu'il existe parfois des contre-indications. Un spécialiste

---

Trouver un phytothérapeute

Le bouche-à-oreille est encore la méthode la plus efficace pour trouver les coordonnées d'un médecin phytothérapeute ou d'un naturopathe en qui vous pouvez avoir toute confiance.

---

est à même de vous indiquer ce qui est dépourvu de danger dans votre cas.

Les remèdes à base de plantes sont choisis pour convenir à votre profil. Il s'agit, le plus souvent, d'une association de trois à quatre plantes dans un cocktail qui permet de traiter vos troubles et de renforcer votre terrain.

En France, la profession de phytothérapeute n'est pas référencée, mais certains médecins généralistes prescrivent des remèdes à base de plantes.

DES COCKTAILS DE PLANTES EFFICACES

Les associations proposées ici sont particulièrement efficaces au moment de la ménopause. Toutefois, étant donné que les plantes médicinales agissent sur l'ensemble de l'organisme, vous avez intérêt à consulter au préalable un médecin phytothérapeute ou un naturopathe. Celui-ci a étudié les propriétés des plantes et possède de solides notions sur la physiologie humaine. Il est, par conséquent, qualifié pour vous indiquer les espèces les plus efficaces dans votre cas.

Vous trouverez des informations sur les plantes proposées ici dans la partie « Phytothérapie adaptée à la ménopause » (p. 194-198).

COCKTAIL « SEXY »

Ce cocktail de plantes redonnera un coup de fouet à une libido en berne et vous aidera à retrouver confiance en vous-même. Prenez 25 gouttes de ce mélange de teintures-mères trois fois par jour.

Ingrédients
parts égales de :
damiane
ginseng de Sibérie
gotu kola
rose
verveine

COCKTAIL POUR LES OS, LES CHAIRS ET LES CARTILAGES

Les plantes proposées ont été choisies pour leur richesse en calcium et autres propriétés reminéralisantes. Ce cocktail est également efficace contre les blessures et les traumatismes et, bien sûr, pour préserver la densité osseuse. Certaines espèces sont, en outre, de puissants toniques pour les nerfs et des relaxants (le système nerveux est gourmand en calcium). L'ostéoporose est devenue un fléau, probablement en raison du besoin accru de calcium pour contrer le stress et d'une alimentation pauvre en vitamines, sels minéraux et oligo-éléments. Consommer beaucoup d'aliments riches en calcium ne semble pas diminuer ou prévenir la déminéralisation. L'assimilation du calcium est complexe et dépend d'autres facteurs nutritionnels, ainsi que de la capacité du système digestif à l'assimiler et à le distribuer efficacement.

On trouve dans les plantes une « biodisponibilité » importante de nutriments, souvent en association avec d'autres propriétés permettant d'améliorer la digestion et l'assimilation. Nous vous conseillons de préparer ce cocktail sous forme de poudre, que vous mélangerez à un milk-shake aux fruits (voir p. 116).

Ingrédients
2 parts de racines de guimauve officinale
2 parts d'écorce de chêne
2 parts de molène
2 parts de grains d'avoine
2 parts de prêle
1 part de valériane
1 part de scutellaire
1 part d'armoise

TONIQUE POUR LE CŒUR ET LA CIRCULATION SANGUINE

Tonifier le cœur est indiqué à n'importe quel âge de la vie, notamment lorsque cet organe est malmené par le stress et les conséquences d'une instabilité hormonale. Prenez 25 gouttes de ce mélange de teintures-mères trois fois par jour.

Ingrédients

2 parts d'aubépine
1 part de trèfle des prés
1 part d'agripaume cardiaque
1/8 part de piment de Cayenne
1/4 part de gingembre

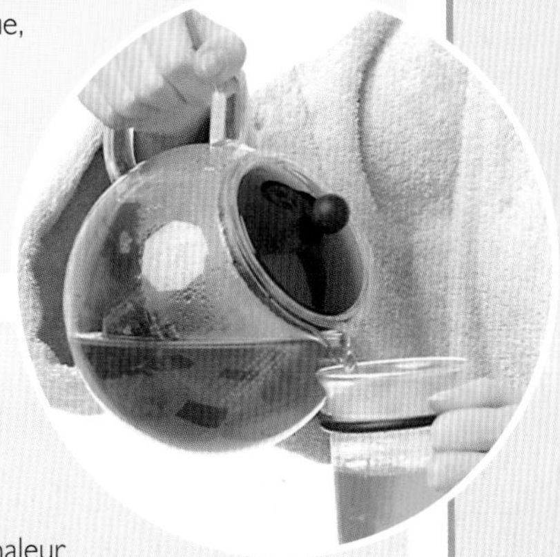

THS À BASE DE PLANTES

Voici un cocktail qui remplace avantageusement un THS médicamenteux, notamment si vous devez l'interrompre pour des raisons de choix ou de nécessité ! Prenez 20 à 25 gouttes de ce mélange de teintures-mères trois fois par jour.

Ingrédients

parts égales de :
poivre du moine
angélique chinoise
cimicaire
trèfle des prés
ginseng de Sibérie
agripaume cardiaque

ÉTAT DÉPRESSIF ET TROUBLES DE L'HUMEUR

L'anxiété, la dépression, l'irritabilité et les altérations de l'humeur affectent bien des femmes à la ménopause. Heureusement, la prise régulière de certaines plantes soulage ces troubles de l'humeur. Nous vous conseillons de laisser infuser de la mélisse avec du romarin ou de la verveine pour une amélioration rapide. En cas de nervosité importante ou de crises de panique, la valériane et/ou la passiflore sont efficaces.

TISANE CONTRE LES BOUFFÉES DE CHALEUR

Les bouffées de chaleur et les sueurs nocturnes sont courantes et très désagréables. Ces deux plantes ont fait la preuve de leur efficacité. Nous vous conseillons de boire régulièrement cette infusion durant la journée et, si besoin, d'en laisser à portée de main sur votre table de chevet.

Ingrédients

parts égales de :
sauge
agripaume cardiaque

LA PHYTOTHÉRAPIE

Les pages suivantes donnent un bon aperçu des vertus des plantes préconisées contre les troubles de la ménopause. Ces propositions (et les cocktails des pages précédentes) sont le plus souvent conseillées par les médecins phytothérapeutes sous la forme de teinture-mère (extrait alcoolisé) à prendre dans une petite quantité d'eau. Ce mode d'administration est simple, l'assimilation est rapide et, en outre, le produit se conserve longtemps, car il est stable à température ambiante.

Certains phytothérapeutes préfèrent toutefois les infusions, chaudes ou froides (en fonction de la plante utilisée), et les décoctions. Par ailleurs, si vous devez éviter l'alcool, vous préférerez d'autres extraits de plantes. Il existe enfin des formules à base de plantes sous forme de capsules ou de comprimés. Respectez toujours, dans ce cas, la posologie indiquée sur l'étiquette.

Lorsqu'on utilise un remède à base de plantes, il ne faut jamais oublier que les effets ne sont pas aussi immédiats qu'avec un médicament allopathique conventionnel. L'avantage, c'est l'absence d'effet secondaire et une efficacité sur le long terme.

PRÉPARATION DES PLANTES

Il existe plusieurs manières de préparer des plantes, souvent en fonction de la partie utilisée.

Teintures-mères

Il s'agit d'extraits de plantes alcoolisés et très concentrés. On les trouve en pharmacie et dans les boutiques de produits diététiques. La posologie dépend de la puissance de l'extrait, mais la règle qui prévaut généralement est une cuillerée à café jusqu'à trois fois par jour.

Infusions

Il s'agit ici des fleurs, des « sommités » des plantes et des feuilles séchées.

1 Mettez 1 cuillerée à café bombée de plantes dans une petite casserole.

2 Ajoutez 1 l d'eau. Portez à ébullition et infusez 10 minutes. Laissez reposer une nuit.

3 Filtrez bien et buvez 2 à 4 tasses par jour, chaud ou froid, conservé au réfrigérateur.

Décoctions

Elles utilisent les racines, les grains de céréale, l'écorce et les baies.

1 Mettez 1 cuillerée à café bombée de plantes dans une petite casserole.

2 Ajoutez 1/2 l d'eau. Portez à ébullition et laissez infuser pendant 10 à 15 minutes.

3 Filtrez et buvez.

CIMICAIRE *(Cimicifuga racemosa)*

Cette plante possède de multiples vertus contre les maux féminins. Pendant les règles, elle soulage les douleurs. Du fait de la présence de phytoestrogènes et de son action anti-inflammatoire et antispasmodique, c'est un excellent « THS naturel ». Elle soulage, en outre, les douleurs dues à l'arthrose et les spasmes en cas de colopathie fonctionnelle.

Contre-indications : en raison de son action estrogénique, la cimicaire est contre-indiquée si vous prenez du tamoxifène.

POIVRE DE MOINE *(Vitex agnus-castus)*

Cette plante bien connue des femmes agit sur les sécrétions de l'hypophyse, ce qui permet d'améliorer l'équilibre hormonal. Elle augmente, en outre, la production de progestérone. Elle est conseillée à n'importe quel moment du cycle et souvent préconisée pour soulager les troubles des règles. Elle soigne l'acné chez les adolescents (garçons comme filles) et, à la ménopause, contribue à rééquilibrer le niveau hormonal, quel que soit le trouble.

Contre-indications : mieux vaut l'éviter lorsqu'on prend de la bromocriptine.

ANGÉLIQUE CHINOISE OU *DONG QUAI (Angelica sinensis)*

Cette plante de la pharmacopée chinoise serait la plus populaire de toute la planète. Difficile de croire qu'un milliard de femmes chinoises aient tort ! Elle agirait, comme le poivre de moine, sur l'hypophyse pour rééquilibrer le niveau hormonal et, en outre, la médecine chinoise vante ses vertus pour améliorer la circulation sanguine et régénérer le sang. Elle fait partie de la famille des ombellifères, un vaste groupe de plantes qui comprend également le fenouil, le cerfeuil musqué et l'angélique officinale, connue pour améliorer la digestion mais qui peut, si besoin, remplacer l'angélique chinoise. Elle sert, entre autres, à soigner les fibromes. On utilise ses racines.

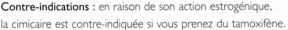

Contre-indications : cette plante est contre-indiquée si vous prenez des anticoagulants.

AGRIPAUME CARDIAQUE *(Leonurus cardiaca)*

Cette plante possède de nombreuses vertus contre les troubles féminins. C'est un emménagogue (facilite ou déclenche les règles) qui protège en outre le cœur (d'où son nom latin *cardiaca*) grâce, entre autres, à sa capacité à réduire le cholestérol. Elle possède enfin des propriétés calmantes et relaxantes. Elle est indiquée en cas d'hypertension et d'anxiété associées à la ménopause.

On utilise ses parties aériennes. On l'associe souvent à l'aubépine pour améliorer l'hypertension et protéger le cœur

Contre-indications : mieux vaut l'éviter si l'on prend un neuroleptique ou un anti-inflammatoire non stéroïdien.

ALCHÉMILLE *(Alchemilla vulgaris)*

Cette plante est un astringent très efficace de l'utérus, capable de diminuer, voire d'arrêter, les saignements importants. Lorsque certaines femmes approchent de la ménopause, les menstruations deviennent plus rapprochées et abondantes, voire sont quasiment ininterrompues. C'est alors le remède qu'il vous faut ! Cette plante, associée par exemple à l'angélique chinoise et à la cimicaire, rétablit rapidement un problème — même si, en phytothérapie, une action « rapide » signifie que les effets se font sentir au bout d'une à deux semaines. Il faut savoir qu'elle a évité à bien des femmes une hystérectomie. Ajoutez du piment de Cayenne en cas de saignements importants, sans oublier les plantes riches en fer, comme les feuilles de framboisier et les racines de rumex crépu.

Contre-indications : aucune connue.

TRÈFLE DES PRÉS *(Trifolium pratense)*

Cette plante est de la même famille que le pois, connu pour sa forte teneur en phytoestrogènes. C'est, comme la cimicaire, un véritable THS naturel. Par ailleurs, elle purifie et même fluidifie le sang, car elle renferme de la coumarine, qui possède une légère action anticoagulante. C'est pourquoi il faut éviter ce remède si l'on vous a prescrit un anticoagulant ou si vous prenez de l'aspirine à forte dose. Cette plante est également présente dans les cocktails anticancéreux (elle renferme un agent anticancéreux).

Contre-indications : en raison de son action qui favorise les estrogènes, elle est contre-indiquée dans certaines formes de cancer et lorsque du tamoxifène est prescrit. Comme, par ailleurs, elle fluidifie le sang, il ne faut pas l'utiliser si l'on prend des anticoagulants.

GINSENG DE SIBÉRIE *(Eleutherococcus senticosus)*

En raison de l'importance des surrénales à la ménopause, aucun THS à base de plantes ne peut s'en passer. Le ginseng de Sibérie (qui n'a rien à voir avec le ginseng de Corée, de Chine ou d'Amérique) est décrit comme un adaptogène : il aide l'organisme à s'adapter au stress et aux périodes de changement, ce qui donne plus d'énergie. C'est peut-être pour cette raison qu'on l'utilise également comme antidépresseur et produit capable de rétablir une libido en berne.

Contre-indications : il faut faire attention lorsqu'on est hypertendu et ne pas l'utiliser si l'on prend des anticoagulants. Il est contre-indiqué si l'on vous a prescrit un digitalique et il faut faire preuve de vigilance en cas de sédatif, car il y a un risque de sédation excessive.

MILLEPERTUIS *(Hypericum perforatum)*

Le millepertuis est surtout connu comme antidépresseur, en raison des articles à ce sujet dans la presse médicale, qui le compare aux médicaments actifs sur ce type de pathologie. Cependant, les médecins phytothérapeutes savent depuis toujours que cette plante traite en douceur, mais avec une grande efficacité, tous les traumatismes, physiques ou psychiques. À la ménopause, elle améliore les « coups de blues » et la mauvaise image de soi. Elle apaise et détend les nerfs.

Contre-indications : ne l'utilisez pas si l'on vous a prescrit des médicaments pour le cœur, d'autres antidépresseurs (en particulier les inhibiteurs sélectifs de la recapture de la sérotonine) ou un contraceptif oral. Avant de le prendre, demandez conseil à un médecin phytothérapeute, au pharmacien ou à un généraliste.

GOTU KOLA *(Hydrocotyl asiatica)*

Cette plante reconstituante et tonifiante est de la même famille que le ginseng de Sibérie. Elle est très appréciée à la ménopause pour sa capacité à améliorer les fonctions mentales et la mémoire, ce dont souffrent alors certaines femmes.

Contre-indications : il existe un risque de sédation excessive si vous prenez, par ailleurs, d'autres sédatifs. Il est contre-indiqué en cas de grossesse ou d'épilepsie.

RÉGLISSE *(Glycyrrhiza glabra)*

Cette plante rééquilibre les estrogènes et la progestérone, stimule les surrénales et améliore la digestion. On la considère souvent comme un traitement hormonal alors que ses vertus vont bien au-delà. Une crème à usage local préparée avec les racines traite avec une grande efficacité la sécheresse vaginale. Elle n'agit pas uniquement en tant que lubrifiant, mais également en permettant de retrouver, peu à peu, un niveau de sécrétions proche de la normale.

Contre-indications : l'utilisation en interne est proscrite en cas d'insuffisance cardiaque ou d'hypertension artérielle, exception faite de la crème vaginale. Il existe, par ailleurs, un risque de réactions indésirables si vous prenez divers types de médicaments, notamment pour le cœur. C'est pourquoi il faut demander l'avis de votre médecin traitant.

SAUGE (*Salvia officinalis*)

La sauge est surtout connue pour soulager les bouffées de chaleur dues à la ménopause. Si celles-ci sont handicapantes, elle fera partie d'un cocktail de plantes mais, en règle générale, il est conseillé de la prendre seule, afin de trouver le dosage et le moment adéquats. Si un traitement hormonal est également prescrit, vous aurez probablement besoin de moins de sauge pendant plusieurs mois. Nous vous conseillons de mettre 20 gouttes dans un verre d'eau, posé sur votre table de chevet. Si vous vous réveillez à cause d'une bouffée de chaleur, buvez immédiatement quelques gorgées.

Contre-indications : il existe un risque de potentialisation de l'effet si vous prenez des sédatifs.

ROSE (*Rosa damascena*)

Les pétales de la rose de Damas sont depuis toujours un remède de prédilection des femmes. L'odeur est, de surcroît, très agréable. Si vous en mettez un peu sur vous, vous aurez le plaisir de sentir bon tout en profitant des bienfaits de la plante ! La rose régularise le cycle menstruel, traite les congestions de l'utérus et les fibromes, et contribue à la fécondité. À la ménopause, c'est également un aphrodisiaque et un antidépresseur.

Contre-indications : aucune connue.

DAMIANE (*Turnera diffusa*)

Cette plante a la réputation d'être un aphrodisiaque. C'est plutôt un remède masculin mais, à la ménopause, elle améliorerait également la libido des femmes. Elle a un effet tonique sur le système nerveux. C'est, en outre, un stimulant dépourvu d'effet indésirable.

Contre-indications : aucune connue.

VERVEINE (*Verbena hastata*)

Cette plante a un effet tonique et stimulant sur le système nerveux. Ses applications sont nombreuses. Elle donne force et vitalité, en partie parce qu'elle améliore la digestion (elle agit comme un stomachique et stimule les sécrétions digestives). C'est, en outre, un excellent antidépresseur. Dans le passé, les femmes que l'on consultait pour leur sagesse en prenaient pour avoir des rêves et des visions.

Contre-indications : aucune connue.

LES AUTRES THÉRAPIES NATURELLES

Vous l'avez certainement compris, une approche naturelle de la ménopause repose sur le rééquilibrage et le renforcement de tous les systèmes de l'organisme, afin de retrouver l'harmonie octroyée par la nature. Il existe, bien évidemment, de multiples approches à cette démarche. La plupart proposent des traitements spécifiques pour le système hormonal, si important à cette période de la vie. Vous devez consulter un thérapeute formé à ce type de pratique afin d'en tirer le meilleur profit.

Vous hésitez peut-être entre telle ou telle autre thérapie naturelle. Les descriptions qui suivent devraient vous aider à vous y retrouver.

ACUPUNCTURE

L'acupuncture est un art de santé ancestral qui est né en Asie il y a plus de 5 000 ans. Cette médecine traditionnelle repose sur la connaissance des 14 canaux énergétiques, ou méridiens, par lesquels l'énergie circule dans le corps. Le but est de repérer les blocages de la force vitale *(qi)*, afin de poser ensuite de fines aiguilles en des points précis d'acupuncture pour rétablir la bonne circulation du *qi* et, de ce fait, recouvrer une santé optimale.

Les acupuncteurs traditionnels commencent par prendre les pouls, pour diagnostiquer les endroits où l'énergie stagne. C'est une approche qui considère le corps dans sa globalité. Les symptômes comptent plus pour les informations qu'ils apportent au sujet des blocages de l'énergie vitale qu'en tant qu'indicateurs de « maladies » spécifiques.

Avantages

Après une séance de « rééquilibrage », beaucoup de personnes éprouvent un sentiment de bien-être et l'impression d'avoir plus d'énergie. Le fonctionnement des organes retrouve son harmonie et le flux vital circule à nouveau sans excès ni manque.

Inconvénients

D'aucuns ne supportent pas l'idée que l'on plante des aiguilles dans leur peau. Elles sont pourtant si fines qu'on les sent à peine. Il arrive toutefois que l'on éprouve ensuite, au niveau d'un point précis, une gêne due au déblocage de l'énergie qui stagnait.

HOMÉOPATHIE

L'administration de quantités infimes d'une substance (végétale, minérale ou animale), parfois toxique à fortes doses, incite l'organisme à puiser dans ses capacités d'autoguérison. La substance est diluée et « dynamisée » jusqu'à des centaines de fois,

Acupuncture

D'après l'Organisation mondiale de la santé (OMS), l'acupuncture serait efficace contre les douleurs articulaires de la ménopause, les lombalgies, la polyarthrite rhumatoïde et d'autres douleurs persistantes.

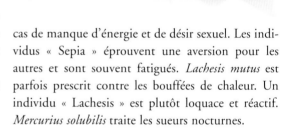

aboutissant parfois à une dose « infinitésimale » de produit actif. Paradoxalement, plus celle-ci se rapproche du néant et plus le produit est actif. Selon l'inventeur de l'homéopathie, Samuel Hahnemann, « les semblables guérissent les semblables » (loi de similitude) et le remède choisi est justement celui qui, à forte dose, provoquerait les symptômes que l'on veut guérir.

L'homéopathie repose également sur la notion de « terrain », chaque individu étant considéré dans sa globalité (physique, intellectuelle et psychique). On dit parfois que chacun posséderait son remède propre, fonction de sa constitution et de sa personnalité (homéopathie uniciste).

Avantages

L'homéopathie est facile à prendre. Il suffit de laisser fondre sous la langue, à jeun, des granules n'ayant aucun goût. L'homéopathie soigne le terrain et, par conséquent, l'être entier.

Inconvénients

Certains aliments et boissons sont à éviter, car ils risquent de faire office d'antidote aux remèdes homéopathiques. Il s'agit surtout de la menthe (dont celle d'un dentifrice) et du café.

Quelques remèdes homéopathiques utiles

En règle générale, un homéopathe se base sur le terrain de la personne (et non tel trouble spécifique). Si vous envisagez de prendre un remède homéopathique, vérifiez que votre profil correspond. Par exemple, *Sepia officinalis* convient de préférence en cas de manque d'énergie et de désir sexuel. Les individus « Sepia » éprouvent une aversion pour les autres et sont souvent fatigués. *Lachesis mutus* est parfois prescrit contre les bouffées de chaleur. Un individu « Lachesis » est plutôt loquace et réactif. *Mercurius solubilis* traite les sueurs nocturnes.

RÉFLEXOLOGIE

Cette thérapie remonterait à l'Égypte antique. Elle repose sur la stimulation de « points réflexes » de la plante du pied, chacun correspondant à un organe précis (« carte du corps »). Elle permet de rétablir et de préserver l'équilibre naturel de l'organisme. Elle soulagerait efficacement les dorsalgies, les migraines, les troubles du sommeil, les déséquilibres hormonaux et les pathologies liées au stress. Certains réflexologues disent qu'ils parviennent à décomposer les cristaux d'acide urique ou autres impuretés et à les éliminer par le seul massage des talons, ce qui décongestionne les organes et leur redonne la santé.

Avantages

Le massage des pieds est généralement très agréable et procure une grande détente. Le réflexologue passe en revue tous les organes afin de détecter les zones perturbées, qu'il rééquilibre, ce qui dynamise tout l'organisme. C'est également un outil de diagnostic : un point sensible du pied révèle un organe fragilisé.

Inconvénients

Lorsque l'énergie est bloquée en un point, le massage qui rétablit la circulation de l'énergie est parfois désagréable. Mais cela ne dure pas.

PROGRAMMATION NEUROLINGUISTIQUE

La programmation neurolinguistique (PNL) repose sur le principe suivant : notre manière de communiquer, verbale ou non, est révélatrice de notre perception inconsciente du « problème ». Si nos propos et nos perceptions sont erronés, le problème sous-jacent perdurera aussi longtemps que nous persisterons dans notre erreur. Par exemple, si vous passez votre temps à dire « Je suis fatiguée », il y a fort à

MASSAGE SHIATSU DU PIED

Le shiatsu est une technique japonaise de pression des doigts (digitopuncture) qui repose, comme l'acupuncture, sur l'amélioration de la circulation de l'énergie vitale dans les organes et les 14 méridiens associés. Nous vous proposons un massage du pied souverain contre le stress. Lorsque vous avez suivi les 5 étapes pour un pied, faites de même pour l'autre.

1 Asseyez-vous et posez un pied sur la cuisse de l'autre jambe. Frottez un peu d'huile de massage ou de lotion pour le corps sur la plante. Avec les pouces, exercez une pression sur tous les points en partant du bas de la voûte plantaire pour remonter jusqu'au gros orteil. Répétez 5 fois.

2 Le poing fermé, appuyez sur le talon avec la jointure des doigts de la plante jusqu'aux orteils. Répétez 5 fois.

3 Massez chaque orteil en le tenant fermement et en le mobilisant dans tous les sens, puis en l'étirant du bas vers le haut. Exercez une pression entre chaque orteil.

4 Prenez vos orteils dans la main et attirez-les vers vous pendant 5 à 10 secondes. Éloignez-les ensuite de vous pendant 5 à 10 secondes. Répétez 3 fois.

5 Faites rouler vos pouces et appuyez bien entre les os de l'extrémité antérieure de la plante du pied.

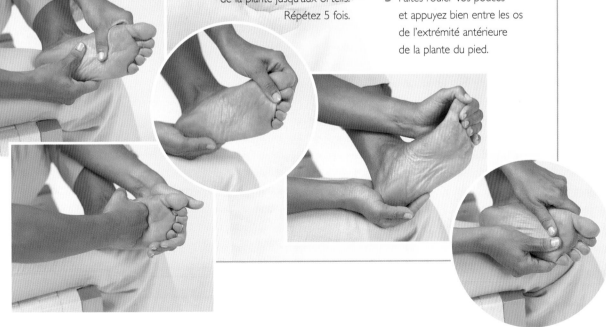

parier que vous serez et resterez fatiguée, même si vous avez eu votre content de sommeil.

Avec la PNL, le thérapeute analyse les mots que vous utilisez pour décrire vos troubles et étudie les expressions de votre visage et les mouvements de votre corps. Après avoir déterminé les problèmes possibles dans votre perception, il vous aide à en comprendre l'origine en faisant référence à la manière dont d'autres ont abordé avec succès ce type de situation. Il vous guide pour modifier vos pensées et vos associations mentales, en remplaçant votre manière de fonctionner par des pensées positives et des schémas qui vous procureront une impression de bien-être.

Avantages

En vous montrant que d'autres ont su réagir au type de situation que vous vivez, la PNL met en lumière les différences d'approche aux « problèmes » et leurs

LE SAVIEZ-VOUS ?
Les élixirs floraux

Préparés à partir des fleurs de plantes, d'arbustes et d'arbres sauvages, les remèdes de Bach améliorent les troubles liés à un état psychique ou émotionnel. Combinés avec d'autres plantes, ils sont souverains pour retrouver la sérénité et améliorer la vitalité.

conséquences, et vous incite à opérer des changements positifs dans votre comportement.

Inconvénients

La PNL ne présente aucun inconvénient mais, comme c'est une thérapie fondée sur la parole, il est important de trouver le thérapeute qui vous convient.

NOTIONS DIÉTÉTIQUES

L'alimentation est un facteur qui joue un rôle essentiel dans la santé, quel que soit l'âge. Cependant, en vieillissant, nous réagissons plus facilement aux aliments dépourvus de valeur nutritionnelle (voir p. 106-127). Cette sensibilité accrue se traduit généralement par des troubles mineurs, parfois du système digestif, ou par une altération de l'état général.

Un bon moyen pour vérifier votre tolérance à un aliment précis est d'observer comment vous vous sentez 30 à 40 minutes après son ingestion. Si tout va bien, vous déborderez d'énergie et aurez les idées claires. En revanche, si vous manquez d'énergie, avez du mal à digérer ou éprouvez l'impression que vos idées sont confuses, cela signifie que cet aliment ne vous convient pas.

Il n'existe aucun régime unique valable pour tout le monde, même à la ménopause. La tolérance aux aliments diffère d'une femme à une autre. Toutefois, certains produits sont particulièrement utiles à cette période de la vie. Il s'agit avant tout, bien évidemment, de ceux riches en phytoestrogènes, comme le soja, les membres de la famille du pois et des légumineuses. C'est pourquoi vous avez tout intérêt à manger régulièrement des lentilles, des pois, des pois cassés, des pois chiches et des haricots secs. On en trouve de nombreuses variétés, chacune avec une saveur et des propriétés spécifiques. Les petits haricots rouges japonais, par exemple, sont bénéfiques pour les reins et les surrénales, comme les haricots de soja. Les haricots rouges, dont la forme est simi-

---

6 **moyens** de faire le plein d'énergie

▸ Respirez profondément ; l'oxygène est une grande source d'énergie, insuffisamment utilisée.

▸ Buvez de l'eau (8 verres par jour) ; la déshydratation épuise l'organisme.

▸ Prenez une douche en alternant l'eau chaude et froide pour améliorer la circulation sanguine.

▸ Essayez un massage shiatsu (voir l'encadré p. 201).

▸ Faites une promenade à vive allure.

▸ Faites la sieste (20 minutes) ; cela revitalise le corps et l'esprit.

laire à celle du rein, renforcent cet organe. Il existe également toutes sortes de « superaliments » (voir p. 115-116). Il s'agit de plantes aux nombreuses vertus nutritionnelles, que vous pouvez consommer pour vous procurer certains nutriments ou en association avec d'autres aliments, afin de stimuler vos apports en nutriments essentiels.

ACTIVITÉ PHYSIQUE

Selon des études, pratiquer à raison de 1 à 3 heures chaque semaine atténue les bouffées de chaleur. Cela vaut la peine d'augmenter, si besoin, votre activité physique !

Faire de l'exercice est essentiel pour tonifier le système cardio-vasculaire, limiter le stress, renforcer les muscles et améliorer leur coordination ainsi que perdre, si besoin, du poids. Commencez en douceur et demandez l'avis de votre médecin traitant.

Yoga

Le yoga est une discipline qui repose sur des postures et des techniques respiratoires, mais il est tout indiqué pour améliorer des problèmes précis (voir l'encadré ci-contre et p. 144-145).

Le yoga considère le corps dans sa globalité, et vise à redynamiser le corps et l'esprit. Certaines postures permettent de faire travailler des parties spécifiques. Suivez les cours d'un professeur qualifié, qui vous guidera et vous indiquera d'éventuelles contre-indications dans votre cas.

Danse

La danse est une activité physique qui présente l'avantage d'être très créative et ludique. Certains styles sont particulièrement indiqués lors de la ménopause : danse orientale (Raqs Sharqi, danse du ventre) qui valorise la femme et lui donne de l'assurance, et autres formes de danse qui mettent l'accent sur la spontanéité et l'expression libre.

Le yoga pour la ménopause

Bénéfiques au corps et à l'esprit, les étirements procurent un bien-être en tonifiant et en relaxant. Une pratique douce est préférable. Les postures où l'on penche le dos en avant, comme la Sauterelle, tonifient les reins, simulent les surrénales et éliminent la fatigue. Celles qui étirent le corps, comme l'Arbre, renforcent la masse osseuse en augmentant le poids porté par les jambes, les hanches et la colonne vertébrale. Il est stimulant de travailler avec un(e) partenaire. Chacun peut corriger la posture de l'autre et travailler la synchronisation du souffle, ainsi qu'une relation de confiance avec ce/cette partenaire.

10

LES SOINS
CORPORELS

Chez la plupart des femmes, la ménopause survient
à une époque où le corps vieillit par la force de la nature.
L'arrêt des sécrétions hormonales, associé au processus
normal de vieillissement, se manifeste par une évolution
de l'apparence physique. Pour conserver votre estime
de vous-même, il est important que vous vous sentiez
bien et restiez belle pendant cette étape de votre vie.
Ce chapitre vous présente de nombreuses astuces
et des idées de traitements naturels, sans oublier
les vérifications que vous devez effectuer
régulièrement pour garder la santé.

LES SOINS DE LA PEAU

Les changements progressifs de l'épiderme (voir p. 52-54) font partie des symptômes visibles de la ménopause. Cela dit, en prenant bien soin de votre peau, vous pouvez compenser, dans une certaine mesure, la perte de son élasticité et de sa souplesse, ainsi que l'apparition des rides. Aussi déprimantes que soient ces évolutions, rappelez-vous qu'elles ne se produisent pas du jour au lendemain et que vous avez tout intérêt à vous préoccuper de votre peau le plus tôt possible.

Les crèmes hydratantes

La peau a besoin d'être hydratée de l'extérieur, ce qui explique l'importance particulière des crèmes hydratantes pour les peaux matures et sèches. Une crème hydratante contient de l'eau, qu'absorbent les cellules de l'épiderme, et un lubrifiant, qui retient l'humidité à l'intérieur de la peau et en adoucit la couche superficielle. Appliquez-la, de préférence, après le bain ou la douche, car la peau légèrement humide l'absorbe mieux. Faites très attention aux coudes, aux genoux et aux tibias, moins bien lotis en lubrifiants naturels que les autres parties du corps, ce qui, avec la carence en collagène, les prédispose au dessèchement. De jour, une crème hydratante vous protège aussi contre la pollution, mais choisissez un indice de protection (SPF) d'au moins 15, pour qu'elle agisse aussi contre les UV. C'est la nuit que la régénération des cellules se fait le mieux. Il est donc conseillé d'appliquer une crème hydratante au coucher, pour qu'elle nourrisse la peau pendant le sommeil.

Nettoyez et tonifiez

Que vous soyez maquillée ou non, vous avez tout intérêt à nettoyer et à tonifier votre visage et votre cou le matin et le soir. Les crèmes et lotions démaquillantes dissolvent le maquillage et enlèvent les impuretés superficielles, tandis que les crèmes et lotions tonifiantes éliminent l'excès de sébum et rééquilibrent le pH de la peau. Choisissez un tonifiant sans alcool, pour ne pas dessécher l'épiderme. N'oubliez pas de nettoyer et de tonifier l'arrière des oreilles, d'aller jusqu'à la limite des cheveux et, dans le cou, de descendre jusqu'aux épaules.

Évitez le soleil

C'est un fait : une exposition excessive aux rayons ultraviolets (UV) du soleil est tout à fait nocive pour l'épiderme. Les UV détruisent les fibres de collagène de la peau mais provoquent aussi une accumulation anormale d'élastine, qui fait perdre à la peau son élasticité et provoque des rides. En fait, à peu près tous les signes de vieillissement précoce sont à mettre au compte du soleil. Bien sûr, il est difficile de conseiller à qui que ce soit de ne pas s'exposer — ne serait-ce que pour la vitamine D, essentielle au squelette — mais, et c'est une évidence, protéger sa peau contre les UV retarde les signes de l'âge.

Simulez

Faire semblant d'être bronzée est le meilleur moyen d'avoir un teint éclatant sans abîmer sa peau. On

---

façons de se protéger du soleil

- ▶ Utilisez des produits de maquillage avec écrans UVA et UVB.
- ▶ Choisissez une crème hydratante avec un protecteur solaire de facteur 15 au moins.
- ▶ Appliquez l'écran solaire au moins 15 minutes avant l'exposition et renouvelez l'application toutes les deux heures.
- ▶ En été, évitez les heures de rayonnement maximal (12-16 heures).
- ▶ Par beau temps, portez un chapeau et des lunettes de soleil pour protéger le visage, le cou et les yeux.

trouve dans le commerce une gamme de produits à utiliser chez soi. Les instituts proposent plusieurs traitements, massage avec une crème spéciale ou vaporisation sur tout le corps. Il est possible de superposer les applications. Si vous ne souhaitez pas en utiliser sur le visage, essayez une crème après-soleil qui prolonge le bronzage. Il s'agit d'un produit hydratant contenant un peu d'autobronzant, ce qui donne un teint naturel et resplendissant de santé.

L'exfoliation

Pour améliorer la qualité de la peau, rien de tel qu'éliminer les cellules mortes. Vous avez le choix entre une brosse ou un gant en fibres naturelles, ou l'un des nombreux gommages ou exfoliants en vente dans le commerce. Si vous utilisez une brosse ou un gant, agissez toujours sur une peau sèche — un brossage vigoureux fait perdre de son élasticité à la peau de la femme mûre. Brossez en direction du cœur, avec de longs gestes fermes, en commençant par les chevilles et en remontant. N'oubliez pas vos mains, qui elles aussi auront l'air plus jeunes une fois les peaux mortes éliminées. Par ailleurs, il faut exfolier avant d'appliquer de l'autobronzant, en particulier sur les chevilles et les genoux. Les lotions exfoliantes, utilisées avec de l'eau, contiennent des particules qui emportent les cellules mortes. Choisissez la méthode qui vous convient, mais pour qu'elle soit efficace, gommez ou exfoliez au moins deux fois par semaine.

L'importance de l'alimentation

S'alimenter correctement et boire beaucoup d'eau — au moins huit verres par jour — sont les secrets d'une peau saine. Faites une large place aux fruits et légumes frais dans votre alimentation, car ils vous apportent naturellement des vitamines A, B et C, essentielles à la santé de l'épiderme. Par ailleurs, il est conseillé de consommer deux ou trois portions de poisson gras par semaine (saumon, sardines ou maquereau) ou de prendre de l'huile de foie de morue. Ces poissons contiennent des acides gras oméga 3, indispensables à la peau et aux articulations. La vitamine E, présente dans les avocats et les germes de blé ou prise en supplémentation, réhydrate la peau. Si vous pensez que

Double protection
L'excès de soleil nuit autant à la peau qu'aux yeux. Mettez un chapeau, dont l'ombre protège le visage, et des lunettes, qui bloquent les rayons ultraviolets et les lumières éblouissantes.

votre alimentation ne vous apporte pas assez de ces vitamines, complétez-la par une supplémentation multivitaminée et riche en sels minéraux — de préférence, pour femmes ménopausées. (Reportez-vous p. 106-107 pour de plus amples informations sur l'alimentation.)

La chirurgie esthétique

Ces interventions qui retardent les signes de l'âge séduisent de plus en plus. Il existe tout un éventail de traitements qui s'adressent plus particulièrement à la femme mûre. Si vous y songez, renseignez-vous le mieux possible sur le médecin ou le chirurgien et vérifiez ses qualifications, ainsi que ses spécialisations. Pendant la consultation, veillez à ce que l'examen soit complet et que vous compreniez exactement les implications de la procédure.

LES INTERVENTIONS NON CHIRURGICALES

Les injections de botox (toxine botulique)

De petites quantités de toxine botulique sont injectées dans la zone des rides profondes du front, pour « paralyser » temporairement les muscles. Après l'injection, la peau reste lisse pendant trois à quatre mois.

Les injections de collagène

Le praticien injecte dans la peau un produit qui remplace le collagène (il en existe de nombreux types) afin de la remplir et d'effacer les ridules, les rides et les cicatrices d'acné. Les résultats sont instantanés et durent jusqu'à trois mois. On peut noter de petites rougeurs après le traitement, mais elles disparaissent vite.

Le peeling chimique

Ici, on applique un acide d'une intensité plus ou moins forte sur la peau du visage pour éliminer des couches superficielles les ridules, les rides et les taches, stimuler la régénération des tissus et améliorer la texture de la peau. Au début, vous aurez peut-être une peau rougie et qui pèle, mais cela passe vite et vous découvrez ensuite un épiderme plus doux, à peu près sans rides. Les effets du peeling durent un an environ.

La microdermabrasion

Un jet de cristaux minéraux enlève puis aspire la couche superficielle de kératine, afin d'améliorer la texture de la peau. Ce peeling doux et mécanique, qui efface les traces laissées par l'âge ou le soleil et les petites imperfections, donne une peau rayonnante de

OFFREZ-VOUS UN MASQUE NATUREL

Le masque agit sur la peau en expulsant les impuretés et en resserrant les pores, ce qui est un moyen vraiment simple de refaire peau neuve. Si possible, plongez-vous dans un bon bain chaud avant de l'appliquer, afin de dilater les pores. Ou bien recouvrez auparavant votre visage d'une serviette chaude pendant une ou deux minutes. Une fois le temps d'application écoulé, rincez à l'aide d'une serviette pour bien éliminer toutes les traces, puis appliquez votre crème hydratante habituelle.

santé. Il est nécessaire de répéter le traitement au début, puis de continuer avec un programme d'entretien à long terme.

La dermabrasion

Ce peeling mécanique moyen à profond élimine la couche superficielle de la peau par un sablage à haute vitesse. Il s'emploie pour les cicatrices d'acné, les ridules et rides profondes, et ne convient pas à tout le monde. Effectué sous anesthésie, il nécessite deux semaines de convalescence.

Le relissage laser

Le laser peut effacer les rides moyennes à profondes en lissant la peau, qui retrouve ainsi sa souplesse. Comptez à peu près deux semaines de récupération.

Les lasers non ablatifs (sans effets secondaires immédiats), qui réchauffent le derme sans affecter les couches supérieures de la peau, sont une nouvelle technique censée stimuler la production et la formation de collagène et d'élastine.

La photoréjuvénation

Cette technique, qui nécessite quatre à six traitements initiaux, emploie la lumière sous forme de lampes flash et de lasers pour pénétrer dans la peau. Il existe différents filtres selon le problème à traiter — varicosités, ridules ou rides. Les améliorations, progressives et naturelles, sont durables.

Masque à la farine de pois chiche

- 2 cuillerées à soupe de farine de pois chiche
- 1 pincée de poudre de curcuma
- 1 pot de yaourt fermenté nature
- 2 à 3 gouttes de jus de citron ou citron vert (peaux grasses)
- 2 à 3 gouttes d'huile d'amandes douces (peaux sèches)

Mélangez la farine, le curcuma et le yaourt. Ajoutez le jus de citron ou l'huile d'amandes douces. Enduisez le visage et le cou. Détendez-vous 20 minutes. Recommencez 2 à 3 fois par semaine pendant au moins trois mois et vous constaterez des progrès visibles.

Masque anti-âge à l'avocat

- 1 avocat mûr
- 1 cuillerée à soupe de miel
- 2 capsules d'huile d'onagre

Mélangez l'avocat écrasé, le miel et l'huile d'onagre. Étalez le masque sur le visage et le cou en tapotant. Gardez-le 20 minutes. Rincez à l'eau froide ou à l'eau de rose. Appliquez une fois par semaine.

Masque rafraîchissant au bois de santal

- 2 cuillerées à soupe de farine de pois chiche
- 1 cuillerée à soupe de yaourt nature
- 6 gouttes d'huile essentielle de bois de santal

Mélangez la farine, le yaourt

et l'huile. Appliquez sur le visage en massant, évitez les yeux et la bouche. Détendez-vous 10 minutes. Rincez à grande eau.

Masque hydratant au miel

- 2 cuillerées à soupe de miel
- 2 cuillerées à café de jus frais de citron ou de citron vert

Posez le mélange sur le visage et le cou avec des gestes circulaires, vers le haut. Détendez-vous 15 minutes. Rincez à l'eau chaude. Pour un meilleur effet, placez d'abord votre visage au-dessus d'un bol d'eau très chaude.

LA PLASTIE DU VISAGE

Le lifting

Regardez-vous dans un miroir, placez les mains de chaque côté du visage et tirez la peau vers l'arrière : vous aurez une idée de ce que peut accomplir un lifting. Cet acte chirurgical important, pratiqué sous anesthésie générale, implique une hospitalisation, éventuellement en ambulatoire. Douleur, gonflements et bleus peuvent durer plusieurs semaines après l'opération, mais le résultat définitif est un visage rajeuni de 10 à 15 ans.

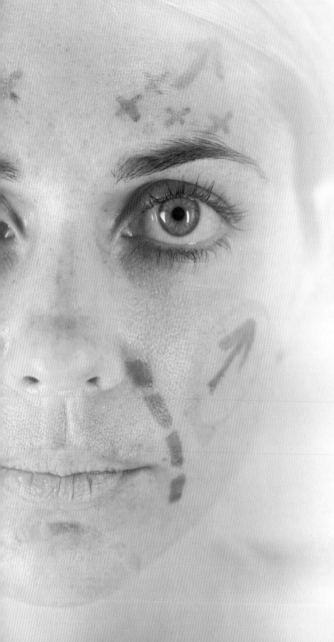

Le lifting des sourcils

Cet acte agrandit les yeux sans intervention chirurgicale sur les paupières. La chirurgie endoscopique permet d'éliminer les replis de peau qui se forment quand les sourcils commencent à tomber. Puis la peau est tirée doucement vers l'arrière pour redessiner l'arc des sourcils. L'opération est effectuée sous anesthésie générale, en général en ambulatoire. Tous les signes de chirurgie devraient disparaître dans les trois semaines, vous laissant avec des yeux plus jeunes et moins fatigués.

Les paupières

Pratiquée sous anesthésie locale, cette opération qui élimine la graisse et la peau superflues des paupières ne nécessite qu'un séjour en ambulatoire. Vous serez peut-être gênée par des gonflements et des bleus pendant deux semaines, et devrez protéger les cicatrices du soleil pendant plusieurs mois. Mais vous aurez des yeux agrandis et rajeunis.

Les poches sous les yeux

Cette opération, pratiquée sous anesthésie locale, supprime les poches sous les yeux. Il s'agit d'une hospitalisation en ambulatoire. Vous risquez des bleus et des gonflements pendant au moins deux semaines, mais bientôt vos yeux auront rajeuni.

Augmentation des lèvres

Cet acte chirurgical donne des lèvres plus pulpeuses. Le praticien prélève de la graisse et de la peau sur une autre partie du corps pour remplir les lèvres. Il faut compter deux à six semaines pour que toutes les séquelles disparaissent, et même alors il restera une petite cicatrice, à cacher sous un peu de rouge à lèvres. L'effet dure plus longtemps qu'avec les injections de collagène.

MAQUILLAGE ET MATURITÉ

Un maquillage approprié peut cacher une multitude d'imperfections, et donner un teint lumineux et sain.

Un des meilleurs produits pour peau mûre est l'anti-cernes, qui cache les colorations bleues sous les yeux et les taches, tout en éclaircissant les rides profondes du sourire. Choisissez un anti-cernes de consistance crémeuse et de teinte sable. Appliquez-le par un léger massage.

Le fond de teint devrait s'harmoniser le plus possible avec la couleur naturelle de la peau. Les tons sable conviennent mieux aux peaux mûres que le rose et donnent un teint plus chaleureux. Choisissez de préférence un fond de teint hydratant, contenant des particules diffusant la lumière.

Appliquez-le en couche fine pour unifier le teint ; tout excédent risque de former des empâtements qui souligneront les ridules et les rides. Si vous vous poudrez par-dessus, choisissez une poudre d'une texture très fine, qui ne bouche pas les pores ni les rides.

La peau ayant tendance à se décolorer avec l'âge, le fard à joues ne rate jamais son effet. Préférez un ton pêche ou abricot, qui se fondra dans votre teint naturel.

Les lèvres

Comme le reste de la peau, les lèvres ont besoin d'être hydratées et protégées. Massez-les, ainsi que leurs contours, avec un produit hydratant pour remplir les ridules. Les baumes conservent bien l'humidité et protègent dans la journée. Certains comportent un écran solaire. Appliquez-en le soir avant le coucher, afin que vos lèvres restent hydratées toute la nuit.

Le rouge à lèvres protège bien, lui aussi. Choisissez-en un hydratant — les mats ont tendance à dessécher les lèvres. Les bases évitent à la couleur de couler dans les ridules qui entourent la bouche.

Les yeux

Maquillez vos yeux avec discrétion et naturel, au risque de voir le fard s'empâter dans les plis des paupières ou couler dans les pattes-d'oie. Pour flatter une peau mûre, le fard à paupières devrait être plus subtil que lumineux. Prenez plutôt de la poudre que de la crème, qui a tendance à fondre et à se glisser dans les replis de la peau, qu'elle accentue.

Le mascara réussit à merveille à faire paraître les yeux plus grands, mais évitez le noir, trop dur pour votre peau. En cas de paupières tombantes, utilisez un mascara waterproof, qui ne risque pas de baver.

Les sourcils

De même que la chevelure, les sourcils perdent de leur épaisseur et de leur couleur. Soulignez-les en restant aussi près que possible de leur arc naturel. Résistez à la tentation de leur rendre une couleur foncée, ce qui les ferait dominer dans votre visage. Si vos cheveux sont restés foncés, dessinez vos sourcils en les éclaircissant d'un ton. Si vous avez les cheveux gris ou blond clair, utilisez un crayon gris ou brun clair, ou si vous préférez une solution permanente, faites une teinte légèrement plus foncée.

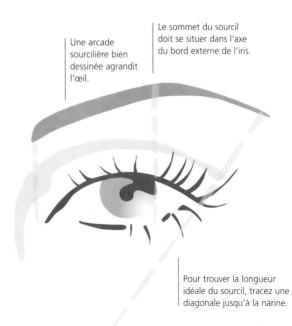

Une arcade sourcilière bien dessinée agrandit l'œil.

Le sommet du sourcil doit se situer dans l'axe du bord externe de l'iris.

Pour trouver la longueur idéale du sourcil, tracez une diagonale jusqu'à la narine.

LES CHEVEUX, LES DENTS ET LES ONGLES

Tout comme la peau, les cheveux, les dents et les ongles ont besoin de soins spéciaux pendant la ménopause.

LES SOINS DES CHEVEUX

Un des signes les plus évidents de l'âge est le fait de grisonner, conséquence d'une dépigmentation de la repousse. Si les cheveux gris sont aussi sains que ceux qui ont conservé leur couleur, ils sont soit raides soit très fins, mais toujours secs et d'aspect terne. Les cellules neuves des cheveux ayant besoin d'estrogènes, elles perdent leur aliment naturel et s'éclaircissent lorsque cette hormone cesse d'être sécrétée. Les fluctuations hormonales entraînent parfois une perte de cheveux (voir p. 57-58), mais une fois l'équilibre rétabli, la chevelure devrait épaissir à nouveau.

Le shampoing

Lavez-vous les cheveux régulièrement, au moins tous les deux à trois jours, sinon la poussière et les impuretés s'y installent et leur donnent un aspect terne. Avec le temps, les cheveux se fragilisent. Des micro-fissures apparaissent et leur confèrent un aspect « floconneux ». Le shampoing, qui aplatit les écailles, lisse la chevelure, qui de ce fait brille davantage. Achetez de préférence des produits pour cheveux fragiles à base de polymères, qui donnent aussi du volume.

L'après-shampoing

Un bon après-shampoing donne du volume aux cheveux et les protège en cas, par exemple, de brushing. Répartissez l'après-shampoing avec les doigts ou un peigne aux dents écartées. Si vous avez des cheveux gras, appliquez-le plutôt sur les pointes que sur toute la tête.

Une lotion hydratante sans rinçage donnera un peu plus de volume, mais utilisez-la à petite dose, sinon les cheveux terniraient et s'aplatiraient. Toutes les deux à trois semaines, appliquez un après-shampoing à l'huile chauffante ou très hydratant, pour tonifier.

La coloration

Si les cheveux gris ou blancs en bonne santé ont beaucoup de charme et de chic, en particulier s'ils sont bien coiffés, tout le monde n'a pas envie de les étaler au grand jour. Peut-être préférez-vous camoufler cette marque de l'âge. Si vous avez la peau claire, évitez les couleurs chaudes et sombres, qui ne s'harmoniseront pas avec votre teint et, au lieu de vous rajeunir, risquent d'accentuer l'âge. Mieux vaut choisir une teinte un peu plus pâle que votre couleur naturelle, avec éventuellement des mèches foncées, qui flattent le teint. Votre coiffeur saura vous conseiller. Si vous préférez vous teindre les cheveux vous-même, vous n'avez que l'embarras du choix.

Les couleurs temporaires s'effacent après quelques shampoings. C'est une bonne solution pour vérifier si le changement vous convient.

Le balayage, dans le ton naturel, fait disparaître les

6 conseils pour les cheveux

- ▶ Portez un chapeau si vous restez au soleil.
- ▶ À la piscine, portez un bonnet de bain.
- ▶ Enduisez vos cheveux d'une crème protectrice, surtout si vous nagez dans la mer.
- ▶ Évitez ce qui tire les cheveux ou peut les casser, comme les peignes aux dents trop rapprochées, les bandeaux serrés ou les élastiques.
- ▶ Faites-vous couper les cheveux régulièrement.
- ▶ Réglez toujours votre sèche-cheveux sur une température basse.

cheveux gris. Il s'estompe au bout de quelques semaines et il faut renouveler l'application.

La teinture a une base chimique qui pénètre dans la tige du cheveu, ce qui fait qu'elle ne part pas au lavage. Achetez un produit pour cheveux blancs, qui sera moins agressif et assurera une coloration plus complète. Selon la vitesse de la repousse, agissez sur les racines toutes les six à huit semaines.

Les problèmes de pilosité

L'apparition de poils indésirables sur le visage est un des effets secondaires de la ménopause. Ils se présentent sous forme de duvet ou de poils isolés surgissant autour de la bouche et du menton. Le meilleur moyen de se débarrasser du premier est de le blanchir à l'eau oxygénée quand il tapisse les joues ou le menton, ou forme une moustache sur la lèvre supérieure. Il se verra beaucoup moins et vous pourrez le cacher encore mieux avec du fond de teint mat. Évitez la poudre, qui mettrait les poils en évidence.

Pour éliminer les moustaches, on trouve des bandes épilatoires spéciales. N'en utilisez pas d'ordinaires, trop dures pour une peau mûre, qui feraient des dégâts. Terminez toujours en nettoyant avec un antiseptique doux, comme l'huile d'arbre à thé, pour éviter les fissurations.

L'électrolyse et l'épilation laser vous débarrasseront définitivement de cette pilosité disgracieuse. Ces traitements doivent absolument être effectués par des professionnels qualifiés, les erreurs de manipulation n'étant pas dénuées de risques.

Vous pouvez arracher les poils isolés à la pince à épiler. Il faudra recommencer car ils repoussent, mais peu à peu, ils diminuent et se font plus discrets.

L'épilation au fil, qui agresse moins les peaux délicates, est aussi efficace que la pince ou la cire pour le menton, la lèvre supérieure ou les sourcils. Un praticien qualifié arrive à éliminer plusieurs poils en une seule torsion de son fil.

bons conseils pour les dents

- ▶ Allez chez le dentiste deux fois par an.
- ▶ Ne négligez jamais votre hygiène dentaire quotidienne.
- ▶ Ne fumez pas, ce qui augmente les risques de maladies des gencives.
- ▶ Évitez le vin rouge, le café et tout ce qui tache les dents.
- ▶ Mangez des aliments riches en calcium, comme les produits laitiers.

L'HYGIÈNE DENTAIRE

Si vous voulez conserver vos dents jusqu'à un âge avancé, vous devrez désormais prêter la plus grande attention à l'hygiène dentaire. Brossez-vous les dents après chaque repas, sinon au moins deux fois par jour, avec un dentifrice au fluor. En cas de dents sensibles, qu'un émail aminci rend plus poreuses et sensibles au froid et au chaud, prenez un dentifrice spécial. Si vous avez moins de salive qu'auparavant, il en existe pour les bouches sèches. Ils apportent les enzymes salivaires qui vous manquent et diminuent les risques d'infection bactérienne.

Évitez les brosses à poils durs, qui irritent et abîment les gencives. Mieux vaut utiliser une brosse douce ou moyenne, avec une tête compacte, que vous changerez toutes les six à huit semaines. Cette remarque vaut aussi pour les têtes des brosses électriques ou soniques.

Passez un fil dentaire entre les dents après chaque brossage pour éliminer toutes les particules qui sont restées coincées. Cette opération étant délicate, vous préférerez peut-être une petite brosse qui remplit les mêmes fonctions. Terminez par un bain de bouche, qui détruira les dernières bactéries.

Tous les six mois, allez chez le dentiste pour une visite de routine et faites-vous nettoyer les dents. Il enlèvera la plaque dentaire et le tartre, nettoiera et polira vos dents.

Des dents blanches et bien alignées

Avec l'âge, la dentine (l'ivoire) jaunit et l'émail qui recouvre les dents s'amincit, ce qui leur donne un aspect décoloré.

Le dentiste peut intervenir dans une certaine mesure, mais il est aussi possible de les faire blanchir dans un institut spécialisé ou d'acheter un produit à utiliser chez soi.

En cas de dents mal alignées, consultez un orthodontiste ou voyez avec votre dentiste si un appareil transparent ne serait pas la solution (photographie ci-dessous).

LES SOINS DES ONGLES

Avec la fin de la sécrétion d'estrogènes, les ongles se fragilisent et s'écaillent.

Évitez d'utiliser des ciseaux, un coupe-ongle ou une lime en métal ; préférez-en une en papier émeri. Massez-vous les mains tous les jours en faisant pénétrer la crème dans les petites peaux. Protégez vos mains quand vous faites des travaux domestiques, jardinez ou bricolez.

Le durcissement des artères, encore une conséquence de l'âge, entraîne une mauvaise circulation, qui fait épaissir les ongles. Il est donc important de les couper ou de les limer au moins une fois par semaine.

Si vos ongles sont très épais, ne les laissez pas pousser et essayez de les affiner en les coupant. Pour garder de jolis pieds, allez régulièrement chez un podologue (voir p. 58).

Les faux ongles et les extensions d'ongles

Les faux ongles font tout de suite de l'effet. Cependant, la colle qui sert à les fixer peut abîmer définitivement vos ongles en cas d'utilisation prolongée. Autre solution, les extensions, que posera une esthéticienne spécialisée et que vous ne devez pas porter trop longtemps. Ils empêchent en effet les ongles de « respirer », ce qui est indispensable à leur santé.

PÉDICURE ET MANUCURE

1 Les petites peaux, une fois ramollies, sont moins sujettes aux coupures et aux infections. Une fois par semaine, faites tremper vos ongles dans de l'eau avec quelques gouttes d'huile de germes de blé.

2 Dans le bain, poncez les peaux dures des mains et des pieds avec une pierre ponce, puis rincez et séchez.

3 Massez vos pieds et vos mains avec une crème hydratante, pour les mains ou les pieds, en la faisant bien pénétrer dans la peau.

4 Limez-vous les ongles des mains et coupez ceux des orteils à angle droit avec un coupe-ongle. Passez une couche de base pour les nourrir et les protéger.

5 Vérifiez qu'ils ne sont pas infectés. *Paronychia*, par exemple, décolore les ongles, les fait onduler ou enfler et les rend douloureux.

LES YEUX ET LES OREILLES

La vue et l'ouïe se dégradent normalement avec l'âge, mais vous avez plusieurs moyens d'intervention.

LA SANTÉ DES YEUX

L'instabilité des taux hormonaux peut altérer la vue et la forme des yeux, ce qui gêne pour porter des lentilles de contact. Pendant et après la ménopause, par ailleurs, il est tout à fait courant d'avoir les yeux secs et irrités. Le volume et l'efficacité des larmes produites par les yeux changent, ce qui provoque une sécheresse oculaire. Pour les remplacer et soulager la gêne, vous pouvez utiliser des gouttes, mais elles ne suppriment pas la cause. Lavez-vous toujours les mains avant de les appliquer.

Vous pouvez aussi prendre une supplémentation qui agit sur les yeux. Ce défaut d'humidification provoque des problèmes si vous portez des verres de contact et, dans ce cas, mieux vaut consulter un ophtalmologue. Faites vérifier régulièrement que vous ne souffrez pas de glaucome, de cataracte ou de macula, maladies graves et de plus en plus fréquentes avec les années.

L'éclairage, tant à la maison qu'au bureau, devient, en outre, de plus en plus important, car la pupille réagit plus lentement et moins bien aux changements. Par ailleurs, les lumières vives, dont les phares, la nuit, sont plus éblouissantes.

La chirurgie au laser

La vue baisse avec les années. Fort peu de femmes et d'hommes atteignent l'âge mûr sans avoir besoin de lunettes. La chirurgie au laser permet de s'en passer pour la vision de loin, mais si vous êtes myope, cela peut vous gêner pour lire. Par ailleurs, le taux de réussite n'est toujours que de 90 à 95 %. Autrement dit, 5 à 10 % des patients ne constatent aucune amélioration de leur situation — quand elle n'empire pas. Si vous envisagez une intervention au laser, parlez-en en détail avec un chirurgien ophtalmologiste, qui sera à même de vous expliquer les résultats probables de la procédure.

5 façons de soulager les yeux secs

▶ Portez des lunettes de soleil pour protéger vos yeux du soleil et du vent.

▶ Évitez tout ce qui les irrite, fumée, poussière ou maquillage.

▶ Portez des lunettes de plongée dans une piscine chlorée.

▶ Utilisez régulièrement un collyre.

▶ Si l'irritation persiste plus d'une semaine, consultez un médecin.

Comment éviter la surdité

Une petite surdité fait partie des joies de la maturité. Le tympan finit par durcir et transmet moins bien les vibrations. On peut également constater une dégénérescence des os de l'oreille moyenne et une perte des cellules auditives de l'oreille interne. Certains types de surdité sont d'ailleurs héréditaires.

Pour préserver votre audition, protégez vos oreilles contre le bruit. Chez vous ou en voiture, baissez le son quand vous écoutez de la musique.

Dehors, portez des boules Quiès en cas de bruit excessif — marteau-piqueur ou scie électrique, par exemple. Évitez d'exposer vos oreilles à un vacarme prolongé.

Il est préférable de ne pas retirer le cérumen avec un bâton-tige, car il protège le tympan contre la poussière et l'eau. Cependant, s'il vous gêne, allez voir un médecin, qui vous le retirera ou vous prescrira des gouttes.

Certains médicaments, notamment les antibiotiques et l'acide acétylsalicylique, peuvent provoquer une perte temporaire de l'audition et des bourdonnements. La cigarette et la caféine empêchent le sang de bien irriguer les oreilles, tout comme les aliments gras ou riches en cholestérol. Restez active pour stimuler la circulation sanguine.

LE DOS ET LA POSTURE

L'évolution des muscles, des ligaments et des os, qui résulte de la chute des estrogènes et de l'usure naturelle, se solde par des maux de dos plus fréquents à la ménopause. Un réseau complexe de muscles soutient la colonne vertébrale et la fait bouger. Les muscles fonctionnant toujours en antagonisme, à chaque fois que l'un d'eux se contracte, son opposé se détend. C'est de cette manière que ceux de l'abdomen coopèrent avec ceux du dos pour maintenir les courbes naturelles de la colonne vertébrale. Pendant l'exercice physique, veillez à travailler tous les muscles du dos et de l'abdomen, pour éviter un déséquilibre — et le risque associé de lombalgie.

Les ligaments sont des faisceaux de tissus fibreux qui relient les vertèbres entre elles et permettent à la colonne vertébrale de bouger d'une pièce. Deux ligaments, placés à l'avant et à l'arrière, l'enserrent sur toute sa longueur. Bien que résistants, les ligaments sont mal irrigués et cicatrisent difficilement en cas d'élongation ou de déchirure.

La raideur musculaire est la cause la plus fréquente de lombalgie. Les personnes sédentaires, qui ne font pas de sport, sont particulièrement visées, car les muscles soutenant la colonne s'affaiblissent, faute d'être utilisés. Tout effort un peu intense, comme soulever une charge pesante, peut alors entraîner

COMMENT SOULEVER ET BIEN PORTER UN OBJET

1 Placez-vous tout près de l'objet à soulever, les pieds et les jambes écartés, une jambe un peu plus en avant. Pour vous baisser, pliez les genoux et gardez le dos droit.

2 Avant de soulever, basculez le bassin vers l'avant et contractez vos abdominaux. Rapprochez l'objet du corps et décollez légèrement les talons du sol. Placez les mains le plus près possible du milieu de l'objet, pour mieux répartir le poids.

3 Relevez-vous lentement en gardant le dos droit. Laissez les muscles des jambes faire tout l'effort de levage. Quand vous portez une charge, gardez-la près de vous et restez le dos bien droit. Attention aux faux mouvements.

une raideur musculaire. Pour la santé du dos, il est essentiel d'apprendre à soulever et à porter des objets lourds.

Si vous soulevez un objet à terre les bras tendus et le dos plié, vous ne faites pas effet de levier et le poids porté par le dos risque d'être décuplé.

Si vos muscles ne sont pas assez forts, vos ligaments seront trop tendus et risqueront de se déchirer.

Pour apprendre la technique adéquate, voyez l'encadré p. ci-contre.

▶ LES PROS DU MASSAGE

La kinésithérapie est la plus ancienne forme de thérapie à base de mouvement et de gymnastique. Le kinésithérapeute masse, manipule les articulations, emploie des sources de chaleur et des ultrasons pour soulager les douleurs et les raideurs.

La chiropraxie est un traitement médical par manipulations effectuées sur la colonne vertébrale, les articulations, les muscles et les tissus environnants, qui accorde une attention particulière au bon alignement des vertèbres. Le chiropraticien emploie des gestes tantôt précis et rapides, tantôt plus doux.

L'ostéopathie, également fondée sur les manipulations, étire et détend muscles et ligaments. Elle leur rend leur marge normale de fonctionnement et soulage la douleur.

Le shiatsu est une thérapie extrême-orientale. Le praticien associe les manipulations passives, les étirements et la pression des mains, pouces, coudes et pieds le long des méridiens d'acupuncture répartis sur le corps du patient pour stimuler l'énergie *qi* et supprimer les blocages à l'origine de la douleur.

LA BONNE POSTURE

En général, la posture se dégrade au fil des ans, à cause de mauvaises habitudes, comme ne pas se tenir droit ou s'affaisser une fois assis. La posture agit sur l'équilibre et l'allure. Si elle est bonne, vous marchez et vous déplacez avec souplesse, en contrôlant vos mouvements ; si elle est mauvaise, la démarche est déséquilibrée et les gestes saccadés. Un mauvais maintien accuse l'âge, contrairement à un dos droit et à une allure dégagée. En faisant attention à votre manière de vous tenir, de marcher et de vous asseoir, non seulement vous paraîtrez et vous sentirez plus jeune, mais vous maintiendrez en forme votre colonne vertébrale et les muscles du dos.

Tenez-vous droite

Une fois que vous aurez pris l'habitude de bien vous tenir, vous découvrirez que vos muscles sont plus détendus et votre équilibre mieux assuré.

Si vous vous teniez mal depuis très longtemps, vous aurez peut-être besoin d'aide pour améliorer votre posture.

Les méthodes Pilates et Alexander, ainsi que le taï chi, apprennent à se défaire des mauvaises habitudes et à maîtriser ses mouvements pour retrouver un bon équilibre et se déplacer avec aisance.

Les épaules doivent être détendues et non voûtées.

La colonne vertébrale doit être verticale, sans creux dans sa partie inférieure.

Essayez de basculer légèrement le bassin vers l'avant.

Gardez les jambes droites, les genoux souples et sans raideur.

Répartissez bien votre poids sur les deux pieds qui doivent être parallèles.

Le siège idéal

Choisissez un siège qui soutienne les hanches ; mieux vaut une chaise à dossier droit qu'un fauteuil rembourré. Les chaises longues permettent de relever les jambes. Quand vous êtes assise, ne croisez pas les jambes et ne gardez pas trop longtemps la même position. Si vous effectuez un long trajet en train ou en avion, levez-vous toutes les demi-heures pour vous étirer et soulager la pression exercée sur le dos. Chaque fois que vous en avez l'occasion, allongez-vous sur le dos, jambes pliées.

Pour être assise correctement, répartissez bien votre poids sur les genoux légèrement écartés et les pieds parallèles, situés dans l'axe des genoux. Choisissez un siège qui offre un soutien adéquat, en particulier s'il s'agit d'une chaise de bureau (voir ci-dessous).

Le sommet du crâne doit être tenu bien droit, comme attiré vers le haut.

Le dossier doit au moins atteindre le bas des omoplates.

Le siège est d'une profondeur égale à la longueur des cuisses.

La hauteur du siège doit permettre de poser les pieds à plat.

Attention aux varices

Après quarante ans, les varicosités et les varices deviennent beaucoup plus fréquentes, notamment chez les femmes. Celles-ci sont en effet six fois plus nombreuses à en souffrir que les hommes et les chercheurs soupçonnent les hormones féminines de jouer un rôle dans leur formation. Les grossesses et les règles, à cause du flux sanguin plus important, mettent les veines sous pression.

Vous pouvez prendre plusieurs mesures pour prévenir l'apparition de varices.

- Perdez un peu de poids, les kilos superflus augmentant la pression sur les jambes.
- Buvez beaucoup d'eau pour ramollir les selles et consommez plus de fibres pour éviter la constipation.
- Bougez au travail : faites des pauses régulières pour vous dégourdir les jambes et stimuler la circulation sanguine.

Si vous avez déjà des varices, prenez quelques précautions pour qu'elles n'empirent pas.

- Soulevez les jambes dès que possible et dormez les pieds relevés.
- Portez des bas de contention, surtout si vous n'avez que quelques petites varices. La compression les empêche de s'aggraver.
- Faites des exercices rythmiques réguliers pour assurer une bonne circulation du sang.
- Veillez à ce que votre apport en vitamine E soit suffisant. Une carence aggraverait les varices.
- Si vous êtes sous THS, vérifiez la posologie avec votre médecin. Parfois, les femmes sous estrogénothérapie faiblement dosée souffrent de jambes gonflées et douloureuses, et voient leurs varices empirer.

BONNE NUIT !

Une bonne nuit de sommeil est un des secrets de beauté les plus élémentaires. Si vous dormez suffisamment, vous vous sentirez mieux, serez plus performante et votre psychisme sera plus stable. En outre, quand vous dormez, l'organisme sécrète un maximum d'hormones de croissance, qui l'aident à régénérer les tissus abîmés.

Or, avec la ménopause, votre rythme de sommeil risque de se modifier. Vous aurez besoin de dormir davantage, ou moins, ou bien vous mettrez plus de temps à vous endormir. Les troubles du sommeil vous guettent. Reportez-vous p. 37-38 pour des conseils contre l'insomnie.

En supposant que vous avez la chance de vous endormir sans problème et sans interruption, trouvez la bonne position, pour éviter les courbatures et les raideurs musculaires. Le mieux est de dormir sur le dos ou sur le côté.

Si vous souffrez de lombalgie, placez un oreiller sous vos genoux, pour vous soulager, ou changez éventuellement de matelas.

Si vous avez des douleurs dans le dos depuis peu de temps seulement, sans doute votre matelas est-il trop dur ou trop mou. Avec l'âge, la colonne vertébrale perd de sa mobilité et de son élasticité, ce que le matelas doit compenser. Les modèles orthopédiques procurent le soutien supplémentaire dont vous avez besoin. Il est conseillé de changer de matelas au moins tous les dix ans.

Quand vous vous réveillez le matin, étirez-vous bien avant de sortir du lit. Ces gestes allongent les muscles et les détendent. Cela dit, allez-y en douceur. Ces mouvements doivent rester agréables et surtout ne pas provoquer de douleur, au risque de déchirure musculaire.

Les réveils difficiles et comateux sont parfois à mettre au compte du ronflement. Ce phénomène touche presque 40 % des femmes de soixante ans, de préférence celles qui sont en surpoids ou ont un cou épais et court. Pour y remédier, essayez de perdre du poids, réduisez votre consommation d'alcool, mouchez-vous bien le soir et dormez sur le ventre ou le dos.

Si l'insomnie devait perturber vos activités quotidiennes, parlez-en avec votre médecin et consultez éventuellement un spécialiste.

Bien dormir
Fuyez les allergènes quand vous dormez. Les draps en fibres naturelles, lin et coton par exemple, sont l'idéal. Ils n'attirent pas la poussière et laissent la peau respirer. Évitez les oreillers en mousse et en duvet, ainsi que les matelas en fibres synthétiques.

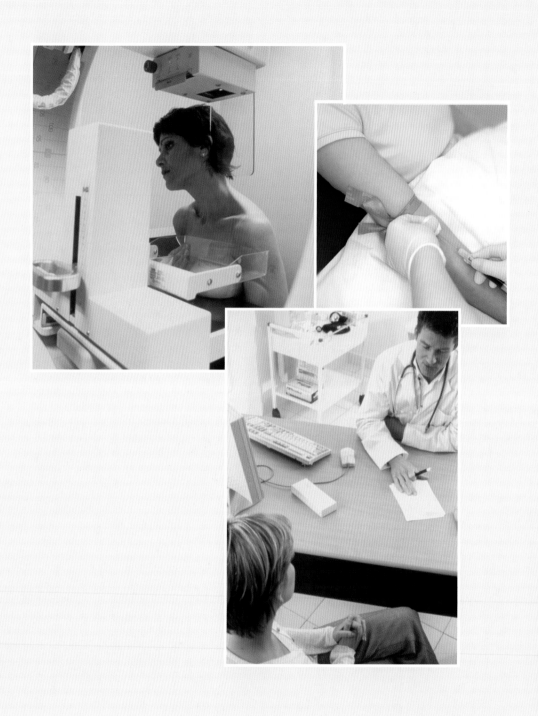

11

OPTIMISER
SON CAPITAL SANTÉ

*Certaines modifications résultent simplement du vieillissement
inéluctable tandis que d'autres sont directement liées
à la ménopause. L'essentiel est d'éviter toute appréhension
si vous devez passer des examens ou si une intervention
s'impose. Ce chapitre passe en revue les maladies
possibles à cette période de la vie et indique
les solutions qui s'offrent à vous.*

ÊTRE À L'ÉCOUTE DE SON CORPS

Avec l'âge, la maladie est plus souvent au rendez-vous. Cela dépend, en partie, du terrain héréditaire. Chez certaines femmes, par exemple, le risque de pathologie cardiaque ou de certains types de cancer est accru. Néanmoins, nous pouvons généralement influer sur ces facteurs de risque en modifiant notre mode de vie. Nous pouvons également améliorer nos perspectives en étant attentives au moindre signe révélateur d'une maladie et en faisant les examens qui s'imposent. Dans la plupart des cas, l'évolution est d'autant meilleure qu'une pathologie est diagnostiquée tôt.

Nous verrons dans ce chapitre plusieurs affections spécifiques liées au sein ou à l'appareil de reproduction, ou encore plus fréquentes à la ménopause. Il s'agit notamment de la maladie coronarienne (à l'origine d'angine de poitrine ou d'infarctus). Nous passerons également en revue les examens que vous pourriez être amenée à subir dans le cadre d'un bilan de dépistage classique ou pour trouver la cause de problèmes de santé.

Prendre une décision éclairée

Les femmes ménopausées doivent consulter régulièrement. Certaines consultations sont liées au suivi de la ménopause, tandis que d'autres visent à traiter des troubles fréquents à cet âge. Un climat de confiance avec votre médecin vous garantit une information parfaite, ce qui vous permet de prendre les décisions qui s'imposent en toute connaissance de cause. Il existe de multiples manières pour tirer le meilleur profit de ces rencontres.

Vous avez tout intérêt à établir la liste des problèmes que vous rencontrez afin de ne rien oublier lorsque vous serez en face de votre médecin traitant. C'est particulièrement important lorsqu'un trouble spécifique vous préoccupe. Si vous notez avec précision tous les symptômes et le moment de leur apparition, votre médecin sera à même de bien vous conseiller. N'ayez pas honte d'aborder les sujets sensibles, par exemple un problème d'incontinence urinaire ou fécale, car votre interlocuteur est là pour vous aider. Du reste, plus il en saura et plus il pourra établir un diagnostic exact, ce qui lui permettra de trouver le meilleur traitement. Si, toutefois, vous ne pouvez pas lui en parler, trouvez une autre personne avec qui vous vous sentirez en confiance. En outre, si vous avez des interrogations sur un traitement ou un examen, n'oubliez pas de les évoquer.

Vous devez vous sentir activement concernée par votre santé, ce qui implique que vous vous teniez informée des dernières avancées concernant la ménopause et des effets indésirables des traitements proposés (on commercialise sans cesse de nouveaux remèdes). Par ailleurs, si vous n'êtes pas satisfaite des conseils reçus, n'hésitez pas à chercher une autre solution. Chaque femme a droit au meilleur pour sa santé.

SURVEILLER SES SEINS

Vous avez tout intérêt à connaître parfaitement l'aspect et la consistance de vos seins. Cela vous permet de dépister le moindre changement. Une bonne connaissance de l'évolution de votre poitrine, au fil du temps, vous aidera à savoir ce qui est normal dans votre cas.

Avant la ménopause, les seins changent en fonction du moment du cycle. Les tissus conçus pour l'allaitement deviennent plus actifs dans les jours qui précèdent les règles, ce qui rend parfois les seins sensibles et indurés, en particulier dans la région des aisselles.

Après la ménopause, l'activité de ces tissus cesse et les seins sont normalement plus souples.

Auparavant, on recommandait un auto-examen des seins une fois par mois, pour dépister la moindre anomalie le plus tôt possible. On a constaté que cela provoquait un sentiment de culpabilité et d'angoisse lorsque la femme l'avait oublié. C'est pourquoi de nombreux médecins prônent aujourd'hui une attitude plus souple. Toutefois, cela n'exclut nullement que vous preniez le temps de vous familiariser avec vos seins.

Si vous n'avez pas l'habitude de pratiquer un auto-examen, faites-le tous les jours au début. Vous pourrez ensuite espacer. Vérifier chaque sein sous la douche, la main enduite de savon, est une possibilité, mais nous vous en indiquons une autre (voir p. 224). L'essentiel est de toujours signaler à votre médecin traitant la moindre anomalie — en n'oubliant pas que, sept fois sur huit, une boule trouvée dans un sein est parfaitement bénigne.

VÉRIFIER L'ÉTAT DE LA PEAU

L'incidence du cancer de la peau augmente, en particulier à cause de la culture du bronzage qui prévaut dans notre société. Heureusement, la plupart sont

7 anomalies du sein à dépister

- Boule ou durcissement inhabituel
- Modification de la taille ou de la forme
- Tiraillement de la peau formant une ride ou une fossette
- Rétraction du mamelon
- Écoulement du mamelon
- Tuméfaction ou boule à l'aisselle
- Modification de la peau au niveau du mamelon ou de l'aréole

▷ DIABÈTE ET MÉNOPAUSE

Toutes les femmes constatent des changements au moment de la ménopause mais, en cas de diabète, il existe des problèmes et des risques spécifiques. La fluctuation des estrogènes et de la progestérone influe sur la glycémie. La chute des estrogènes rend l'organisme plus résistant à l'insuline, ce qui provoque une augmentation de la glycémie. La diminution de la progestérone a un effet opposé : elle accroît la sensibilité à l'insuline, entraînant une baisse de la glycémie. De telles modifications peuvent nécessiter une adaptation du traitement pour le diabète. Après la ménopause, de nombreuses femmes ont en moyenne besoin de 20 % de médicament en moins pour équilibrer leur diabète.

À la ménopause, le diabète est également associé à des risques spécifiques, à commencer par la maladie coronarienne, deux à trois fois plus fréquente en cas de diabète. Les infections et les mycoses vaginales sont, elles aussi, plus courantes. En effet, la diminution des estrogènes couplée à une augmentation de la glycémie crée un environnement propice au développement des levures et des bactéries. Un régime adapté aux risques cardiaques (voir p. 120-121) et une activité physique appropriée (voir p. 130-151) permettent de réduire le risque de maladie coronarienne tout en régularisant la glycémie. Reportez-vous p. 47 pour des conseils permettant de limiter les infections vaginales.

1 Devant un miroir, regardez si vous constatez une différence d'aspect ou de position. Cherchez une éventuelle rougeur ou plaque de peau sèche au niveau du mamelon et de l'aréole. Faites la même chose les bras levés.

2 Posez les mains sur les hanches et enfoncez-les dans la peau afin de dépister une éventuelle boule, qui sera visible si elle est près de la peau. Regardez si la peau fait saillie ou tire.

3 Appuyez doucement la pulpe (et non le bout) des doigts sur les seins. Imaginez que chacun est divisé en quatre zones et examinez chacune attentivement. Appuyez à nouveau, plus fermement. Examinez les tissus qui partent du sein vers l'aisselle. Recherchez la présence d'un ganglion enflé : en comparant chaque aisselle à une pyramide, vérifiez les quatre « parois » et le « sommet ». Avec l'habitude, cet examen prendra de moins en moins de temps.

faciles à soigner s'ils sont dépistés suffisamment tôt. Vérifiez l'état de votre peau une fois par mois, à la recherche de l'apparition ou de la modification d'une lésion et d'un grain de beauté. Les chances de guérison sont d'autant meilleures qu'un cancer de la peau est dépisté tôt. Soyez donc attentive au moindre changement.

Lors de cet examen, partez du haut pour descendre jusqu'aux orteils, sans oublier le cuir chevelu, le visage, le cou, les aisselles, la région entre les doigts, les orteils et les fesses, ainsi que les ongles et les talons. Servez-vous d'un miroir pour regarder le dos et les fesses.

De nombreuses excroissances indolores, comme les acrochordons, sont plus fréquentes avec l'âge (voir p. 54). C'est pourquoi vous devez consulter un dermatologue qui pourra, le plus souvent, vous rassurer.

5 anomalies de la peau à dépister

▶ Prolifération récente de peau
▶ Prolifération de peau qui grandit, s'épaissit ou change de forme
▶ Prolifération de peau nacrée, marron, noire ou multicolore
▶ Grain de beauté ou tache brune qui :
  - change de couleur
  - change de texture
  - est de forme irrégulière
  - suinte ou saigne
  - démange
▶ Tache ou plaie qui :
  - démange ou est douloureuse
  - forme une croûte
  - est ulcérée ou saigne
  - n'est pas guérie au bout de trois semaines

3 types de cancer de la peau

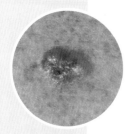

Carcinome baso-cellulaire (également appelé épithélioma cutané baso-cellulaire) : le cancer de la peau le plus courant et le plus souvent associé à une exposition non protégée au soleil. Ce type de tumeur se développe, en règle générale, lentement et guérit dans la plupart des cas. Non traité, il finit par éroder les structures voisines, mais sa propagation à d'autres parties du corps est très rare.

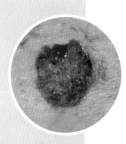

Carcinome spino-cellulaire : fréquent, lui aussi. Ce type de cancer se développe plus rapidement que le précédent et peut toucher d'autres parties du corps. À nouveau, il est souvent associé à une exposition non protégée au soleil.

Mélanome : le plus grave, car il touche rapidement d'autres parties du corps. Il guérit toutefois s'il est diagnostiqué assez tôt. Comme pour les autres types de cancer, l'augmentation accrue est probablement la conséquence d'une exposition non protégée au soleil. Environ 50 % des mélanomes cutanés malins se développent à partir de grains de beauté.

EXAMENS SPÉCIFIQUES

Ils permettent de dépister d'éventuelles pathologies à un stade précoce. Certains sont proposés à toutes les femmes dans le cadre d'un programme de prévention, d'autres le sont en cas de facteur de risque. Quoi qu'il en soit, le médecin qui vous suit procédera aux examens de dépistage classiques en surveillant votre poids, votre tension artérielle et la présence de sucre dans vos urines (à la recherche de diabète sucré).

EXAMEN CLINIQUE DES SEINS

Votre médecin traitant examinera chaque année vos seins, ce qui complétera l'auto-examen que vous faites régulièrement.

Mammographie

La mammographie est une radiographie thoracique qui nécessite une faible dose de rayons X. L'objectif est de dépister le plus tôt possible un cancer du sein, afin que le traitement soit le plus efficace possible.
Les avis divergent quant à l'âge à partir duquel une mammographie s'impose et sa fréquence. En France, un dépistage de masse a été instauré en 2003 et consiste à convoquer toutes les femmes âgées de cin-

LE SAVIEZ-VOUS ?
Les microcalcifications

Ces minuscules dépôts de calcium dans le sein, indécelables à la palpation, sont visibles à la mammographie. Ils sont parfois le signe d'un cancer à un stade initial.

quante à soixante-quatorze ans. Il est réalisé de façon systématique tous les deux ans. Avant cinquante ans, une mammographie s'impose en cas d'anomalie du sein ou d'antécédents familiaux qui nécessitent un suivi régulier.

Au moment de la périménopause, les hormones ovariennes sont sécrétées en grande quantité. En raison de la densité des seins, la lecture est alors plus malaisée et la mammographie risque de détecter un cancer chez des femmes qui n'en ont pas (faux positif). C'est pourquoi on conseille de passer cet examen juste après les règles ou, en cas de contraceptif oral, durant la semaine de saignements de privation.

En cas d'implant mammaire, de fibrokystes ou de nodules, les seins sont, là aussi, plus denses et la mammographie ne permet pas toujours de déceler une anomalie.

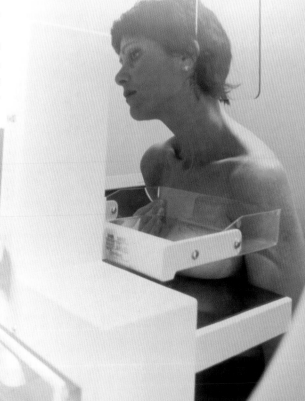

La mammographie

La mammographie ne permet pas de dépister tous les types de cancer du sein, mais c'est néanmoins la méthode la plus efficace pour en découvrir un à un stade précoce.
Le radiologue qui lit les clichés sera à la recherche de la moindre anomalie : calcification ou microcalcification, « masse » ou kyste.

En quoi consiste une mammographie

Vous posez tour à tour un sein puis l'autre sur le plateau du mammographe qui contient le film. Le manipulateur comprime ensuite le sein afin de prendre deux clichés. Cette opération, légèrement désagréable, ne dure que quelques minutes.

Dans la plupart des cas, la radiographie est normale. Si l'on décèle la moindre anomalie, on poussera l'exploration. Cela ne signifie pas forcément que l'on suspecte un cancer. Il faut rarement repasser une mammographie si les clichés ne sont pas assez lisibles.

On peut également pratiquer une mammographie spéciale, qui donnera un cliché plus net d'une anomalie ou qui se focalisera sur une zone spécifique. L'agrandissement d'une image, à l'aide de l'écran du mammographe numérique, permet de mieux dépister les microcalcifications.

ÉCHOGRAPHIE

L'échographie utilise la réflexion d'ultrasons pour analyser une opacité décelée à la mammographie, ou pour voir si un kyste est de nature liquide ou solide. Cela contribue à identifier si une anomalie est bénigne ou cancéreuse. On applique un gel sur les seins, puis on déplace une sonde sur la peau. L'examen, indolore, ne dure que quelques minutes. Étant donné que les ultrasons traversent facilement des seins denses, cela permet d'éviter de passer à côté d'une tumeur non dépistée à la mammographie. L'échographie ne permet cependant pas de visualiser des microcalcifications.

BIOPSIE RÉALISÉE SOUS GUIDAGE

Lorsqu'un nodule a été décelé et que l'échographie ou l'IRM ne permet pas de dire s'il est bénin ou non, on examine un peu de tissu mammaire. Un examen échoguidé ou radioguidé permet de repérer le nodule et de pratiquer une petite incision afin de prélever un fragment de tissu (biopsie) ou d'aspirer quelques cellules ou un peu de liquide à l'aide d'une fine aiguille (ponction cytologique). Ces deux examens sont pratiqués sous anesthésie locale. L'aspiration d'un kyste liquidien le fait souvent disparaître.

Si le nodule est solide, on recueille quelques cellules qui seront, comme le liquide, examinées par un anatomo-pathologiste. Les jours suivants, la région explorée sera parfois sensible et meurtrie. Il arrive également que l'on retire la totalité du nodule, sous anesthésie locale ou générale. Cela se pratique souvent en ambulatoire mais nécessite, parfois, une hospitalisation d'une nuit.

Dans la plupart des cas, l'examen au microscope s'avère négatif ou ne trouve qu'une pathologie bénigne. Néanmoins, si un cancer est dépisté, des traitements seront nécessaires (voir p. 242-245).

FROTTIS CERVICAL

Le frottis cervical ou test de Papanicolaou (du nom du médecin qui l'a mis au point), consiste à recueillir des cellules superficielles du col de l'utérus afin de déceler les anormales qui, si elles ne sont pas traitées, risquent de provoquer un cancer du col ou une infection.

En quoi consiste un frottis

Le gynécologue introduit un spéculum dans le vagin afin d'avoir facilement accès au col. Des cellules sont prélevées et étalées sur une lame de verre ou déposées dans un flacon pour être analysées au microscope.

Le frottis permet de déceler toutes sortes d'anomalies. On trouve souvent une inflammation ou une infection qui nécessite un traitement. Certains médicaments modifient l'aspect des cellules du col (c'est pourquoi il faut signaler tout traitement en cours). Certaines modifications sont parfois dues à une néoplasie cervicale intra-épithéliale ou CIN (voir p. 228). Il ne s'agit pas d'un cancer, mais il existe un risque d'évolution cancéreuse si rien n'est fait. Dans tous les cas, de telles anomalies doivent être explorées (le compte rendu les qualifie parfois de dysplasie).

Un frottis peut permettre de dépister un cancer du col de l'utérus à un stade initial, mais c'est moins fréquent. Enfin, même si c'est rare, il arrive que l'on dépiste un cancer de l'endomètre chez une femme ménopausée.

COLPOSCOPIE

Cet examen du col à la loupe permet également, après avoir posé un spéculum, d'enduire le col d'un liquide spécial afin d'effectuer un prélèvement de cellules anormales. L'examen dure entre 5 et 10 minutes. Si l'on ne voit pas clairement les zones anormales, il faut alors, le plus souvent, pratiquer une conisation.

CONISATION

Cet examen se pratique sous anesthésie locale ou générale. On prélève un fragment de col (en forme de cône, d'où le nom de conisation) qui renferme

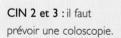

3 stades de CIN

Néoplasie cervicale intra-épithéliale (CIN) : classification en trois stades, selon la profondeur de la lésion dans les différentes couches de la muqueuse du col. En cas de cancer, les cellules malignes se développent plus profondément dans le col.

CIN 1 : le stade 1 désigne de légers changements avec souvent un retour à la normale spontané. On refait généralement un frottis 6 à 12 mois plus tard.

CIN 2 et 3 : il faut prévoir une coloscopie.

toutes les couches de tissus nécessaires pour l'examen au microscope.

Traitement

La néoplasie cervicale intra-épithéliale (CIN) ne nécessite qu'une surveillance au stade 1, ce qui n'est pas le cas aux stades 2 et 3 (on retire ou l'on détruit les cellules anormales). La résection à anse diathermique est une méthode courante, qui permet de retirer la zone anormale après anesthésie locale du col. L'autre technique chirurgicale est la conisation.

Les méthodes qui permettent de détruire les cellules anormales sont la thérapie par laser (on envoie un faisceau sur la zone atteinte) et le traitement par thermocoagulation à l'aide d'une sonde émettant une source de chaleur. Ces deux techniques sont pratiquées sous anesthésie locale ou générale.

On préconise plus rarement une hystérectomie chez les femmes qui ne veulent plus d'enfant, si la lésion est plus sévère.

On refait généralement un frottis six mois plus tard et parfois, également, une colposcopie. Il faudra ensuite refaire un frottis chaque année pendant 5 à 10 ans. L'hystérectomie est suivie d'un frottis du dôme vaginal (un prélèvement des cellules en haut du vagin).

EXAMENS GÉNÉRAUX

Notre corps nous informe généralement lorsque quelque chose ne va pas. Ces symptômes que nous décrivons au médecin ainsi que les résultats de l'examen clinique lui permettent d'établir un diagnostic. Des examens sont souvent nécessaires pour affiner le diagnostic. Nous allons passer en revue les plus courants.

Examens des personnes à risque

Lorsqu'il existe des facteurs de risque spécifiques, on propose parfois des examens particuliers : bilan lipidique en cas d'obésité ou d'antécédents familiaux d'hypercholestérolémie (excès de mauvais cholestérol) ou encore coloscopie s'il existe un terrain héréditaire au cancer du gros intestin.

Lors de cette dernière, un appareil optique permet d'examiner la paroi du côlon et l'on prélève des fragments de tissu pour l'étude au microscope.

Consultez votre médecin traitant si vous pensez que votre famille est prédisposée à certaines maladies. Il vous conseillera des examens de dépistage et vous indiquera des modifications de votre mode de vie susceptibles de diminuer les risques.

BILAN SANGUIN
NUMÉRATION FORMULE SANGUINE (NFS)

La NFS permet de connaître la quantité de globules rouges (qui conduisent l'oxygène aux tissus), de globules blancs (qui combattent les infections) et de plaquettes (qui jouent un rôle majeur dans la coagulation). Ce dosage donne une bonne indication de l'état général et permet de dépister des maladies spécifiques.

HORMONES SEXUELLES

L'hormone lutéinisante (LH) et l'hormone folliculo-stimulante (FSH) jouent un rôle clé dans le contrôle du cycle menstruel. Elles sont sécrétées par l'hypophyse (voir p. 14-15) et stimulent la production ovarienne d'estrogènes et de progestérone. Vers la ménopause, les ovaires ne réagissent plus à ces hormones et les estrogènes chutent. Cela entraîne une augmentation de LH et de FSH, dans une tentative pour stimuler les ovaires. C'est pourquoi le dosage sanguin de LH, de FSH et d'estradiol (un type d'estrogène) contribue à diagnostiquer une ménopause. En effet, à la ménopause, le dosage de la FSH et de la LH est élevé tandis que celui d'estradiol est faible. À la péri-ménopause et au début de la ménopause, ces taux sont parfois normaux.

CHOLESTÉROL

L'augmentation du cholestérol associé à un risque accru de maladie coronarienne serait liée à un régime

alimentaire riche en lipides. Un bilan lipidique permet de mesurer, outre la cholestérolémie, le taux de triglycérides (un autre lipide présent dans le sang) et certains types de lipoprotéines (les particules qui mènent le cholestérol et les triglycérides au sang). Il est possible de séparer les lipoprotéines en raison de leur densité différente. Deux formes sont particulièrement importantes : les lipoprotéines de basse densité (LDL) et celles de haute densité (HDL). Une forte concentration de particules LDL est associée à un risque accru de maladie coronarienne, tandis qu'une concentration importante de particules HDL a un effet protecteur. Des taux très élevés de triglycérides sont liés à un risque majoré de pancréatite aiguë (une inflammation du pancréas très douloureuse et qui menace le pronostic vital) et de thrombose veineuse de la rétine (l'occlusion d'une veine qui provoque souvent une baisse de la vision unilatérale).

D'autres facteurs de risque de maladie coronarienne sont pris en considération à la lumière des résultats du bilan.

Un cholestérol total idéal est compris entre 1,60 et 2,10 g/l, sachant que ce chiffre doit être évalué en tenant compte du cholestérol LDL et HDL.

GLYCÉMIE

On dose souvent le sucre dans le sang, à la recherche d'un diabète sucré.

L'APPAREIL REPRODUCTEUR
BIOPSIE DE L'ENDOMÈTRE

Une biopsie de l'endomètre permet de rechercher les causes de saignements vaginaux anormaux ou de confirmer un diagnostic de cancer de l'endomètre. Un fragment de tissu est prélevé sur la paroi de l'utérus (l'endomètre) en vue d'un examen au microscope. La biopsie, qui ne prend que quelques minutes, est pratiquée pendant une consultation ou en ambulatoire. On pose un spéculum dans le vagin afin de pouvoir introduire une canule fine et flexible dans l'utérus, qui permet de prélever un fragment de tissu endométrial. Ce prélèvement peut être effectué lors d'une hystéroscopie (voir ci-dessous) ou d'un curetage.

L'échographie transvaginale permet de mesurer l'épaisseur de l'endomètre, ce qui contribue au diagnostic de cancer de l'endomètre.

CŒLIOSCOPIE DIAGNOSTIQUE

Cet examen permet d'examiner les organes du bassin. On introduit une aiguille au niveau du nombril puis on injecte du gaz carbonique afin de dilater l'abdomen et de permettre le passage d'un trocart (un tube rigide creux) sans léser les organes pelviens. On insère ensuite un appareil optique en s'aidant du trocart. La cœlioscopie permet, si besoin, de pratiquer un geste chirurgical. C'est alors une cœlioscopie opératoire.

HYSTÉROSCOPIE

L'utilisation d'un instrument optique (hystéroscope) permet de voir l'intérieur de l'utérus et de prélever un fragment d'endomètre (biopsie de l'endomètre). L'utérus est distendu à l'aide d'un liquide introduit par l'hystéroscope, ce qui permet de mieux visualiser l'intérieur. Cet examen se pratique sous anesthésie

locale ou générale et dure environ 15 minutes.

DILATATION ET CURETAGE

Cette technique permet elle aussi de prélever un fragment de tissu de l'endomètre. Elle est pratiquée sous anesthésie générale ou locale avec sédatif en intraveineux. On élargit le col en introduisant des bougies de diamètre de plus en plus grand, puis on racle l'endomètre à l'aide d'une curette. La dilatation avec curetage est largement remplacée par l'hystéroscopie, qui permet d'examiner l'intérieur de l'utérus.

EXAMEN DE LA DENSITÉ OSSEUSE
DENSITOMÉTRIE OSSEUSE

L'ostéodensitométrie utilise de très faibles doses de rayons X (moins de 10 % par rapport à une radiologie) afin de mesurer la densité osseuse, qui constitue 70 % de la solidité d'un os. L'objectif est de diagnostiquer une ostéoporose (voir p. 68-71).

On examine généralement le bas du rachis et le bassin. Cependant, de petits appareils sont parfois utilisés pour dépister la déminéralisation des autres parties du corps, comme les poignets ou les talons.

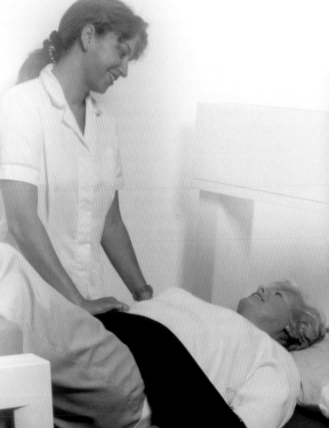

Densitométrie osseuse

La densité osseuse est, comme le taux de cholestérol et la pression artérielle, un facteur de risque qui peut être modifié. Il n'y a pas grand-chose à faire au niveau de l'hérédité, du sexe ou de l'âge, mais votre médecin peut utiliser les résultats d'une ostéodensitométrie pour prévenir ou traiter l'ostéoporose.

L'ostéodensitométrie permet de diagnostiquer l'amincissement des os et l'ostéoporose, ainsi qu'un risque de fractures ultérieures. Elle est également utilisée pour surveiller l'efficacité d'un traitement contre l'ostéoporose.

En quoi consiste une ostéodensitométrie

Vous êtes allongée sur la table d'examen sous laquelle un générateur de rayons X envoie un faisceau de rayons à travers votre corps. Au-dessus, un bras détecteur balaie votre corps pour procéder à des mesures. L'examen dure 10 à 30 minutes. Un appareil plus petit, dont la forme ressemble grossièrement à une boîte dans laquelle on place l'avant-bras ou le pied, est parfois utilisé.

Vous obtenez deux résultats. Le T-score indique votre densité osseuse comparée à celle d'une jeune femme dont la masse osseuse serait maximale. Un chiffre supérieur à - 1 est normal. Entre - 1 et - 2,5, la déminéralisation a débuté mais n'entraîne pas encore une

ostéoporose. Un chiffre inférieur à - 2,5 est révélateur d'une ostéoporose. Cette valeur numérique permet également d'évaluer le risque de fracture.

Le Z-score indique la densité osseuse comparée à celle des femmes d'âge et de taille similaire. Si cet indice est très élevé ou très faible, d'autres examens sont préconisés.

EXAMEN DU SYSTÈME CARDIO-VASCULAIRE

ECG (ÉLECTROCARDIOGRAMME)

L'ECG enregistre l'activité électrique du cœur. Les contractions cardiaques sont déclenchées par des impulsions électriques qui débutent dans l'oreillette droite (l'une des deux chambres hautes du cœur) pour se propager au muscle cardiaque. Des électrodes sont placées sur la poitrine, les poignets et les chevilles afin de détecter ces impulsions qui sont ensuite représentées visuellement sous la forme d'un échocardiogramme. Le tracé peut montrer un trouble du rythme ou un antécédent d'infarctus.

ECG D'EFFORT (ÉPREUVE D'EFFORT)

Cet examen est surtout utilisé pour diagnostiquer une maladie coronarienne. On enregistre l'activité électrique du cœur soumis à un effort, souvent en demandant à la personne de marcher sur un tapis roulant avec une pente réglable.

ANGIOGRAPHIE

L'angiographie permet de diagnostiquer le rétrécissement ou l'occlusion d'une des artères qui conduisent le sang au cœur (coronariennes). On introduit un cathéter fin et souple dans l'artère fémorale, au niveau de l'aine, en remontant par l'aorte (la plus grosse artère du corps) jusqu'aux artères coronariennes. On injecte un produit de contraste par le cathéter afin d'observer à l'écran le cheminement du produit coloré dans les coronaires et l'on prend plusieurs clichés radiographiques.

7 raisons pour une ostéodensitométrie

▶ Ménopause et taille supérieure à 1,70 m ou poids inférieur à 57 kg.

▶ Antécédents de fracture du col du fémur ou d'une vertèbre.

▶ Fracture après un traumatisme mineur.

▶ Antécédents familiaux d'ostéoporose ou de fracture du col du fémur.

▶ Tabagisme actuel ou passé.

▶ Traitement pouvant entraîner une déminéralisation (corticoïdes, etc.).

▶ Diabète sucré de type 1, pathologie rénale ou hépatique, ou encore trouble de la thyroïde, comme l'hypothyroïdie

PATHOLOGIES DES ORGANES REPRODUCTEURS

POLYPES CERVICAUX

Ces formations bénignes, non cancéreuses, sont fréquentes au niveau du col vers l'âge de quarante ans, mais elles peuvent se développer plus tôt ou plus tard. Leur cause est inconnue.

Les polypes du col provoquent parfois des saignements anormaux pendant un rapport sexuel ou entre deux cycles, ou encore après la ménopause. Ils sont diagnostiqués lors d'un examen au spéculum et leur ablation se pratique facilement, sans qu'il soit besoin d'une anesthésie générale. Ils récidivent parfois.

POLYPES UTÉRINS

Ces formations bénignes sont fréquentes au niveau de l'utérus et sont rarement préoccupantes. Leur cause est inconnue. Le risque est accru chez les femmes n'ayant pas eu d'enfant.

Les symptômes sont parfois des saignements entre les règles ou après la ménopause. Les polypes utérins évoluent rarement en cancer. Ils sont décelés à l'échographie (voir p. 227) ou lors d'une hystérosco-pie (voir p. 230). Ils peuvent être retirés lors de l'hystéroscopie et envoyés à l'anatomo-pathologiste pour une recherche de cellules malignes. Comme les polypes cervicaux, ils récidivent parfois.

KYSTES OVARIENS

Le plus souvent, ces formations liquidiennes dans les ovaires ne sont pas cancéreuses. Toutefois, des kystes bénins évoluent parfois en tumeur maligne. Il en existe de plusieurs types. Leur cause est inconnue.

Les kystes ovariens peuvent provoquer divers symptômes, mais ils passent parfois inaperçus. Les troubles possibles sont des douleurs pendant les rapports sexuels, une gêne à l'abdomen et, chez les femmes non ménopausées, des cycles irréguliers.

Il arrive qu'un kyste devienne très volumineux et exerce une pression sur les autres organes, comme la vessie, ce qui provoque alors des mictions plus fréquentes.

On constate parfois une torsion ou l'éclatement d'un kyste. Ces complications provoquent d'im-

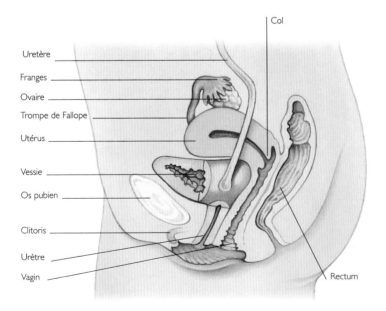

Col

Uretère

Franges

Ovaire

Trompe de Fallope

Utérus

Vessie

Os pubien

Clitoris

Urètre

Vagin

Rectum

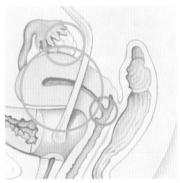

● KYSTES OVARIENS
● POLYPES UTÉRINS
● POLYPES CERVICAUX

portantes douleurs abdominales et demandent un traitement en urgence.

Diagnostic et traitement des kystes ovariens

Les kystes volumineux sont décelés lors du toucher vaginal. Le diagnostic sera confirmé par l'échographie (voir p. 227) ou, parfois, une cœlioscopie (voir p. 230).

La croissance d'un kyste peut être surveillée par des échographies régulières. Il arrive qu'un kyste disparaisse sans traitement. Le plus souvent, toutefois, on le ponctionne ou on le retire.

Les kystes ovariens peuvent récidiver et nécessiter des traitements ultérieurs.

SAIGNEMENT POSTMÉNOPAUSIQUE

Diverses causes expliquent des saignements vaginaux survenant au moins 6 mois après l'arrêt des règles (aménorrhée) : une vaginite atrophique (inflammation de la paroi du vagin accompagnée de sécheresse en raison de l'insuffisance d'estrogènes), une inflammation du col de l'utérus ou, parfois, un cancer de l'endomètre ou du col. C'est pourquoi des examens s'imposent.

Examen et traitement d'un saignement postménopausique

On fera au minimum un toucher vaginal avec frottis cervical (voir p. 227-228).

En cas d'examen complémentaire, on prévoit souvent une échographie transvaginale (voir p. 230) ou, sinon, une biopsie endométriale (voir p. 229-230) afin d'envoyer un fragment du tissu à l'anatomopathologiste.

La biopsie est généralement pratiquée lors d'une hystéroscopie (voir p. 230) qui permet d'examiner l'endomètre. Il faut traiter la cause, ce qui implique,

LE SAVIEZ-VOUS ?
Les traitements

Lorsqu'un un traitement médical ou chirurgical, ou encore d'autres options, sont préconisés, évaluer les avantages potentiels par rapport aux éventuels effets indésirables ou complications. Tous les médicaments peuvent provoquer des troubles et interagir avec d'autres produits. Aucune intervention n'est dépourvue de risque. Parlez-en avec votre médecin afin de prendre une décision en toute connaissance de cause.

dans le cas d'une vaginite atrophique, l'application d'une crème à base de THS sur la région concernée.

PROBLÈMES URO-GÉNITAUX

PROLAPSUS (DESCENTE D'ORGANE)

La descente de l'utérus ou des parois du vagin résulte de l'affaiblissement des structures de soutien. Ce problème est très fréquent chez les femmes d'un certain âge.

Le degré de prolapsus est variable : utérus qui descend dans le vagin voire, dans les cas les plus graves, qui sort du vagin. Cela dépend, en outre, de la zone de la paroi vaginale affectée.

S'il s'agit de l'antérieure, la vessie fait plus ou moins saillie dans le vagin (cystocèle), tandis que si la faiblesse concerne la partie sous le niveau de la vessie, l'urètre (qui conduit l'urine de la vessie vers le méat urinaire) fait saillie dans le vagin (urétrocèle).

Enfin, en cas de rectocèle, le rectum fait saillie dans le vagin, dont il épouse la paroi postérieure. Chez de nombreuses femmes, il existe à la fois un prolapsus de l'utérus et du vagin.

Causes d'un prolapsus

Le risque de prolapsus est plus grand chez les femmes ayant accouché plusieurs fois par les voies naturelles. Le manque d'estrogènes à la ménopause contribue parfois à l'affaiblissement des muscles et des ligaments. Il existe, en outre, des prédispositions héréditaires.

Certains problèmes augmentent la pression sur les ligaments de soutien, ce qui accroît le risque de prolapsus : obésité, toux chronique, profession imposant de soulever de lourdes charges, voire tumeur abdominale qui comprime les ligaments.

Symptômes d'un prolapsus

Un prolapsus peut passer inaperçu, mais certaines femmes parlent d'une pesanteur au niveau du vagin et de l'impression que quelque chose tire au bas du ventre. On constate parfois, lorsque la paroi antérieure du vagin est affaiblie, des troubles urinaires (incontinence ou besoin incessant d'uriner). Si la paroi postérieure du vagin est touchée, il y aura plutôt un problème de constipation.

Diagnostic et traitement d'un prolapsus

Le toucher vaginal permet de diagnostiquer un prolapsus. Dans certains cas, une échographie pelvienne (voir p. 227) est alors effectuée.

En cas de surcharge pondérale, il est conseillé de perdre du poids et de suivre une rééducation avec un kinésithérapeute. Ce dernier fait travailler le périnée et propose des exercices du Dr Kegel pour renforcer la musculature (voir p. 50). De nombreuses femmes apprécient qu'il n'y ait pas besoin d'intervenir.

Certaines préfèrent la pose d'un pessaire, un anneau que l'on place au fond du vagin pour soutenir les tissus affaissés. D'autres ont recours à la chirurgie : une hystérectomie ou une intervention visant à renforcer les tissus affaiblis, et à « remonter » l'utérus et le vagin à leur position initiale. Toutefois, la chirurgie ne règle pas toujours le problème et il arrive, au bout de plusieurs années, que les muscles se distendent à nouveau.

PROLAPSUS DE L'UTÉRUS

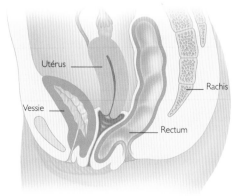

Utérus

Vessie

Rachis

Rectum

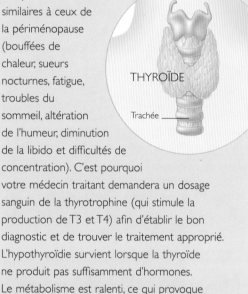

▶ PATHOLOGIE DE LA THYROÏDE

Après la ménopause, un nombre conséquent de femmes souffre d'un déséquilibre de la thyroïde, en particulier d'une hypothyroïdie (insuffisance de sécrétion thyroïdienne). Certains troubles d'une pathologie de la thyroïde sont très similaires à ceux de la périménopause (bouffées de chaleur, sueurs nocturnes, fatigue, troubles du sommeil, altération de l'humeur, diminution de la libido et difficultés de concentration). C'est pourquoi votre médecin traitant demandera un dosage sanguin de la thyrotrophine (qui stimule la production de T3 et T4) afin d'établir le bon diagnostic et de trouver le traitement approprié. L'hypothyroïdie survient lorsque la thyroïde ne produit pas suffisamment d'hormones. Le métabolisme est ralenti, ce qui provoque parfois une hypercholestérolémie, des problèmes cardiaques et circulatoires, une ostéoporose et un état dépressif. Le traitement consiste à prescrire des hormones thyroïdiennes par voie orale. L'hyperthyroïdie, moins fréquente, résulte d'un excès de sécrétion d'hormones par la thyroïde. Le métabolisme est alors accéléré, ce qui entraîne parfois des palpitations cardiaques, une saillie des globes oculaires (exophtalmie) et une tuméfaction de la glande thyroïde (goitre). Un traitement médical et chirurgical permet d'empêcher la production hormonale excessive.

THYROÏDE

Trachée

CANCERS DES ORGANES REPRODUCTEURS

Cancer du vagin

Les tumeurs malignes du vagin représentent 2 % des cancers de l'appareil reproducteur. Cela touche toutes les femmes, mais plus spécifiquement les femmes entre cinquante et soixante-dix ans.

Le cancer peut se propager, à partir du vagin, aux structures voisines (col, utérus, vessie ou intestins).

Les troubles possibles sont des saignements anormaux (après la ménopause ou un rapport sexuel) et des pertes. On trouve parfois un nodule ou une ulcération.

Certaines femmes ont des problèmes urinaires (besoin fréquent d'uriner, dont la nuit, ou présence de sang dans les urines) et parfois des douleurs (lors des rapports sexuels ou au niveau du rectum).

Néanmoins, ces troubles sont le plus souvent d'origine bénigne.

Diagnostic et traitement du cancer du vagin

Le gynécologue fait un toucher vaginal et un frottis cervical (voir p. 227). Le vagin est attentivement examiné à l'aide d'une loupe (colposcopie, voir p. 228) et une biopsie permet de rechercher des cellules malignes. En cas de cancer, on identifie le type de cellules cancéreuses et le stade du cancer (en fonction de la taille de la tumeur et de son éventuelle propagation). Les examens utilisés pour rechercher des métastases sont la radiographie, le scanner et l'IRM (voir p. 236). Le traitement sera décidé à la lumière des résultats.

Le traitement repose souvent sur la radiothérapie. On irradie chaque jour la tumeur pendant plusieurs semaines. C'est indolore et ne dure que quelques minutes. On peut également introduire dans le vagin un applicateur contenant une substance radioactive voire, dans certains cas, placer sous anesthésie générale de minuscules aiguilles radioactives dans la région environnant la tumeur.

8 signes de risque de cancer féminin

Quel que soit le type de cancer, la guérison est d'autant meilleure que le dépistage est précoce. Les signes suivant doivent vous alerter :

▶ saignements vaginaux anormaux (après la ménopause, un rapport sexuel ou entre deux cycles) ;

▶ pertes vaginales ;

▶ nodule ou ulcération au niveau de la vulve ou du vagin ;

▶ tache claire sur la vulve ;

▶ irritation ou sécheresse de la vulve ;

▶ saignements ou pertes vulvaires ;

▶ douleurs abdominales ou gonflement ;

▶ douleurs pendant les rapports sexuels.

Ces symptômes peuvent avoir une cause différente, mais il vaut mieux consulter un gynécologue.

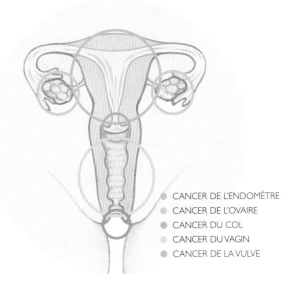

- CANCER DE L'ENDOMÈTRE
- CANCER DE L'OVAIRE
- CANCER DU COL
- CANCER DU VAGIN
- CANCER DE LA VULVE

Le scanner (ou tomodensitométrie axiale transverse assistée par ordinateur) permet d'obtenir des clichés du corps en coupe et, parfois, en trois dimensions.

L'appareil d'imagerie comporte un tube de rayons X, en forme d'anneau, qui tourne autour du corps du patient allongé sur une table d'examen mobile. Un faisceau de rayons X balaye le corps. Des détecteurs, de l'autre côté, enregistrent la quantité de rayons X absorbée par les tissus. Cette information est analysée par un ordinateur, qui produit des images visibles sur un écran. Le scanner permet l'examen détaillé de la plupart des parties du corps et contribue au diagnostic de nombreuses pathologies (accident vasculaire cérébral, traumatismes crâniens et tumeurs). On l'utilise aussi pour rechercher des métastases.

L'IRM (imagerie par résonance magnétique) permet également d'obtenir des clichés en coupe ou en trois dimensions en combinant un champ magnétique nucléaire à des ondes radio. Le patient est allongé à l'intérieur de l'appareil d'imagerie composé d'un vaste aimant, d'un émetteur et d'un détecteur d'ondes radio. Un second aimant se trouve autour du corps du patient.

Le premier génère un champ magnétique qui oriente certains atomes du corps selon des lignes parallèles. Ceux-ci sont ensuite excités par des ondes radio durant une courte période. Lorsqu'ils se réalignent, cela génère des impulsions infimes qui sont détectées par l'appareil et donnent, par traitement informatique, des images. L'IRM permet, comme le scanner, d'obtenir des clichés très détaillés des parties du corps examinées. Elle est utilisée en particulier pour voir le cerveau et la moelle épinière. Une IRM dure parfois une heure.

CANCER DE LA VULVE

Le cancer de la vulve est une tumeur maligne. Il représente environ 5 % des cancers de l'appareil reproducteur. Il survient surtout chez la femme de plus de soixante ans. Il débute parfois par une pathologie appelée néoplasie vulvaire intra-épithéliale, liée à un type de papillome humain (un virus de la verrue humaine).

Cette pathologie fait l'objet d'une classification de 1 à 3 en fonction du degré de gravité. Le stade 3 n'est pas cancéreux, mais doit impérativement être traité pour éviter une évolution en cancer de la vulve. Le tabagisme augmenterait parfois le risque de néoplasie vulvaire intra-épithéliale, et de cancer de la vulve et du col.

Deux dermatoses, lichen scléro atrophique et lichen plan, peuvent affecter la vulve et évoluer à long terme en cancer. Ces pathologies dermiques ont parfois un caractère héréditaire.

Les symptômes possibles d'un cancer de la vulve sont des démangeaisons, des saignements, des douleurs ou des pertes. On trouve parfois une boule, une tuméfaction ou une ulcération, ainsi qu'une zone épaissie ou décolorée (rouge, blanche ou foncée). Les mictions peuvent être douloureuses. Il faut également suivre de près tout grain de beauté qui change de forme ou de couleur, comme les mélanomes (voir p. 225) qui apparaissent au niveau de la vulve.

Diagnostic et traitement du cancer de la vulve

Le gynécologue fait un toucher vaginal et, souvent, un frottis cervical (voir p. 227). La vulve peut être examinée lors d'une colposcopie (voir p. 228). On fait une biopsie de la zone atteinte pour établir le diagnostic. En cas de cancer, on recherchera des cellules malignes dans les tissus environnants et d'autres parties du corps. On pratique alors un examen interne sous anesthésie générale (pour éviter toute gêne ou douleur) et l'on demande une radiographie pulmonaire, un scanner ou une IRM (voir l'encadré page ci-contre).

Le traitement est établi sur la base des résultats (taille de la tumeur ou stade tumoral, etc.) et repose souvent sur la chirurgie. On retire les tissus atteints avec une frange de tissu sain. L'ablation des ganglions lymphatiques de l'aine est parfois nécessaire. Certaines femmes, enfin, sont traitées par radiothérapie et chimiothérapie.

Cancer du col

Le cancer du col représente un tiers des cancers de l'appareil génital féminin et touche plutôt les femmes de plus de quarante-cinq ans. On le diagnostique chaque année, en France, chez 4 000 femmes environ.

Cette tumeur maligne débute par une néoplasie cervicale intra-épithéliale (CIN, voir p. 228) : des cellules anormales apparaissent dans l'épithélium qui recouvre l'extrémité du col. Le frottis cervical permet de diagnostiquer un CIN, pas forcément cancéreux, mais qui risque de le devenir sans traitement, car les causes et les facteurs de risque d'un CIN et d'un cancer du col sont similaires. Elles sont liées à un papilloma virus humain, sexuellement transmissible. Le virus de l'herpès génital (*Herpes simplex* ou HSV) pourrait également être impliqué.

Parfois, il n'existe aucun symptôme et le cancer est dépisté lors d'un frottis. Habituellement, il se manifeste par des saignements après un rapport sexuel ou entre deux cycles menstruels (chez une femme non ménopausée), ou encore par des pertes vaginales voire des douleurs pendant les relations sexuelles. Si rien n'est fait, les métastases à distance (cancer secondaire)

LE SAVIEZ-VOUS ?

Les marqueurs tumoraux

Ce sont des protéines produites par les cellules de certaines tumeurs. Leur présence dans le sang permet de surveiller l'efficacité d'une chimiothérapie.

entraîneront d'autres troubles : présence de sang dans les urines, douleurs et saignements rectaux.

Diagnostic et traitement du cancer du col

On le diagnostique généralement lors d'un frottis, que confirmera une biopsie sous colposcopie. La tumeur (nodule ou ulcération) est parfois visible après la pose d'un spéculum, mais les tumeurs débutantes sont souvent indécelables.

En cas de cancer, on recherchera d'éventuelles métastases. Pour ce faire, on pratique parfois un examen interne sous anesthésie générale (pour éviter toute gêne ou douleur) et l'on demande un scanner ou une IRM (voir l'encadré page ci-contre).

Le traitement d'un cancer du col au stade initial repose sur la conisation (voir p. 228) ou, parfois, l'hystérectomie (voir p. 240-241). Un cancer à un stade avancé impose également l'ablation des tissus environnants et des ganglions lymphatiques. La radiothérapie est parfois proposée après la chirurgie ou à la place de celle-ci. Dans les cas les plus sérieux, on préconise une radiothérapie pouvant être associée à une chimiothérapie.

Cancer de l'endomètre

Cette tumeur maligne affecte la paroi de l'utérus (endomètre). C'est le type de cancer le plus fréquent de ceux qui touchent l'appareil génital féminin. Il concerne surtout les femmes entre cinquante et soixante-quatre ans.

Ces cancers sont dépendants des estrogènes. Si vous prenez un THS et n'avez pas été hystérectomisée, on prescrit de la progestérone pour protéger l'endomètre contre un risque accru de cancer. Tandis que l'administration d'un THS estroprogestatif pendant moins de 5 ans n'augmenterait pas le risque cancéreux, il semble que le risque soit légèrement accru avec un traitement prolongé au-delà de 5 ans.

Les symptômes les plus courants sont des saignements après la ménopause. Les femmes non méno-

facteurs de risque
CANCER DU COL DE L'UTÉRUS

▶ Rapports sexuels nombreux, surtout à un âge jeune
▶ Tabagisme
▶ Insuffisance immunitaire
▶ Antécédents de verrues génitales cervicales

pausées ont parfois des cycles irréguliers ou des saignements abondants, voire des saignements entre les menstruations ou après un rapport sexuel. Certaines se plaignent de douleurs au bas du ventre ou pendant les relations sexuelles.

Diagnostic et traitement du cancer de l'endomètre

On effectue une biopsie de l'endomètre lors d'une hystéroscopie ou d'un curetage (voir p. 230). On peut également pratiquer un examen du petit bassin sous anesthésie générale.

Si le diagnostic est confirmé, on prévoit d'autres actes, comme une radiographie thoracique, à la recherche de métastases.

Le traitement, fonction du stade du cancer, repose souvent sur l'ablation de l'utérus, des trompes de Fallope et des ovaires, voire de la partie supérieure du vagin et des ganglions lymphatiques pelviens limitrophes. On préconise parfois, après la chirurgie, une radiothérapie ou l'administration de progestérone ou encore, dans certains cas, une chimiothérapie.

CANCER DE L'OVAIRE

Touchant surtout les femmes de plus de soixante ans, il représente environ 35 % des cancers de l'appareil génital féminin.

Il est rare qu'un kyste bénin évolue en cancer de l'ovaire. Les facteurs de risque sont des règles précoces, une ménopause tardive, une absence de grossesse et, peut-être, l'administration prolongée de médicaments destinés à stimuler l'ovulation. L'allaitement et les grossesses nombreuses auraient des effets protecteurs. Parfois, l'hérédité explique ce type de cancer chez plusieurs membres d'une même famille.

Au départ, ce type de cancer passe généralement inaperçu. Par la suite, l'abdomen est ballonné et l'on y perçoit un nodule. Les autres symptômes, moins fréquents, sont des douleurs dans le bas-ventre, un besoin fréquent d'uriner ou des saignements anormaux (par exemple, des règles irrégulières).

Diagnostic et traitement du cancer de l'ovaire

Le diagnostic est généralement établi lors d'un examen du bassin ou d'une échographie (voir l'encadré ci-dessous). Les autres examens possibles sont un test hépatique, une radiographie thoracique, un scanner ou une IRM.

La chirurgie s'impose pour retirer l'utérus, les trompes, les ovaires et la totalité de la tumeur en cas de propagation dans l'abdomen ou aux ganglions lymphatiques loco-régionaux. Elle est parfois suivie par une chimiothérapie ou une radiothérapie.

Dans environ 80 % des cas, on trouve dans le sang une augmentation du marqueur tumoral CA 125.

TRAITEMENTS DES CANCERS

Chez la femme, les cancers de l'appareil génital et du sein se traitent de plusieurs manières, en combinant souvent diverses méthodes. Le protocole choisi dépend d'un certain nombre de facteurs, à commencer par la taille de la tumeur et son éventuelle propagation. On vérifie également l'état général et l'on cherche d'autres problèmes médicaux.

Une tumeur peut apparaître à partir de divers types de cellules au sein d'un même organe ou tissu. Cela conditionne en partie le traitement et le pronostic.

La classification selon plusieurs stades (voir également p. 244) permet de prendre en considération la taille de la tumeur et de possibles métastases. Les examens les plus courants sont la radiographie thoracique, l'échographie du foie (voir p. 227 et l'encadré page ci-contre), le scanner et l'IRM (voir p. 236).

POSSIBILITÉS THÉRAPEUTIQUES

L'objectif d'un traitement anticancéreux est de soigner un cancer, de ralentir le développement d'une tumeur et de soulager d'éventuelles douleurs associées. Il repose sur les possibilités suivantes.

Chirurgie

L'ablation d'une tumeur solide est particulièrement efficace lorsqu'un cancer est dépisté tôt. On retire souvent une frange de tissus sains autour de la tumeur. La chirurgie vise à accroître la probabilité de supprimer toutes les cellules malignes et de diminuer le risque de propagation ou de récidive. Il arrive que l'on retire également les ganglions lymphatiques limitrophes (que l'on examinera au microscope, à la recherche de cellules cancéreuses). Dans certains cas, l'intervention est pratiquée pour soulager les symptômes.

Le protocole prévoit parfois, outre la chirurgie, d'autres types de traitement — pouvant être pratiqués au préalable, afin de réduire la taille de la tumeur. Le plus souvent, ces actions complémentaires viennent après la chirurgie, pour éliminer les cellules cancéreuses restantes. Il s'agit généralement de la radiothérapie et de la chimiothérapie, qui détruisent les cellules malignes en portant atteinte aux gènes.

Radiothérapie

On irradie la tumeur avec de fortes doses de rayons. La radiothérapie est proposée en externe et localement (curiethérapie). Le cancer du vagin est souvent traité selon cette seconde méthode.

Chimiothérapie

On administre souvent plusieurs types de médicaments anticancéreux. Cependant, ces produits affectent également les cellules saines, qui se multiplient rapidement. C'est la cause de plusieurs effets indésirables, comme la perte de cheveux. Quelques-uns de ces médicaments perturbent également la production de cellules sanguines par la moelle osseuse, provoquant une anémie, une perte des défenses immunitaires qui fragilise face à une éventuelle infection et d'autres effets secondaires, tels des nausées et des vomissements — contre lesquels il existe désormais des médicaments très efficaces, des antiémétiques.

Hormonothérapie

On prescrit des hormones dans certains types de cancer, comme le cancer du sein (voir p. 242-245).

SOINS PALLIATIFS

Lorsqu'on traite un cancer, il est essentiel de soulager tous les symptômes, qu'ils soient causés par la maladie ou par le traitement. Les soins palliatifs comprennent des antalgiques et des antiémétiques, contre les nausées et les vomissements dus à la chimiothérapie.

Le traitement d'un cancer implique également de tenir compte de la dimension psychologique de la maladie, qui est souvent une épreuve difficile à vivre. Le soutien et la compréhension des conjoints, des proches et des amis, ainsi que de toute l'équipe médicale, est indispensable à la personne qui affronte la maladie. Il ne faut pas hésiter à demander conseil auprès d'un groupe de soutien.

La guérison est fonction d'un grand nombre de facteurs, dont le type de cellule maligne et la précocité du diagnostic. Pour que ce dernier soit posé le plus tôt possible, chaque femme doit participer aux examens de dépistage et ne pas hésiter à consulter son médecin traitant au moindre signe d'alerte.

L'HYSTÉRECTOMIE

DÉFINITION

L'hystérectomie est l'ablation de l'utérus. Elle se pratique :

- par une incision au niveau du vagin, en passant par les voies naturelles (par voie basse) ;
- par une incision abdominale (par voie haute) ;
- en retirant l'utérus par les voies naturelles avec l'aide de la cœlioscopie (par cœlioscopie).

L'intervention est relativement fréquente et concerne en France 17 % des femmes de plus de cinquante ans.

RAISONS JUSTIFIANT UNE HYSTÉRECTOMIE

Une hystérectomie est pratiquée dans les cas suivants : règles abondantes (chez une femme non ménopausée), infections pelviennes aiguës, fibromes volumineux ou symptomatiques, prolapsus de l'utérus (lors d'une intervention pour traiter le prolapsus) ou cancer du col, de l'utérus, des trompes de Fallope ou des ovaires.

DIFFÉRENTS TYPES D'OPÉRATION

Hystérectomie par voie basse On incise près de la partie supérieure du vagin afin de retirer l'utérus par les voies naturelles. Cette intervention est moins douloureuse que l'hystérectomie par voie haute et ne laisse aucune cicatrice externe. La durée de l'hospitalisation est de 1 à 3 jours. Il faut compter environ quatre semaines pour un bon rétablissement.

Hystérectomie par voie haute On pratique une incision généralement horizontale juste au-dessus des poils du pubis afin de retirer l'utérus. La cicatrice est ensuite à peine visible. La durée de l'hospitalisation est de 3 à 5 jours. Il faut compter quatre à huit semaines pour un bon rétablissement.

Hystérectomie par cœlioscopie On introduit un appareil optique par une incision au niveau du nombril. D'autres incisions permettent de glisser les instruments de chirurgie. L'utérus est retiré par les voies naturelles. La durée de l'hospitalisation est de 1 jour. Il faut compter deux semaines pour un bon rétablissement.

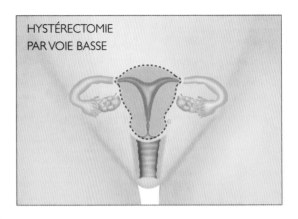

HYSTÉRECTOMIE
PAR VOIE BASSE

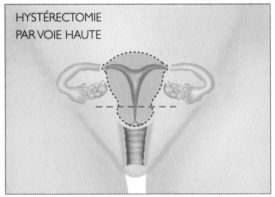

HYSTÉRECTOMIE
PAR VOIE HAUTE

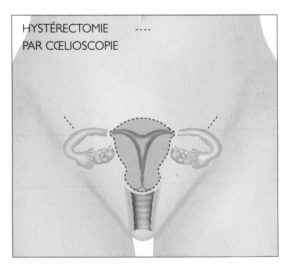

HYSTÉRECTOMIE
PAR CŒLIOSCOPIE

TYPES D'HYSTÉRECTOMIE

Lors d'une hystérectomie totale, on retire l'utérus et le col. C'est l'intervention la plus fréquente. Si on laisse en place le col, on parle d'hystérectomie subtotale. La ménopause survient parfois plus tôt chez une femme hystérectomisée. Dans certains cas, on enlève également les ovaires et les trompes de Fallope (hystérectomie avec annexectomie ou salpingo-ovariectomie bilatérale). La ménopause survient alors après l'intervention.

Il faut parfois retirer plus de tissus pour traiter un cancer. L'exérèse concerne alors, outre l'utérus, le col, les trompes de Fallope et les ovaires, la partie supérieure du vagin, des ganglions lymphatiques et du tissu pelvien.

SUITES D'UNE HYSTÉRECTOMIE

6 semaines de repos sont généralement le minimum conseillé pour un bon rétablissement après une hystérectomie. Évitez de soulever de lourdes charges pendant 12 semaines. Les suites opératoires diffèrent d'une femme à une autre mais, en règle générale, le travail peut être repris au bout de 8 à 12 semaines. Toutefois, il est primordial d'être à l'écoute de son corps et de toujours éviter d'en faire trop. Plusieurs mois sont parfois nécessaires pour que tout rentre dans l'ordre.

Vous remarquerez peut-être des pertes vaginales dans les semaines qui suivront l'intervention. Vous devez consulter si elles sont malodorantes, rouge vif ou abondantes.

Lorsqu'une hystérectomie a été pratiquée pour des raisons autres qu'un cancer et que le col a été retiré, le frottis cervical devient inutile. Si, en revanche, le col est resté en place, il faudra poursuivre les frottis de dépistage.

REMISE EN FORME

Pratiquez quelques exercices en douceur après l'ablation des fils, à l'aide d'une brochure expliquant les exercices appropriés. La marche est excellente pour améliorer sa mobilité et retrouver la forme. Débutez par 10 minutes environ par jour et augmentez peu à peu la durée, en fonction de vos capacités.

SEXUALITÉ

Les relations sexuelles sont envisageables six semaines après l'intervention, mais certains couples préfèrent attendre la visite de contrôle afin d'être sûrs que l'incision vaginale a parfaitement cicatrisé. La plupart des femmes ne constatent aucune différence lorsqu'elles refont l'amour.

VÉCU PSYCHOLOGIQUE

Les réactions d'une femme après une hystérectomie sont très variables. Beaucoup apprécient la disparition des troubles qui justifiaient l'intervention. D'autres se sentent toutefois déprimées, avec l'impression d'avoir perdu quelque chose. Cette sensation est moins fréquente chez les femmes bien informées de la nécessité de l'intervention et qui ont pris leur décision en toute connaissance de cause. N'hésitez pas à vous faire aider. Parlez-en à votre conjoint, un proche ou un médecin. Il est également important d'en avoir longuement discuté, au préalable, avec votre gynécologue, en ayant posé toutes les questions qui vous préoccupaient..

PATHOLOGIES DU SEIN

Kystes du sein

Les nodules, ou kystes liquidiens, dans le tissu mammaire sont rarement préoccupants, mais il faut consulter afin d'exclure un risque de cancer du sein. Les kystes du sein sont plus fréquents chez les femmes entre trente et cinquante ans.

La raison de leur présence est inconnue, mais on sait qu'ils sont liés aux hormones sexuelles féminines. Ils sont généralement perçus sous la forme d'un nodule près de la surface de la peau ou plus profondément dans le tissu mammaire.

Ils sont généralement indolores, même si ce n'est pas toujours le cas. Il en existe souvent plus d'un. On trouvera, très rarement, des cellules malignes dans leur paroi.

Diagnostic et traitement des kystes du sein

La mammographie (voir p. 226) ou l'échographie (voir p. 227) du sein permet de confirmer le diagnostic. On peut ponctionner le liquide présent dans un kyste à l'aide d'une aiguille fine et d'une seringue.

Ce prélèvement est envoyé à l'anatomo-pathologiste pour une recherche de cellules malignes. Le kyste est généralement traité par ponction, mais il arrive qu'il récidive.

L'adénofibrome est un autre type de nodule bénin du sein. Il est plus fréquent chez la femme de moins de trente ans.

CANCER DU SEIN

La cause la plus fréquente de cancer est la présence d'une tumeur maligne dans les tissus mammaires.

Environ 1 femme sur 10 atteinte d'un cancer du sein a hérité d'un gène qui accroît le risque. Deux gènes, BRCA 1 et BRCA 2, sont impliqués dans deux tiers des cancers du sein pour cause génétique. Les facteurs suivants indiquent parfois la présence d'un gène responsable :
• antécédents familiaux de cancer du sein chez des femmes de moins de cinquante ans ;
• antécédents familiaux de cancer du sein ou d'autres cancers, à commencer par celui des ovaires ou du côlon.

Les centres anticancéreux sont parfaitement formés pour suivre les femmes qui présentent un risque accru de cancer du sein.

TYPES DE CANCER DU SEIN

CARCINOME CANALAIRE IN SITU

Ce cancer non invasif, également appelé cancer intracanalaire, est confiné à l'intérieur des canaux galactophores, sans propagation dans les tissus mammaires environnants. Toutefois, si rien n'est fait, les cellules malignes risquent de franchir la membrane basale des canaux et de proliférer dans le reste des tissus mammaires.

ANATOMIE DU SEIN

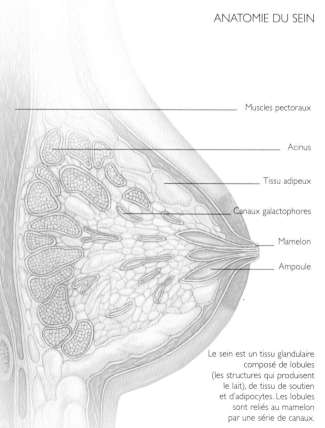

Muscles pectoraux

Acinus

Tissu adipeux

Canaux galactophores

Mamelon

Ampoule

Le sein est un tissu glandulaire composé de lobules (les structures qui produisent le lait), de tissu de soutien et d'adipocytes. Les lobules sont reliés au mamelon par une série de canaux.

- ▶ Nodule ou épaississement d'une région du sein
- ▶ Modification de la taille ou de la forme du sein
- ▶ Tiraillement de la peau formant une ride ou une fossette
- ▶ Rétraction d'un mamelon
- ▶ Écoulement teinté de sang
- ▶ Gonflement ou nodule au niveau à l'aisselle

Diagnostic et traitement du cancer du sein

On décèle généralement lors d'une mammographie de minuscules calcifications. Il faut toutefois remarquer que ces « microcalcifications » sont fréquentes à la mammographie et ne sont, le plus souvent, pas d'origine cancéreuse.

On prélève quelques cellules que l'on examinera au microscope. Cela fournit une bonne indication de la manière dont les cellules malignes se propageront, ainsi que des informations sur la taille de la région anormale, dans le but de déterminer le meilleur traitement.

Dans de nombreux cas, on conseille l'ablation de la zone touchée, avec une frange de tissu sain. Des bilans de contrôle annuels permettront de dépister toute récidive éventuelle, que l'on pourra ainsi traiter de manière précoce.

Si l'endroit atteint est important et que l'examen au microscope indique un risque de propagation, on préconise parfois une mastectomie. Un traitement complémentaire n'est généralement pas nécessaire, mais des mammographies régulières de l'autre sein sont alors prévues. Il arrive que l'on retire des ganglions lymphatiques au niveau de l'aisselle, à la recherche de cellules malignes.

Les cellules prélevées se révèlent parfois sensibles aux estrogènes. Dans ce cas, on prescrit du tamoxifène pour bloquer l'action de ces hormones féminines.

facteurs de risque
CANCER DU SEIN

- ▶ Augmentation de l'âge (risque doublé tous les 10 ans)
- ▶ Aménorrhée précoce ou ménopause tardive (chez une femme de plus de cinquante-cinq ans)
- ▶ Absence d'enfant ou première grossesse après l'âge de trente ans
- ▶ Antécédents familiaux
- ▶ Surpoids important
- ▶ Alimentation riche en acides gras insaturés (augmente parfois le risque)
- ▶ Contraceptif oral (augmente très légèrement le risque chez certaines femmes)
- ▶ THS
- ▶ Consommation d'alcool excessive

CARCINOME LOBULAIRE IN SITU

Ce cancer, non invasif, encore appelé cancer intralobulaire, est confiné à l'intérieur des lobules. C'est, en fait, une tumeur précancéreuse qui évolue parfois en cancer.

Dans la plupart des cas, aucun traitement n'est nécessaire, mais il faudra prévoir des bilans de contrôle et des mammographies régulières.

MALADIE DE PAGET

Il s'agit d'une tumeur qui donne un aspect rugueux, suintant ou dur à l'aréole ou au mamelon, puis une croûte, voire une ulcération, du mamelon. De telles plaques peuvent n'être qu'un banal eczéma, mais cela est souvent associé à un cancer canalaire in situ ou invasif.

Diagnostic et traitement de la maladie de Paget

Une biopsie permet de savoir s'il s'agit de cellules de Paget. Dans ce cas, lorsque la région touchée est importante ou s'il existe des cellules anormales à distance du mamelon, on recommande parfois une mastectomie.

6 symptômes de la maladie de Paget

▶ Plaque indurée ou rouge
▶ Croûte, saignement ou douleur de la plaque
▶ Ulcération
▶ Rétraction d'un mamelon
▶ Écoulement au niveau du mamelon
▶ Nodule dans le tissu mammaire

Dans le cas contraire, on se contente de retirer la région du mamelon, du tissu sous-jacent et une frange de tissu sain.

CANCER INVASIF DU SEIN

Lors d'un cancer invasif, ou infiltrant, on retrouve des cellules malignes dans le tissu mammaire, qui peuvent se propager aux ganglions lymphatiques et, parfois, à d'autres parties du corps.

Traitement

On prend en considération un certain nombre de facteurs afin de choisir le traitement le plus approprié, à commencer par le stade de la tumeur (voir ci-dessous) et sa taille.

On examine également les cellules malignes au microscope, afin d'évaluer, en fonction d'un système de classification international, le risque de propagation.

STADES D'UN CANCER

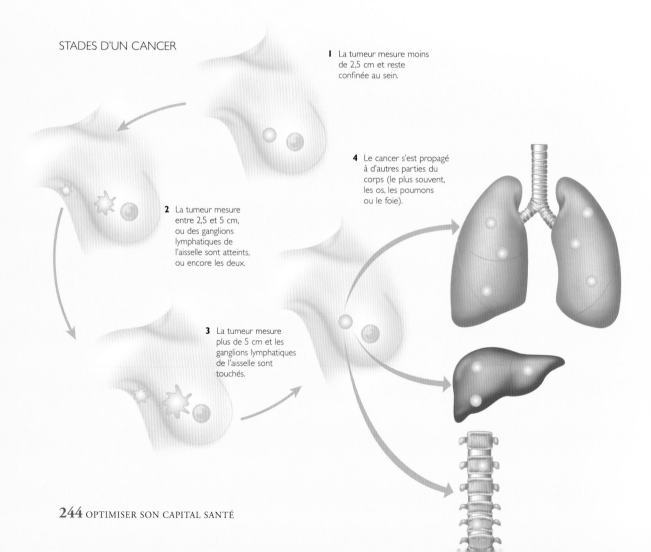

1 La tumeur mesure moins de 2,5 cm et reste confinée au sein.

2 La tumeur mesure entre 2,5 et 5 cm, ou des ganglions lymphatiques de l'aisselle sont atteints, ou encore les deux.

3 La tumeur mesure plus de 5 cm et les ganglions lymphatiques de l'aisselle sont touchés.

4 Le cancer s'est propagé à d'autres parties du corps (le plus souvent, les os, les poumons ou le foie).

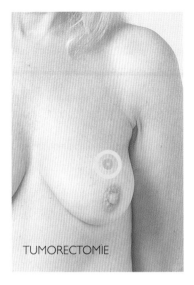

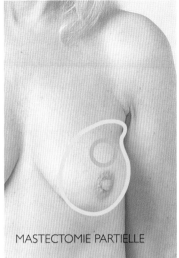

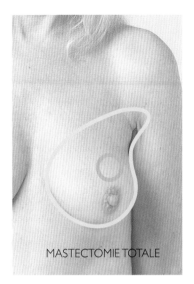

TUMORECTOMIE   MASTECTOMIE PARTIELLE   MASTECTOMIE TOTALE

Le traitement chirurgical dépend du site de la tumeur et de son éventuelle propagation, que l'on recherche en pratiquant divers examens. Il peut s'agir d'une radiographie thoracique, d'une échographie du foie (voir p. 227), d'une IRM (voir p. 236) ou encore d'une scintigraphie osseuse. Dans ce dernier cas, un produit de contraste faiblement radioactif est injecté dans une veine du bras. Quelques heures plus tard, on prend des clichés de la totalité du squelette.

Si un cancer du sein est dépisté tôt, il suffit de retirer le nodule (tumorectomie) avec une frange de tissu sain environnant.

Cette intervention est généralement suivie d'une radiothérapie. Lorsqu'on retrouve des cellules malignes sur le bord du tissu prélevé, il faut alors intervenir plus largement, voire pratiquer une mastectomie (exérèse de tous les tissus mammaires). Cette dernière peut être décidée d'emblée.

On pratique également la biopsie-exérèse des premiers ganglions lymphatiques (ganglions sentinelles), au niveau de l'aisselle, à la recherche de cellules tumorales. Si le résultat est positif, on traitera les autres ganglions par radiothérapie ou ablation (curage axillaire, limité ou complet).

Après une mastectomie, on peut pratiquer une reconstruction du sein, dans la foulée ou plus tard.

D'autres traitements, comme la chimiothérapie, l'hormonothérapie ou la radiothérapie (voir p. 239), sont parfois recommandés en complément de la chirurgie ou, parfois, avant l'intervention, pour diminuer la taille de la tumeur.

LE SAVIEZ-VOUS ?

La reconstruction du sein

Le chirurgien vous explique les diverses possibilités qui existent dans votre cas en fonction de votre état général, votre âge, votre morphologie, votre mode de vie et vos souhaits. Il doit s'assurer que vous connaissez bien toutes les options.

IMPORTANCE DU SOUTIEN PSYCHOLOGIQUE

Lorsque le diagnostic de cancer du sein est posé et ensuite, tout au long du traitement, le soutien et la compréhension des proches et de l'équipe médicale sont indispensables. Vous pouvez entrer en contact avec des groupes de parole, des infirmières, des psychologues ou des assistantes sociales afin de trouver la réponse à vos interrogations. N'hésitez pas, non plus, à consulter des associations comme la Ligue contre le cancer, Vaincre le cancer, Vivre comme avant ou encore Europa Donna-Forum France. Demandez conseil à votre médecin traitant.

PATHOLOGIES CARDIO-VASCULAIRES

En France, les risques de maladies cardio-vasculaires sont une conséquence, à long terme, de la ménopause, à l'origine de la majorité des décès des femmes à partir de soixante-dix ans. Les pathologies cardiaques étant deux à trois fois plus élevées chez une femme ménopausée, des chercheurs suggèrent qu'il existe une relation avec les estrogènes, qui apporteraient une certaine protection à la femme non ménopausée.

Les symptômes d'une pathologie cardiaque étant différents chez les femmes et chez les hommes, ils sont souvent décelés plus tardivement. Outre les classiques douleurs à la poitrine ou irradiant au bras, les femmes se plaignent également de nausées, de brûlures d'estomac, d'indigestion, de fatigue et d'essoufflement ; des signes qui ne font pas penser immédiatement à un problème cardiaque. Comme, de surcroît, les femmes sont moins sujettes que les hommes à être traitées pour une pathologie cardiaque, il n'est pas étonnant que la moitié des décès, chez elles, soient d'origine cardiaque.

HYPERTENSION ARTÉRIELLE

La tension artérielle varie en fonction de l'activité et de divers facteurs, notamment le stress. Toutefois, si elle est constamment élevée (hypertension) et, en outre, non traitée, cela provoque toutes sortes de complications, comme des infarctus, des accidents vasculaires

cérébraux ou des problèmes à d'autres organes (yeux ou reins, par exemple).

La tension artérielle comprend deux chiffres. Le plus élevé correspond à la pression artérielle systolique, lorsque le cœur se contracte afin de chasser le sang vers le corps.

La valeur la plus basse indique la pression artérielle diastolique, entre deux contractions du cœur. La notion de valeur normale est très large, mais en règle générale, une tension supérieure ou égale à 14/9 est considérée comme trop importante.

Certaines familles sont plus sujettes que d'autres à l'hypertension, qui survient lorsque l'on vieillit.

Symptômes de l'hypertension

Une hypertension passe le plus souvent inaperçue. Cependant, lorsque la tension est très élevée, on constate parfois des maux de tête, des étourdissements, des troubles de la vue et des saignements de nez.

Diagnostic et traitement de l'hypertension

Si l'on constate une hypertension, il faut prendre à plusieurs reprises la tension, pour voir si le problème persiste. En fonction des résultats, le médecin demandera des examens afin de comprendre les causes sous-jacentes et les risques potentiels.

On conseille, dans un premier temps, à une personne hypertendue de modifier son mode de vie. Des contrôles réguliers permettront de vérifier l'efficacité de cette mesure. Si la tension reste trop élevée, on prescrit alors des médicaments. Il s'agit souvent de diurétiques et d'antihypertenseurs. Le diurétique le plus souvent prescrit est l'hydrochlorothiazide. Il incite les reins à augmenter l'excrétion de sodium, de potassium et de chlore et, par conséquent, d'eau, ce qui diminue le volume sanguin qui circule dans le corps. Les antihypertenseurs agissent de plusieurs manières. Certains diminuent la force avec laquelle se contracte le cœur. D'autres augmentent le calibre des vaisseaux sanguins. Il s'agit, notamment, des bêtabloquants, des inhibiteurs de l'enzyme de conversion (IEC) et des inhibiteurs calciques. On conseillera parfois de prendre 75 mg d'acide acétylsalicylique par jour, surtout en cas de risque majeur d'insuffisance coronarienne ou d'accident vasculaire cérébral.

facteurs de risques
MALADIE CORONARIENNE

▶ Antécédents familiaux
▶ Hypertension artérielle
▶ Diabète
▶ Alimentation trop riche en graisses
▶ Tabagisme
▶ Manque d'exercice physique
▶ Surcharge pondérale

MALADIE CORONARIENNE

Le muscle cardiaque est nourri grâce au sang riche en oxygène conduit par les artères coronariennes, un réseau de vaisseaux qui partent de l'aorte, l'artère principale du corps. Dans une maladie coronarienne, les artères sont rétrécies en raison de l'athérosclérose, une pathologie caractérisée par un dépôt de graisses sur leur paroi.

Le plus souvent, le sang qui arrive au muscle cardiaque suffit au repos mais, dès que l'activité cardiaque augmente, à la suite d'un stress ou d'une activité physique, l'apport de sang ne permet pas toujours de fournir l'oxygène nécessaire. Ce manque provoque parfois une douleur thoracique (angine de poitrine). Lorsqu'une des artères est bouchée, une région du muscle cardiaque cesse d'être irriguée et se nécrose ; c'est l'infarctus.

Il existe parfois un terrain héréditaire et, en outre, la maladie coronarienne est plus fréquente avec l'âge. Les femmes courent un risque moins grand que les hommes jusqu'à soixante ans mais, ensuite, c'est le même. On pense que les estrogènes les protègent jusqu'à la ménopause. Au-delà, l'effet protecteur disparaît peu à peu.

Symptômes de la maladie coronarienne
Une maladie coronarienne légère passe souvent inaperçu. Cependant, une angine de poitrine (douleur thoracique qui irradie au cou et

LIMITATION DE L'APPORT SANGUIN AU CŒUR

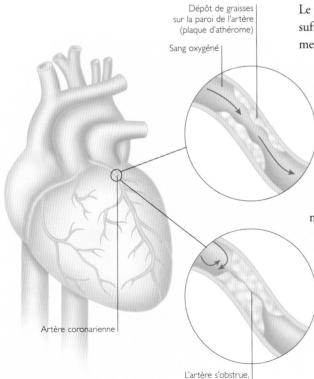

Dépôt de graisses sur la paroi de l'artère (plaque d'athérome)

Sang oxygéné

Artère coronarienne

L'artère s'obstrue, ce qui entrave la circulation sanguine

aux bras) peut survenir ensuite, généralement après un effort ou un stress, ainsi que par temps froid ou venteux. On constate parfois, en outre, un essoufflement. Lorsque cette pathologie est plus sévère, il arrive que la douleur thoracique se produise au repos. La maladie coronarienne provoque, outre un risque d'infarctus, des troubles du rythme cardiaque (arythmie) et une insuffisance cardiaque (le cœur est incapable de pomper efficacement le sang pour le reste du corps).

Diagnostic et traitement de la maladie coronarienne

Un ECG (voir p. 231), dont le tracé est souvent normal en cas d'absence de symptôme, est généralement demandé. Il est généralement suivi par un ECG d'effort qui enregistre l'activité cardiaque, lors d'un effort

5 **moyens** de diminuer les risques

▶ Cesser de fumer

▶ Consommer peu d'acides gras saturés

▶ Réduire sa consommation d'alcool

▶ Perdre, si besoin, du poids

▶ Faire régulièrement de l'exercice physique (sous surveillance médicale).

sur un tapis roulant ou un vélo d'exercice, et révèle des modifications en cas de maladie coronarienne.

Le fonctionnement du cœur peut être, en outre, évalué par une échographie spéciale appelée échocardiogramme. Les artères coronariennes sont parfois examinées dans le détail à l'aide d'une angiographie coronarienne (voir p. 231). Hormis ces examens, un bilan sanguin permet de dépister d'éventuels troubles, comme le diabète.

Il est fortement recommandé de changer de mode de vie en cas de maladie coronarienne. Du reste, toute personne désireuse de limiter ce risque (voir l'encadré ci-contre) devrait faire de même.

On prescrit parfois de l'acide acétylsalicylique à faible dose (75 mg/j) pour réduire le risque d'infarctus. Toutefois, ce produit ne convient pas à tout le monde. Il arrive aussi qu'on recommande des médicaments qui diminuent les lipides (hypolipémiants).

▶ SYNDROME MÉTABOLIQUE

Il s'agit d'un ensemble de symptômes résultant de troubles du métabolisme qui concerne, en France, 10 % des femmes de plus de cinquante-cinq ans. Ce syndrome augmente le risque de pathologie cardiaque, d'accident vasculaire cérébral et de diabète. Les femmes qui courent le plus grand risque sont celles qui souffrent de diabète ou d'hypertension et qui sécrètent de grandes quantités d'insuline (hyperinsulinémie) pour stabiliser leur glycémie, ou encore qui ont des antécédents de crise cardiaque avec une hyperinsulinémie mais une glycémie normale. La cause exacte est inconnue, mais selon de nombreux chercheurs, on retrouverait une combinaison de facteurs génétiques liés à une alimentation déséquilibrée et à la sédentarité. La ménopause est une période particulièrement importante, car l'incidence du syndrome métabolique augmente alors de 60 %. C'est peut-être dû aux modifications hormonales ou, simplement, au vieillissement. Un grand nombre de femmes présentent, vers la cinquantaine, une augmentation de la glycémie et de la production d'insuline, une fluctuation du taux de cholestérol dans le sang (cholestérolémie) et un excès de graisse au niveau de l'abdomen. Un des critères permettant de diagnostiquer ce syndrome est justement l'obésité abdominale (tour de taille supérieur à 88 cm chez la femme). Afin de limiter ce risque, il suffit de :

• perdre du poids en cas de surcharge pondérale ;

• adopter une alimentation pauvre en calories, en cholestérol, et riche en fruits et en fibres ;

• pratiquer une activité physique à raison de 20 à 30 minutes au moins quatre fois par semaine.

Des médicaments permettent de prévenir et de traiter une angine de poitrine. Ils agissent de diverses manières : en diminuant la fréquence cardiaque et la puissance avec laquelle le muscle cardiaque se contracte, en relâchant les muscles des parois coronariennes afin de faciliter la circulation sanguine et, de ce fait, l'oxygénation. D'autres médicaments augmentent le calibre des artères dans le corps, ce qui facilite le travail du cœur. (Les antiangoreux comprennent les dérivés nitrés, les bêtabloquants et les inhibiteurs calciques.)

Dans certains cas, on préconise une angioplastie. On introduit dans une artère au niveau de l'aine un cathéter, équipé à son extrémité d'un ballon gonflable, que l'on insère jusqu'à l'artère coronarienne atteinte. Le ballon est alors gonflé plusieurs fois afin d'élargir la zone rétrécie. Dans l'illustration (ci-contre), celui-ci est coloré en orange et le cathéter, en forme de fouet, en rouge. Il arrive que l'on pose un « stent » permanent, une endoprothèse en forme de petit ressort métallique, qui maintient les parois internes des vaisseaux ouvertes. On peut également pratiquer un pontage de l'artère coronarienne. On prélève alors une veine dans la jambe, que l'on utilise comme pièce de rechange pour remplacer l'artère bouchée et améliorer la circulation sanguine.

La survenue d'un infarctus est confirmée par des ECG et des bilans sanguins. Le traitement repose sur des médicaments qui lysent le caillot bouchant l'artère et, ensuite, sur d'autres produits qui préviennent l'angine de poitrine et améliorent le pronostic.

INDEX

REMERCIEMENTS

Consultant : Dr. Lesley Hickin

Fabrication : Karol Davies
Infographie : Paul Stradling
Iconographie : Sandra Schneider

Illustrations : David Nicholls, Amanda Williams
Photographies : Jules Selmes, David Yems

Carroll and Brown souhaite remercier :
Marie Stopes International ; The Water Monopoly ;
et Mohini Chatlani, auteur de *Yoga Flows*

CRÉDITS PHOTOGRAPHIQUES

P. 2 (en bas à droite) John Henley/Corbis
P. 6 (au centre) Hybrid Medical Animation/SPL
P. 12 (en haut à gauche) Bild der Frau/Camera Press
P. 12 (en haut à droite) Biodisc/Visuals Unlimited/
    Medical-On-Line
P. 12 (en bas) Michael Keller/Corbis
P. 18 (en haut) Visuals Unlmited/Medical-On-Line
P. 18 (en bas) Biodisc/Visuals Unlimited/Medical-On-Line
P. 19 Bild der Frau/Camera Press
P. 23 Michael Keller/Corbis
P. 25 M. Aymard, ISM/SPL
P. 32 Getty Images
P. 41 BSIP, Laurent/Laeticia/SPL
P. 60 (en haut à gauche) Getty Images
P. 60 (en haut à droite) BSIP. Roux/SPL
P. 62 Getty Images
P. 64 SPL
P. 66 BSIP. Roux/SPL
P. 69 (inset) Hybrid Medical Animation/SPL
P. 69 Susumu Nishinaga/SPL
P. 71 Zephyr/SPL
P. 77 Alfred Pasieka/SPL
P. 81 Darren Modricker/Corbis
P. 99 Getty Images
P. 102 BSIP. Vem/SPL
P. 103 AJ Photo/SPL
P. 116 Roger Dixon

P. 128 (en haut à gauche) David Coates/The Detroit News
P. 143 Powerstock
P. 146 David Coates/The Detroit News
P. 152 (en haut à gauche) John Henley/Corbis
P. 152 (en haut à droite et en bas) Getty Images
P. 154 Laureen March/Corbis
P. 155 Pasieka/SPL
P. 157 Neil Beckerman/Corbis
P. 158 Getty Images
P. 161 (en haut et au centre) Getty Images
P. 166 John Henley/Corbis
P. 168 (en haut) BSIP, Chassenet/SPL
P. 168 (second en partant du haut et en bas) Cordelia
    Molloy/SPL
P. 168 (troisième en partant du haut) Damien Lovegrove/SPL
P. 170 (en haut à droite) AJ Photo/SPL
P. 170 (en bas) Saturn Stills/SPL
P. 174 AJ Photo/SPL
P. 176 Jerry Mason/SPL
P. 184 Saturn Stills/SPL
P. 195 (en haut) Eric Crichton/Corbis
P. 196 Buddy Mays/Corbis
P. 199 Lisa M McGeady/Corbis
P. 207 Getty Images
P. 210 (à gauche) ER Productions/Corbis
P. 210 (à droite) The Harley Medical Group
P. 213 Bucks Free Press
P. 214 (en haut) Align Technology UK Ltd
P. 219 Getty Images
P. 220 (en haut à gauche) Mauro Fermariello/SPL
P. 220 (en haut à droite) Samuel Ashfield/SPL
P. 220 (en bas) BSIP, Laurent/SPL
P. 222 BSIP, Laurent/SPL
P. 225 (en haut et au centre) Dr P. Marazzi/SPL
P. 225 (en bas) James Stevenson/SPL
P. 226 Mauro Fermariello/SPL
P. 228 (en haut) SPL
P. 228 (en bas) Parviz M. Pour/SPL
P. 229 Samuel Ashfield/SPL
P. 230 SPL
P. 248 BSIP, Villareal/SPL
P. 249 CNRI/SPL